優婆塞戒經講記

——第三輯

平實導師　講述

ISBN 978-986-81358-5-7

目錄

自序

宣講菩薩戒的經典，有《梵網經、地持經、菩薩瓔珞本業經、優婆塞戒經》以及《瑜伽師地論》，此書所宣講之經典是其中一部經典，全名爲《菩薩優婆塞戒經》。

此經專爲在家菩薩宣示菩薩戒的精神，詳細的說明：在家菩薩修學佛法以布施爲第一要務。佛陀如是開示之目的，實因佛菩提道之修證，必須先修集見道、修道、入地、成佛所必須具備之福德；若福德不具足者，即無可能進入大乘見道位中；欲求修道實證及成佛者，即無可能；是故菩薩以修施爲首，次及持戒、安忍、精進、禪定，然後始能證悟而發起般若智慧，進入大乘見道位中。

非唯見道必須有福德爲助，乃至見道後修學相見道位觀行所得之智慧，亦須具備福德作爲進修之資糧；如是次第進修諸地，莫不如是；乃至即將成佛之前的等覺位中，尚須百劫專修布施，頭、目、腦、髓、舍宅、妻、子，無一不可布施，都無貪著；以如是百劫難施能施所得福德，方能成就佛地三十二大人相及無量隨形好，具足如是廣大福德之後始能成佛。由是緣故， 佛說菩薩六度乃至諸地所修十度波羅蜜，都以行施爲首要。

然而布施與成就佛道之因果與關聯，屬於因果之了知，其中原理並非等覺菩薩所能全部了知，故說因果之深細廣大，唯佛與佛方能究竟了知。而菩薩盡未來際之修行，恆以施爲上首，若不先行了知施因與未來受果之關聯者，即不能了知布施與異熟果報間之關係；若不知者，欲求諸菩薩盡未來際行施而成就佛果，殆無可能；由是緣故， 佛爲菩薩弟子四眾宣演此經，令得知悉行施與果報間之因果關係。於此部戒經中，佛爲菩薩四眾細說「布施與菩薩世世不斷之可愛異熟果間之因果關係」，解說極爲深入；若能了知其義者，即可不退於菩薩六度，是故選取此經而爲菩薩四眾詳解之，欲助當代、後代菩薩四眾。

復次，此經亦詳說第一義諦之眞義，故於業行之說明中，宣示異作異受即是自作自受之眞義；如是正義，於一般經典中難得一見。若能確實了知其義，則於行施之際，既可不執著於未來世必將獲得之菩薩可愛異熟果報，亦可繼續行施，修集廣大福德，亦不致因此而壞世間法，導致家屬及世人之側目，令菩薩修施易得成功，道業因此而得助益；緣是，故選此經而爲眾人宣講，冀能助益菩薩四眾，同得見道而證菩提。

此外，初機學人樂種福田，然而大多不知福田與毒田差別所在；往往正當種福田時，所種卻是破壞正法之毒田。如是求福反成助惡之因由，端在不知三乘菩提差異所致，是故聞說深不可測之如來藏妙法時，即因名師誤導之故，即等視如來藏妙法同於外道神我，由是而極力護持否定如來藏之邪師，產生了力助破法者之愚行，以冀如來藏妙法消失不傳。由是緣故，欲藉此經中 佛所宣演三乘菩提異同所在之正法智慧力，令諸學人悉得了知眞實福田與假名福田——毒田——之差異所在，由是而令修學菩薩行者所作布施，悉皆正得廣大福德。今此戒經之中，對於三乘菩提之差異所在，有極爲詳盡之剖析；學人讀已，即能深入了知同異所在，以後修學佛道之時，庶幾有眼能判、功不唐捐。

又：戒爲修行之基本，未有不持清淨戒而能證得見道、修道功德者。

此經中對於菩薩戒戒相施設之精神，以及戒之犯重與犯輕、性罪與戒罪，都有極爲詳盡之開示；了知戒相及 佛設戒之精神者，即可把握持戒之精神，以戒法之智慧來持戒，不被戒相所繫縛而得身心自在、自不犯戒；如是生起戒體而自然不犯，庶能進道，是故選取此經而說之。

又如十善業道與十惡業道，其中之因緣果報正理，亦有詳細說明。並且特別說明：有人行於少施而得解脫分，有人行於大施而不得解脫分，悉皆各有其原因。若人能細讀此經，並且深解其義趣者，則求二乘解脫之道，輕易可得；然後進求大乘菩提，易得入道，未來成佛之道歷然於心，終無疑惑。如是眾理，於此戒經悉有開示。今將講記發行於世，願我佛門四眾弟子證解 佛旨，悉蒙法益。即以爲序。

菩薩戒子 **平實** 敬識

於公元二〇〇五年中秋

《菩薩優婆塞戒經》卷二

〈菩薩心堅固品〉第九

【「善男子！我於往昔受熊身時，雖具煩惱，煩惱於我無自在力，何以故？具正念故。我於爾時憐愍眾生，擁護正法，修行法行：受瞿陀身、劫賓耆羅身、兔身、蛇身、龍身、象身、金翅鳥身、鴿身、鹿身、獼猴、羖羊、雞雉、孔雀、鸚鵡、蝦蟆；我受如是鳥獸身時，雖具煩惱，煩惱於我無自在力；何以故？具正念故：憐愍眾生，擁護正法，修行法行。」】（延續第二輯同一品未完部分）

講記　往昔無量世以前，世尊仍在菩薩位時曾經受生爲熊身，雖然具足種種煩惱，可是煩惱對他沒有自在力；熊每天要花十幾個鐘頭找食物，所以牠的煩惱當然很重；可是菩薩受熊身時煩惱雖然多，也只是事來則應，不豫也不立，所以煩惱對他沒有自在之力，因爲他恆時都有正念的緣故。既然發願要完成某件工作，就不必自怨自艾，應以自己發願的正念而做事。假使你們發願要出來當親教師，將來也不要怨天尤人，因爲這裡是五濁惡世，眾生得到你的妙法之後卻不知感恩而反叛你，這是正常的，因爲他們還只是見道的人，還沒有進入修道位中，所以貪著諸法的心性還沒有改變，對我所貪愛的煩惱仍然還在；那你不要覺得他們好可惡，起這麼一念時你就錯了。因爲這是娑婆世界的正常事，你應該只是單純爲了弘揚正法而完成這件事，有什麼好埋怨的？該怎麼處理你就處理，處理完了就沒你的事；能這樣子才是於煩惱得自在，不要讓煩惱於你得自在——不可被煩惱影響而難過。往昔無量世釋迦世尊就是因爲憐愍眾生的緣故，爲了擁護正法，所以祂修了種種的法行、受種種身，譬如龍身、金翅鳥身……等異生身。可是因爲恆保正念而不貪著的關係，才能一直在法行上面用心，因此能夠駕馭煩惱而不被煩惱所駕馭。

「善男子！於飢饉世，我立大願：以願力故，受大魚身，爲諸眾生離於飢渴，食我身者，修道念道無惡罪過。疾疫世時，復立大願：以願

力故，身為藥樹，諸有病者見聞觸我，及食皮膚血肉骨髓，病悉除愈。善男子！菩薩摩訶薩受如是苦，心不退轉，是名實義菩薩。」

講記 這是 世尊在往昔世行菩薩道時，於飢饉的年代立下大願去投胎當大魚（大魚應該就是鯨魚一類的眾生，也許無量劫以前有某一種魚類身體比鯨魚還大，譬如經論中說的鯪魚），以色身施捨飢餓眾生食用維生。有一部經中講到 釋迦菩薩在因地的大悲事行：他去投身為大魚，這大魚故意游到岸邊來擱淺，每天讓眾生割肉去吃；今天割了，明天再長出肉來，眾生再來割肉。風聞有肉可吃的人愈來愈多，每天來割肉的人愈來愈多，他就一直長肉，到最後長不及就死掉了。每天割肉當然很痛，可是他發願不起惡心，願眾生吃了他的肉以後就會想要修道，就會心心念念在道業上面，並且讓眾生心中不會因為吃他的肉而產生殺害眾生的罪惡感。這是多麼大的慈悲。

又在流行病不斷傳染的年代，再立大願：自己化身為藥樹，不管什麼病，只要有病的人來把這棵樹上皮膚血肉骨髓剪去吃了，病就會痊癒。像這樣修行，眞正是菩薩摩訶薩；像這樣受種種苦，心不退轉，那才叫做實義菩薩。在五濁惡世退轉道心是很容易的，稍不留意就退轉了；如果出來「度」眾生時一帆風順，供養源源而來，名聲愈來愈大，我告訴你，他不會退轉，因爲都是在世間法上「度」眾生；未來哪一天被蕭平實寫了專書出來評論一番，表面上他是不退轉的，其實心裡面早就退轉了。所以在五濁惡世以眞正的開悟境界去眞正的度人入道，使被度的人都不會退轉是不可能的事！因爲所悟的如來藏太現成了，所以常有退轉的事，所以在五濁惡世眞正的度眾生是很難的，行眞正的菩薩道很難，但是卻容易快速的成功，是因爲有這些逆增上緣。接下來佛說：

【「菩薩修行六波羅蜜時，終不悕求六波羅蜜果，但以利益眾生爲事。菩薩深知生死過患，所以樂處，爲利衆生受安樂故；菩薩了知解脫安樂，生死過患，而能處之，是名菩薩不可思議。」】

講記　菩薩的不可思議就在這裡：修行六度波羅蜜而不急著求六波羅蜜的果實。有的人修六波羅蜜，修個一、二年心裡面就想：「我應該開悟了，怎麼到現在還沒有悟？」很多人是這樣，乃至來到正覺講堂：

「兩年半共修結束了，我爲什麼還沒有悟？你們不是說兩年半結束可以悟嗎？」可是我們從來沒有保證兩年半結束可以悟，我們說的是：「你要去報名禪三，要審核通過才能參加禪三，去了禪三還不一定悟。」現在沒有保證班了，早期是保證班，結果總是會退轉；現在要求比較好的品質，悟了不會退；這樣對你較好，悟了不會退就不會謗法；對我也好，因爲我禪三就可以每晚睡大頭覺而不必陪你們到深夜，到晚上我照樣睡我的，讓你好好去參；幫助太多沒有用，因爲幫助太多就悟得太輕易了，以後就不知恩德；讓你辛辛苦苦自己參出來，不容易悟，以後就不會來反咬我一口。我幫助太多，讓他悟得太容易了，他說：「我又沒有想要悟，是你硬要送給我！」原來我送壞了，所以現在不要送了，讓你們好好參。你參出來以後不會退轉，智慧的生起會更快，更能得到受用。太早破參的話，你這一生的智慧生起將很慢；慢個兩年再破參，未來智慧的生起會更快，所以你們也得利，我也得利，自利他利，何樂不爲？你們就辛苦那四天，自己拼過出來了就得大受用。

可是有的人都不衡量自己：「我來同修會應該檢點自己的慧力夠不

夠？我的福德夠不夠？我的性障消了沒？我的定力有沒有？我的信力具足了沒有？我對於這如來藏有沒有信力？萬一讓我證得，我會不會退轉？」都沒有衡量信力夠不夠，一心想著：「我來了就是要求悟啊！」這就是悕求六波羅蜜，菩薩他修六波羅蜜，同樣會證得六波羅蜜果，可是目的不在證波羅蜜果，而是爲了想要利益眾生就必須先有六波羅蜜的智慧，所以說他「但以利益眾生爲事」。「但」就是「只有」、「純粹」的意思，純粹的以利益眾生來作爲他修六波羅蜜的目的。

菩薩也很深入、很清楚的知道三界中生死的過失，以及種種的災患；他之所以會樂於處在生死當中，只是爲了利益眾生，爲了讓生死中的眾生獲得安樂的緣故，所以他求證六波羅蜜的親證果報，並不是爲了自己。菩薩了知解脫的安樂，證得解脫果以後就不再受生死眾苦，可以出三界生死，但是菩薩不欣求解脫；菩薩比阿羅漢更了知生死的過患，但是卻能安處於生死之中，不畏懼生死。一般人若已斷三縛結證得初果解脫，他接著就想取證二果，證得二果就想三果，有了三果又想四果，人通常是這樣的。只有菩薩才這樣想：「我明心而成爲七住菩薩了，同時也是聲聞教中的初果人，但是我不求二果，只求可以幫助眾生證得法界實相以及證得解脫。」因此說菩薩了知解脫的安樂，了知生死的過患，卻能爲了眾生而安然處於生死之中，這叫做菩薩的不可思議啊！

【「菩薩所行不求恩報，受恩之處常思反報。善男子！一切衆生常求自利，菩薩所行恒求利他，是名菩薩不可思議。菩薩摩訶薩具足煩惱，於怨親所，平等利益，是名菩薩不可思議。」】

講記　這一段說菩薩在世間利益眾生，他不求人家感恩他，不會一天到晚說：「你是由我幫你才開悟的，你要記得我的恩情。」菩薩口中從來不說，心裡面也不曾想過他人回報。假使有時要求別人回報，一定是爲眾生求他回報來利益給眾生，不是爲自己而求回報。假使哪天我開口說：「你們明心的人要發大心！要護持正法！」那都不是爲我自己而求，如果我說：「你們明心了，每一個人都送一百萬來供養我吧！」那就不對了，我們從來沒有這種非分之想，這就是不求恩報。自己可以不求恩報，但是得到人家的恩惠時卻一定要常思反報，所以如果誰有恩於我，我一定會報恩，並且我的報恩不只是三倍、五倍；我小時候受過人家的恩，我長大以後有能力了就去報恩，也知道這是我的本分。身為菩薩，應該有這樣的心態，因為這是菩薩的本分。

一切眾生常求自利，菩薩的所行卻是恆求利他、不求自利，菩薩都以利他作為自利。在這一句話之前說「菩薩所行不求恩報，受恩之處常思反報」，這仍然不算是不可思議，這裡則說「眾生常求自利，菩薩所行恆求利他」，才是真的不可思議：以利他作為利己，才是真的不可思議啊！但這是什麼道理而說菩薩不可思議？諸位有沒有想到？其實這是很簡單的道理：你布施給眾生是眾生得利，你的利益在哪裡？你的利益就是自己道業又往前邁進一步了，成佛的道往前又邁進一大步了。為什麼是邁進一大步呢？因為捨掉了貪心，捨掉了慳心！捨財時就是捨貪、捨慳而不只是捨財；捨財是你有所損失，捨貪捨慳你就得利了。布施法的時候也是一樣，入地以後的布施一直到七地滿心都是以法的布施為主，財的布施為輔，這時的你不會惜於法。惜法的人，當別人來請法時不願為他人講很多法，都只講一小部分，這就是慳於法。我就是這個法慳老是學不會，別人問一個簡單的問題，我會講一大堆送給他。這個習慣養成很多世了，如今也不想改，因爲改了就是退步了！所以去布施就是捨貪捨慳。如果修忍辱行，那就是捨瞋，捨了瞋就過了色界；貪與瞋捨了還要捨無明，捨無明就是修智慧，這就是出三界及實相內涵的法。欲界的本質就是貪，色界仍然保有瞋性；無色界則是癡──無明，所以無色界的天人常住於定中，連五色根都不要，一心住於無念境界中而不能進修智慧──不樂於求證解脫慧及實相慧，那就是愚癡。菩薩卻是從利他之中把自己的貪瞋痴滅除，所以把利他當作利己。從道的內容來說，利他就是利己；從世間法來說，利他就是損己。但有時利他不一定損己，有很多人在世間法中利他是爲了買名聲──買得大善人的名聲。那樣的利他也是利己，如果利他時並沒有想要名聲而做廣告，那才是眞正的利他。

菩薩摩訶薩悟了般若之後還是具足煩惱的，因爲仍未斷盡思惑，但是卻能於怨家、眷屬都能夠以平等心來看待，同樣的利益他們，這就叫作菩薩不可思議。能利益親眷，只是正常人；若於親眷都不能利益，那不是正常人；可是能於怨家加以利益，那才能叫作菩薩不可思議。譬如對於弘法上的怨家：當人家出書來罵你，你該怎麼做呢？其實只要把對方的書中每一段都找出錯誤，用二、三句話就可以破了對方，這樣的話你寫一篇文章就解決對方了。但是這樣做，對方不會服氣的！那他就會繼續無根據的誹謗你，就不斷的累積惡業，不利於對方。所以你應該很詳細的細說，他今天讀了當然不會立刻信服，明天再讀一遍以後，氣就有一點兒消了，覺得你說的有一點道理，下個月想一想再拿起來讀：「算了！算了！不要再誹謗他啦！」後年再讀一遍，也許改變而公開懺悔了，那你就幫他滅除謗法的惡業了。所以你得要不厭其煩的詳細說明，讓他從很多層次、很多面向去深入瞭解；不可只簡單的說二、三句話把他撂倒就算了。假使要二、三句話就把對方撂倒的話，其實很簡單：「你說阿賴耶識是生滅法，請問你：何時生？何時滅？」那不就撂倒了嗎？可是撂倒他，他會轉變邪思嗎？不可能。你得要想辦法詳細的說出很多的道理出來，讓他從每一個層面、每一個方向都證明他自己錯了；再等待三、五年或十年、二十年後，他才會改變的。你不可以要求他：「我

懸崖摔死了，有智慧的人會決定：「以後不要再走這一條路。」就趕快導引牛群離開惡路。沒智慧的人就想：「既然都已經死了三頭牛，乾脆把牛群都趕下懸崖摔死。」所以有智慧的人會轉變，沒有智慧的人就是錯到底。有智慧的人轉變了以後並不是只有自己得利，而是大家都得利。這樣做，功德是很大的。我要說一句不客氣的話：「如果主其事者能這樣轉變，他比不謗法的人功德大。」我是說眞的！絕對不是開玩笑。因爲沒有人敢這樣做，只有大菩薩才敢如此做：由於公開謗法事件，導致更勝妙的法可以顯現給佛教界，若沒有這因緣，根本不會想到要寫這樣的法義出來。《燈影》及以後將會出版的《眞假開悟》（編案：已出版），若沒有這個緣起又要怎麼去寫？沒有緣起而寫出來，人家會說你這個人在自吹自擂，也沒有人會相信的。現在反而有緣起來示現大乘佛法的勝妙所在，讓佛教界知道開悟乃至見性都還只是見道位：「大乘佛法太深妙了！我們連開悟見道都不懂了，何況是悟後進修的修道位中還有很多的妙義？大乘佛法眞的太勝妙了！」這樣讀下來，以後再提到諸佛時，對佛的感覺就不同了，知道諸佛的智慧境界眞是難以思議，這樣眾生就會更信樂佛道而生起大信不退，得到大利益。如果能把他們以前謗法的事故轉而迴向：「以我以前謗法而圓成善知識提昇眾生正法知見的因緣，迴向菩薩道中可以迅速入地乃至地地增上。」如果眞能公開這樣做的話，或許他捨報時證量會比你們高，因爲那個功德太大了！但是能不能轉變心態呢？其實也只是一念之間，我在這裡也只是提供一個想法與做法。但絕對不是開玩笑的說法，而是眞實語。

菩薩不可思議的地方很多，如果他們否定了阿賴耶識心體以後，能這樣公開懺悔及迴向，才是眞的不可思議。提婆達多可以做爲現成的例子，每當有人提到他示現的例子，他就又多一分示現的功德，所以佛授記說：「提婆達多下了地獄之後猶如處於三禪之樂。」並且爲他授記將來成佛的因緣，你們有誰比得過他呢？他雖然身在地獄卻如三禪之樂，因爲他以破法來示現　佛的威德無量廣大、佛的智慧無比深妙，讓眾生起信。接下來說：

【「善男子！若諸外道化眾生時，或以惡語鞭打罵辱，擯之令出，

然後調伏；菩薩不爾，化衆生時，無粗惡語瞋語綺語，唯有濡語眞實之語；衆生聞已，如青蓮遇月、赤蓮遇日。善男子！菩薩施時，財物雖少，見多乞求，不生厭心，是名菩薩不可思議。菩薩教化盲聾瘖啞愚癡邊地惡衆生時，心無疲厭，是名菩薩不可思議。」】

講記 佛又向善生童子開示說：如果外道們教化眾生時，往往是以大聲惡口來罵，有時以鞭打處罰，有時當眾罵辱之後再趕出去，要求大眾都不與他說話，以這種手段加以調伏。可是菩薩都不用這類手段，菩薩度化眾生時，都不用粗惡的話對眾生說，也不以瞋心來說話，更不用綺語（綺語就是以諷刺的話來說），只有濡語，也就是用委婉柔軟的話加以說明，並且用眞實話來說，絕不欺誑。眾生在這種氣氛下聽了菩薩的話，猶如青蓮花遇到明月的照耀，亦如紅蓮花遇到陽光的照耀（青蓮花若有十五日的明月來照，它的青色愈發的漂亮，紅蓮就是要白天陽光來照才會愈漂亮），所以菩薩不應該對眾生粗言惡口。

佛又說：菩薩布施時，財物雖然少，自己的財物不多，但是有很多人來乞求時，心裡面不會產生厭惡之心，這就是菩薩的不可思議。菩薩教化瞎眼、耳聾的人們，或者教化啞巴乃至愚痴的邊地邪惡眾生時，也是不會疲厭的，所以菩薩不可思議。有人想：某一些地方我們不應該去弘法，因爲他們太窮了，或者說他們太放逸了，或者說他們邪見太強了。其實不然，我們照樣要做，因爲可以幫他們心中種下菩提種子；我們不必求現在種下去馬上就會有結果，而是在十五年後、二十年後才會有結果，所以我們必須不斷把正法書籍送出去。前些時候有些人離開了，他們認爲：我們每個月送那麼多書到大陸，眞是浪費。我們現在送大陸，一個月大概六十大箱，當然要花很多錢；現在對大陸同胞種下菩提種子，最快還得要十五年才會有結果。現在不做，因緣就會更晚。但是這幾年眞的都沒有結果嗎？並不盡然，因爲現在大陸有很多佛學院是用我們的《楞伽經詳解》在當教材：有的是公開拿來當教材，有的是私下先讀了，先記下來，然後上課時講出來，當作不曾讀過我的書來爲人講解。那也很好啊！只要能把正理講給大家聽，能利益眾生就好，什麼形式我都不計較。當然曾經有人說：「他私下還誹謗你，可是卻都用你寫的道理在教欸！我們是否要考慮停寄新書給他？」我說：「那沒關係！就讓他繼續誹謗，書還是照寄！只要他能利益眾生就好，何必要計較他讚歎或誹謗？」所以我們就繼續寄。這也是你們應該學習的，這也是菩薩的不可思議之一啊！

有時人家寫信來說：「某某人誹謗老師您，不要再寄書給他了。」我照寄，除非他把我們寄給他的書公開燒掉，否則不會停寄。雖然學生們問他說：「師父！你說的法義跟蕭平實居士講的一樣欸！那他的書可不可以讀？」「不可以！他是邪魔外道。」那也沒關係，我們還是照寄，因爲他的學生能得到利益，這就夠了，菩薩都不會計較這些的。

【「善男子！菩薩有四不可思議：一者所愛重物能以施人、二者具諸煩惱能忍惡事、三者離壞之衆能令和合、四者臨終見惡，說法轉之；是名菩薩四不可思議。復有三事不可思議：一者呵責一切煩惱、二者處煩惱中而不捨之、三者雖具煩惱及煩惱業而不放逸；是名菩薩三不可思議。復有三事不可思議：一者始欲施時心生歡樂、二者施時爲他不求果報、三者施已心樂不生悔恨；是名菩薩三不可思議。」】

講記　菩薩有什麼不可思議呢？有四種：第一，自己所珍愛的、貴重的財物，能布施給別人。最珍愛的財物當然要留在身邊，世俗人都是這樣想；世人最珍愛的是什麼財物？當然是錢嘛！有的人則認爲寶物，有時是經過幾十年明查暗訪才找到，花了很大的代價與人情才買回來的，常常是託人情去講才能買得到；像這麼珍愛的寶物，在學佛以後也能捨了；爲了眾生的利益，就拿出來義賣了，這也是菩薩的不可思議。

第二，本身煩惱還沒有斷，這個是講菩薩還在因地時，連我見、我執都還沒有斷，就能忍於惡事，忍辱而不生氣，最多就是轉身之後自己捶自己、氣一氣自己，但是絕對不會氣對方，這就是菩薩還沒有斷煩惱就能忍於惡事，這也是菩薩的不可思議。

第三，譬如說某個團體、某個家庭已經快要壞散了，結果他想方設法去幫他們圓滿起來，讓他們又和合相處，以後不再吵架，這也是菩薩的不可思議。世人往往是好好的一個家庭，他去跟先生說：「你太太說你幹壞事。」又去跟他太太說：「你先生好像在外面有金屋藏嬌。」那就顚倒了！菩薩不作這種事，專幹人家不願意做的好事，所以不可思議。

第四，有人臨命終時，生前雖然造作惡事，不斷的罵你、謗你、打壓你，但他臨命終時惡相現前，你還願意去幫他說法，轉變他的邪知邪見，這也是菩薩的不可思議，但是也得要那個人有好因緣，否則也不可能得利。有一次，有個人命終，我趕去想爲他助念，但他已經有一大票人在助念了；於是我與他的親屬說說話，說完想要離開，想跟亡者講幾句話，因爲他跟我有些因緣，我想私下對他咬耳朵，跟他開示如來藏的所在（現在不會再幹這種明說密意的傻事了），可是他眞的沒因緣，因爲他有一個兒子、一個女兒都出家，也許以爲我會對亡者說什麼壞話，她就很快的趴過身子來聽，那我就沒辦法對他明講了，我只好講些門面話：**「你就放寬心啦！往生極樂去啦！趕快去啦！」**只好講一點門面話就走了！也是合該他沒有因緣了知明心的密意。所以有時還眞的是要有好因緣，才能悟知密意。因爲他以前常常罵我，所以他女兒雖然出家了，可能誤以爲命終之時我會報復而對他講惡話，她是以提防的心來聽的，但我是好意要告訴他開悟的密意，她來提防，可就聽不到了，這就是福德因緣不夠。所以，有時遇到一位不可思議菩薩，你想要得到他的利益，卻不一定能得，還要看你有沒有跟他結過好緣，你若沒有結過善緣，他有心要給你法利，但是有外來的障緣遮障，你就得不到。

菩薩還有三件事情不可思議：第一、訶責一切煩惱。凡是煩惱法，他全部訶責，自己有什麼煩惱出現了，就責備自己：「**這是個煩惱！我不該有這個煩惱！**」立即排除掉。一般人是做不到的，一般人連煩惱出現了都不知道是煩惱，又怎麼會訶責它呢？

第二，菩薩明知自己正處於煩惱之中，卻不捨煩惱而控制煩惱、利用煩惱來做種種事，這就是處於煩惱中而不捨之。修學解脫道的人是斷了我見煩惱之後，他緊跟著就要斷五下分結、五上分結，但是菩薩不急著斷除三、四果人所斷的煩惱，所以處於煩惱中而不捨之，這眞是不可思議。聲聞人聽了這種事情，會說：「**這個人好奇怪，我見斷了以後怎麼不趕快去斷我執呢？**」他會覺得很奇怪，所以叫做不可思議。

第三，菩薩雖然具足煩惱，我執根本都還沒有斷除一分一毫，煩惱業也不斷的出現，可是他心裡面仍然不放逸，仍然精進在修行——精進的不斷利益眾生——這就是菩薩的三種不可思議。

如果是世間人，煩惱一出現時，他說：「我什麼都不要了！」全部丟棄而逃離煩惱了，他不敢面對煩惱。菩薩不是！煩惱來了要自己去面對，能夠面對，才能往上突破！我們也曾遇到煩惱，第一次有人誹謗我們的法義時就直接面對，趕快找經論來檢查與印證：到底我這個法對不對？先要自我檢驗。如果不對，就得要趕快修正，要對大家說：「我以前的那個開悟錯了，你們大家不可再自認爲開悟了。」不但這樣，還要以書面公開聲明。如果我們的法義沒有錯，就舉證說明對方錯在哪裡？要從教證與理證上面證明出來。你要去面對而不是逃避。如果是逃避的話，怎麼樣叫做逃避呢？「哎呀！我們沒有錯啦！那只是他的一家之詞啦！」明明錯了還不認錯！其實他們自己心中都知道是錯謗我們了，可是卻不肯承認，那就是逃避煩惱，這不是一個久學菩薩所應該有的心態。久學菩薩一定會面對煩惱，把自己的錯誤消除掉；如果自己的法義是正確的，就舉證及說明法義爲什麼正確？得要證明給大家知道，不許嘴裡推說：「我們沒有錯啦！但我們何必去跟他解釋？」不能這樣，還是要跟大眾解釋，讓大眾了解法是怎麼樣才叫做正確，別人的錯爲什麼叫做錯，不能逃避的。這就是面對煩惱而不捨煩惱，進一步對治煩惱。因此，菩薩雖然具足煩惱，也有種種的煩惱業現前，但是心不放逸；有煩惱沒關係，繼續在正念中修行，這是菩薩的第三種不可思議。

菩薩還有三件事情，所以稱爲不可思議。第一、菩薩剛開始要布施時，心裡面就生起歡樂之心。爲什麼剛開始要布施就生起歡樂之心呢？一般說來，世俗人要布施時總是有一點心裡不捨；這麼一大筆錢要拿出去，所以心生不捨。菩薩就是奇怪，總是跟別人不一樣；當他決定有一筆錢要布施出去時，心中就產生了歡喜心。什麼緣故有歡喜心呢？以一般的菩薩來講，他心裡面想：「**我今天能夠有錢來布施，不是比沒有錢而去接受布施的人好過很多倍嗎？**」所以他因爲有錢布施而很歡喜。假使《優婆塞戒經》聽完了，你想要布施錢財時也會歡喜的：難得有這麼好的投資理財方法，爲什麼不歡喜？在這部經的後面也會講到：就算你去布施給專門收養流浪狗的團體，狗兒們此世都不能回報你，但你來世也可得到百倍之回報；且先不談功德，只談來世的福德回報就好。如果是護持了義而且究竟的正法，那可就是無量報了！這是多好的理財方法，世間還有比這個更好的理財方法嗎？我敢保證所有的投資理財公司都無法向你保證說：「一百年後你可以得回一百倍。」但是菩薩因爲了知布施的因果，所以布施時心生歡樂。凡夫不知道因果，所以會說：「菩薩眞傻，大把大把鈔票在三寶上面用出去。」罵他是傻瓜。但是菩薩給人家罵傻瓜也無所謂，仍然是心生歡樂去布施，所以說不可思議。

第二個不可思議是說：當他在布施時不求果報，明知道布施以後有很大的果報回收，但他心中都無所求，根本不在意布施以後有沒有果報回收；因爲菩薩心裡面很清楚知道自己是在布施慳貪，布施了慳貪時已經是回收成就、道業成就了！所以菩薩布施時不求果報，這在世間人來說眞的是不可思議。

第三，菩薩布施前心中歡樂，布施時歡樂，布施後也是歡樂。會中常常有同修這麼說：「早知道有正覺同修會這個了義法，我應該全部在這裡布施，以前在外面那些道場布施了許多錢財，眞是可惜！」自從我弘法以來常常有人這麼講。可是如果照這樣的道理，那我在出來弘法之前也在別的道場布施了不少錢，我是不是也要捶心搥胸：「自己的法這麼棒，不懂得護持，還去護持別人！」可是當時我自己的了義法還沒參究出來，要如何護持呢？所以那都只是一個學佛的過程，經由那個過程作基礎，你的福德漸漸的具足了，才會遇到無上福田。無上福田不是隨隨便便的一開始學佛就可以接觸到，如果沒有過去無量劫的布施植福作基礎，就算遇上了無上福田，恐怕還要心生煩惱而誹謗一番，大山頭的信徒們正在誹謗我們的事情，不就是現前具體的事證嗎？他們總是信受住持大師的誹謗言語，連我的一本書都沒讀過，就大肆誹謗而繼續護持錯悟的大師們。所以那都只是過程，不論過去曾在什麼地方布施，都只是學佛中的過程，都是累積福德時會經歷的過程，所以這是正常的。假使你以前曾布施到不如法的道場，最後布施到這裡來，你自己應該平等看待而心樂不生悔恨，因爲他們至少也是表相三寶，也很好啊！所以菩薩施已心樂不生悔恨，因爲施時心樂，施前歡樂，施時不求果報，施已無悔，所以說菩薩不可思議。

【「善男子！菩薩摩訶薩作是行時，自觀其心：『我是名菩薩耶？義

菩薩乎？』眾生若能作如是事，當知是人即義菩薩也。善男子！菩薩有二種：一者在家、二者出家。出家菩薩作如是事，是不為難；在家菩薩為如是事，是乃為難；何以故？在家之人多惡因緣所纏繞故。」】

講記 佛說完許多種菩薩修六波羅蜜的不可思議事，接著作了一個結論，說菩薩摩訶薩（摩訶薩是指已經證悟的菩薩，因為有許多經典中說的摩訶薩不一定是指初地以上，所以我們在這裡從寬解釋。如果在這裡不從寬解釋，將會有很多經文就講不通了，所以這一部經中講的摩訶薩應該包括初明心時的眞見道位在內），佛說這樣不可思議的菩薩摩訶薩做布施行時，正當布施之時、布施之前、布施以後，觀察自己的心：**「到底我只是名義上的菩薩？或是眞實義的菩薩？」**要常常檢討自己。如果從來都不檢討，將會覺得自己很了不得，誤以為自己是眞正的實義菩薩了！在明心了以後，布施時應該觀察自己的菩薩性有沒有具足發起？所以應該要多檢討自己：到底我是假名菩薩？還是眞實義的菩薩？佛說如果有眾生施前、施時、施已心生歡喜，不生悔恨，並且常常這樣檢查自己，這種人就可以說是眞實義菩薩。

「善男子啊！菩薩有兩種：第一種是在家人，第二種是出家人。」出家菩薩去布施時能做這種自我檢查，這是沒有問題的；因爲出家菩薩出了世俗家，孤家寡人，沒有人能遮障他，想要怎樣布施都可以，也會有人護持他的布施行。出家菩薩心想：「我受供養得來的錢財是三寶的財物，家中的老父、老母是受用不起的，所以我供養他們一般生活上的所需也就可以了，不該使他們成爲千萬富翁，因爲他們受用不起。」所以就把錢財拿來利益眾生，出家菩薩沒有人會來遮障，所以出家人做這件事情比較容易。但如果你是在家菩薩，那就難了！因爲當你想要去布施時，子女、配偶或者高堂，往往會喝斥你、遮障你，一直想要減少你布施的數目，那你就向他們說：「我這是最好的投資理財，未來世將會得到無量報。」他們一定會這樣說：「你又看不見未來世的回報。」因爲他們不知道布施的因果。假使你能了知自己過去世的因果，就一定會堅信不疑；可惜的是一般人都看不到往世的因果，所以很難相信。因此說，在家菩薩要做這個事情很困難，因爲他們有很多的惡因緣纏繞的緣故。

〈自利利他品〉第十

【善生言：「世尊！云何菩提？云何菩提道？」佛言：「善男子！若離菩提，無菩提道；離菩提道，則無菩提。菩提之道即是菩提，菩提即是菩提之道，出勝一切聲聞、緣覺所得道果，是名菩提、菩提之道。」】

講記　這一段說了好多句的菩提，可見菩提很重要。可是菩提究竟是什麼？菩提稱之爲覺，稱爲覺悟。既然佛法中常常提到菩提兩個字，這菩提的意涵就很值得探究了！如果沒有先把菩提的意涵探究清楚，縱使熏習了很多佛法，也難得會有成就；因爲不知菩提和菩提之道的意涵時，努力修學時都會成爲盲修瞎練！所以善生菩薩爲我們提出來請問世尊：「什麼叫作菩提？什麼又是菩提之道？菩提與菩提之道有什麼差別？」菩提的意義是什麼？爲何會稱之爲菩提？一定有原因。菩提之道就是證悟的方法、覺悟的方法，包括親證覺悟境界的知見以及行門，都稱爲菩提道。

關於菩提道，我們以後將會增加二本至三本的一套著作，我們已經找到一個人來寫這套書；這是因爲宗喀巴提出兩個法道：菩提道、密宗道，嚴重破壞了正法，所以必須舉證出來加以辨正。他所編造的《密宗道次第廣論》，在今天藏密如此興盛的情況下，台灣佛教界的所有大法師、大居士們都沒有人敢公開弘傳，都是秘而不宣的；假使有人敢把宗喀巴的《密宗道次第廣論》拿來公開傳授的話，會有許多徒弟罵他的師父是外道，因此那些暗中力修密宗道的雙身法的各大法師們，連提都不敢提，把宗喀巴的這本書視爲不傳之密，只拿來給與他們合修雙身法的比丘尼或女居士讀；因不便公開弘揚，所以弄起宗喀巴的《菩提道次第廣論》來，藉此使人對宗喀巴生起大信心，萬一將來知道宗喀巴也是雙身法的弘傳者時，就不會對宗喀巴生疑及排斥。

宗喀巴傳的密法共有兩個道：菩提道、密宗道。他認爲密宗道才是究竟法，菩提道是方便法。我們已經出版《狂密與眞密》，證明藏密的法義都是邪法，有人看到某些道場還在弘揚《菩提道次第廣論》，就向他們說：「那是宗喀巴的東西，你怎麼還在學？」他們就辯解說：「這不是密宗道，是佛菩提道，所以他這個法還是正確的。」但其實是錯誤得一塌糊塗的外道見。我們該不該救那些迷信宗喀巴的人們呢？當然該救！可是該怎麼救呢？當然得要有對治的方法！所以我找了一位合適的師兄來寫書辨正。

《菩提道次第廣論》跟印順法師的說法是完全一樣的，幾乎沒有差異。印順法師的書籍，現在有很多人在排斥了！因爲已經知道他說的法是無因論、兔無角論、斷滅論，大家不願再學了。所以他們就換個瓶子來裝同樣的東西，現在是把印順瓶換成宗喀巴瓶，但是內容仍然是藏密的應成派中觀邪見，所以現在我們找一個人把《菩提道次第廣論》作個平議——是平心之議——不是找碴妄評，是以眞正的佛法，不做過份的破斥，只把它與正確的佛法作個比對而加以平心之議論。假使不作平心之議，世人就不知道宗喀巴的菩提道是錯誤的；他把聲聞法的解脫道當成大乘佛菩提道來講，把世俗諦的蘊處界緣起性空，當作勝義諦的親證實相法界的成佛之道來弘傳，嚴重誤導學人，所以必須有人寫出宗喀巴《菩提道次第廣論》的荒謬處來，才能使大眾都回到眞正的佛菩提道中。

菩提的道就是成佛之道，成佛之道才稱爲菩提道，而成佛之道的首要之務就是親證萬法根源的法界實相心體如來藏；可是宗喀巴的書中卻一再否定法界實相心體的如來藏，將聲聞法的蘊處界緣起性空法，取代成佛之道的法界實相心體如來藏的親證，而且又無法如聲聞道一般的斷除我見與我執，根本就不符合聲聞法的解脫道，所以只能說是外道見。宗喀巴的法義和印順法師一模一樣，都使人永遠不能成佛，只能成爲斷滅論、無因論的外道，所以絕對不是菩提道。

菩提之道所說的知見及所修的行門都是在講覺悟：覺悟萬法的根源實相！能夠使你覺悟萬法根源的實相之道，才能叫作菩提道。離開了覺悟實相的道，就沒有覺悟可說了，就不可能覺悟菩提了！反過來，離開了覺悟實相心，也就沒有菩提道。菩提的覺悟，一定先要有一個人悟入，那個人就是佛。佛悟了以後就有菩提智，我們才能隨學而有了菩提道。如果離開了菩提道，我們就無法成就菩提，所以佛說「菩提之道就是菩提，菩提也就是菩提之道」，這二者非一非異。因爲一個是過程與內容，另一個是結果，不能把因和果拆開。有前面的知見以及那個修行的過程爲因，才能達成最後面的菩提果而成佛，所以說菩提就是菩提之道，菩提之道也就是菩提。從現在開始即將進入了義法的部分了，講完了義法之後，再回來宣講布施的因果。

佛接著又說：「我所說的菩提、菩提道，超出、勝過一切的聲聞緣覺所得的道以及果報，這就是我所說的菩提和菩提之道。」佛說：「我所說的菩提和菩提之道超過二乘法。」可是問題來了：「二乘法的親證也叫作覺悟，爲什麼佛說這個菩提及菩提之道超過了聲聞緣覺之菩提道？」善生當然會有這樣的疑問，因此他又發問：

【善生言：「世尊！聲聞緣覺所得道果，即是菩提，即是菩提道；云何言勝？」「善男子！聲聞緣覺道不廣大，非一切覺；是故菩提、菩提之道，得名爲勝。猶如一切世間經書，十二部經爲最第一；何以故？所說不謬，無顚倒故；二乘之道比菩提道，亦復如是。」】

講記 善生心中有疑，所以提出疑問說：「聲聞人和緣覺人所證得的初果到四果及辟支佛果，這些道果也就是菩提，它們就是覺悟涅槃的道理，所以才能夠出離三界，所以他們所證的也是菩提，他們修行斷我見、斷我執而達到四果乃至辟支佛果的解脫境界，當然他們修行的方法也可以稱爲菩提道，爲什麼今天佛所說的菩提、菩提之道會勝過聲聞緣覺的菩提、菩提之道呢？是不是法道有異呢？這是什麼道理呢？」佛開示說：「善男子！聲聞乘的道及緣覺乘的道不夠廣大，因爲它們所證悟的菩提並不是一切覺。」爲什麼說二乘菩提所悟的不是一切覺？因爲二乘菩提只是斷我見、斷我執，對於萬法的根源、一切法界的眞實相都無所知，一切法本源的實相都不知道，只能斷除我執而出離三界生死，怎麼可以稱爲一切覺呢？所以他們的覺悟只是佛菩提道中很小一部分的佛法義理而已。

「二乘聖人爲了達到這個很小的覺悟，所以他們所修的道不廣大，因此非一切覺，我釋迦牟尼所說的成佛之道的大乘菩提以及菩提之道，才能稱之爲超勝二乘菩提。就好像世間所有的經書，以佛法中的十二部經最爲第一；外道所有的經典當然是好，但是他們只是勸人爲善而生天享福，都不能得解脫。」一般世間法中也有經書，譬如儒家也有四書五經，這也算是經；道家也有《易經》、《道德經》……等等，但這些都是世俗法。《道德經》所說的也是世俗法，《道德經》都還談不上初禪天的境界，不信我這話的人，可以去找找看：它有哪個地方能談到初禪？它所講的都是類似正心誠意修身齊家治國平天下，就是這些世間法而已，因此屬於世間經書。佛法中的十二部經也是在世間存在的啊！所以佛法也是不離世間的，但是佛經中所說的法義可以讓人出離世間生死痛苦，所以說一切世間的經書以佛教十二部經爲最第一。這是因爲「十二部經都不謬說、不虛妄說，因爲不顛倒的緣故，說的都是正理。可是二乘菩提的修證法，它的法道比之於我釋迦牟尼現在所說的大乘菩提之道，沒有辦法來跟大乘法的菩提之道來相比，只有這個大乘菩提之道才是第一，超勝於二乘菩提。」

【「善男子！菩提道者，即是學，即是學果。云何名學？行菩提道，未能具足不退轉心，是名爲學；已得不退，是名學果。未得、定有，是名爲學；已得、定有，第三劫中，是名學果。初阿僧祇劫，猶故未能一切慧施、一切時施、一切衆生施；第二阿僧祇劫雖一切施，未能一切時施、一切衆生施；如是二處，是名爲學。第三阿僧祇劫，能一切施、一

切時施、一切衆生施，是名學果。」】

講記　佛說：菩提道就是講學以及學果，學就是還在進修之中，還在熏習、學習，所以凡是在菩提道裡面，還在進修、還在修學，還沒有究竟成就的人都是學人。或者說，還沒有到八地以前都叫作有學位的菩薩，到八地時才算是修學佛法有了結果，才叫作學果。所以菩提道包括學、學果在內。學果就是已經有一部分佛法修證成就了，什麼叫做學果呢？修行難行的佛菩提道，還沒有具足不退轉心的人就是學位中人——還在有學位——將來具足了不退轉心時才叫作學果。

所謂不退，有很多種的不退。一般人學大乘法的狀況都是有退的，所以有許多人第一年學佛很歡喜，每週休假日就往寺院裡跑，眞的是精進；兩年後則是一個月去一遍，三年後就不想再去了，已經完全回到世間法去了。這是我親眼所見的，以前是多麼精進，眞是想不到；這就是還沒有具足信不退，對三寶的信心忽然間就全部退失了。到了下輩子，遇到了佛法時又會努力精進個幾年，然後又會退失了，這就是信不退的修行還沒有完成的學人。凡夫位的信不退是：不會很精進修行，每週去寺院一趟聽聽經，回來就把它忘了，繼續過著世俗生活，不會想要在平常生活中修行，只是喜歡繼續聽經而不會停止，這是凡夫位的信不退。

有人是努力修行而把六度萬行確實加以實行，可是實行的過程中，由於證與不證而有差別；在般若的親證上面無法確實取證，就是有修而無證，就入不了七住位，最多仍只是信不退的賢人而已，仍無法如實的安住——不能起忍——不能證得阿賴耶識，也不能生起本來無生之忍，還是屬於信不退的賢人而已。第七住位的菩薩們都能認定阿賴耶識是常住法，不會再有懷疑、有所否定，這才是於七住位而不退；這種不退是已經於佛菩提得到一分的不退了。但是這段經文中說的不退，是指念不退的境界。所以初見道而能安忍於如來藏的本來無生，能現觀錯悟者所墮的「意識心修成無生」的過失所在，可以名爲證不退、位不退的菩薩，仍不能稱爲眞實不退。因爲到達念不退之前的初地的行不退，仍然還有一大段距離，得要再歷經眼見佛性及以後的進修。

眼見佛性時以肉眼來看世界山河大地乃至眾生自己的身心，都能親見其虛幻，這跟明心去比對而產生的虛幻是不一樣的。明心後以如來藏的常住來比對五蘊果然虛妄，比對山河大地果然虛妄，這是從明心的證量上來做比對，所以這種身心世界虛幻，是一種比量所生，不是非量；這個比量也是證量的一種，但沒辦法以肉眼現觀山河大地、五蘊身心的虛幻。見性則不同，在眼見佛性當下，從肉眼看去：山河大地都是假的，所有眾生也都是假的，這是以眼來見，所以他有十住菩薩的世界身心如幻現觀；這時我們就稱他為位不退的賢聖，所以十住位開始都是位不退的菩薩。但如果見性見得不眞，還是會退失的，或者明心以後一直都沒有深入如來藏妙義中，直接就求見性而成功了，實相智慧並沒有實際上出生，只是保持在總相智的階段中，也還是會被惡知識所轉而退失的。

十住位是屬於位不退，一直到十行位、十迴向位滿足了，才算是位不退具足了。這是要有十行滿心位的陽焰觀，以及十迴向位滿心的如夢觀才能具足的。到十行位時，會看見自己的七識心王都如陽焰一般閃熾不停，並無實質，由此而降伏了我執；十迴向位時，看見過去無量世的自己努力實行菩薩道，都是如同在夢中一般，反觀到這一世的自己在行菩薩道時也都是在夢中而行，這時如夢觀具足成就而沒有罣礙了，心中只剩下一個罣礙：眞實佛法的弘傳會不會在人間斷滅？所以他心中只會這樣想：眾生會不會誤謗正法而下地獄？眾生會不會破壞正法而下地獄？他只有這些罣礙，其他的都沒有了！他對自己沒有罣礙了，因爲如夢觀成就了，現見自己這一世的菩薩行都是夢中事。

也許你會質問說：「**既然是夢中事，你管眾生下地獄幹什麼？眾生也是在夢中下地獄啊！**」眾生固然是在世間大夢中下地獄的，但是眾生受不了地獄苦的，所以要救他；十迴向位的菩薩就只有這個罣礙，這時他已經有初分的道種智，初地道種智的一部分已經出現了，這時只要在佛前至心發起十無盡願就成爲初地菩薩了，這時就是眞實佛子，這才算是 佛的眞正兒子。縱使留了滿頭長髮，長髮披肩、畫了口紅、畫了眉毛，照樣是 佛的兒子，雖然你示現爲女人相，仍然是 佛的眞兒子。到了地上階位，不分男女，都是 佛的兒子，這時已是生如來家、住如來家的菩薩了！從這時開始就是行不退的初地菩薩了。此時起，不管遇到怎樣的橫逆，在五濁惡世度眾生時，你幫他們證悟了，他們還會退失而把你咬得悽悽慘慘，你也不會退失菩薩行而隱居起來不度眾生的，這叫做行不退。

可是在行不退位中有時候仍會有念退，有時候起個念想：「哎！度這些人眞是麻煩，把了義正法送給他們，還要被咬上好幾口，幾乎要去掉一條老命了，實在沒什麼意思。」剛才想完，可是念頭一轉：「沒意思也得繼續做，這才是究竟的路，你不管哪一世都要繼續走這條路，永遠逃不掉；既然避不掉，那就繼續度眾生。」頂多半分鐘，最多一分鐘念退一下，念退了一下又繼續走，這就是初地以上一直到七地爲止的菩薩們有時會有的念退現象；但是愈修到上地時，念退的時間就會愈少；到了七地時可能退個三秒、五秒：「哎！眞夠累的！」「眞夠累」就是念退！念退了幾秒鐘以後，下個念又繼續行菩薩道，這就叫作念退。雖然有的人念退時間比較長，可能有幾分鐘；短的人也許如七地菩薩可能只有幾個剎那，心中生起一個沒有語言文字的念頭：「度眾好辛苦！」那個念一起就算是念退了。至於初地菩薩，最多不會超過二、三分鐘，然後他還是會繼續做，除非因緣不許他繼續做，這就是行不退。因此，凡是還有念退的菩薩都不叫作學果，都還在學位中。

這跟禪宗的「學人」二字定義不同，禪宗的定義：還沒有開悟的都稱爲學人，悟了如來藏時就不再稱爲學人。佛在這裡的定義則是說：能得念不退，才算是學果。以什麼爲根據呢？佛接著從另一面來定義學與學果：「未得菩提而在將來定有大乘菩提的凡夫們，都是學人。」如果以這種廣義的定義來說，已證得菩提的人也算學果；譬如明心時也算是學果，所以不能說禪宗對學人二字的定義錯了。禪宗規矩說還沒有明心的人都該自稱爲學人，所以他們去參訪禪師時都以學人自稱：「學人行腳千餘里來見，和尚爲何不接引？」和尚答說：「汝來我處，吾何日不曾接引？」這個比丘學人就說：「學人自到法席以來月餘，初不聞和尚開示。」禪師說：「吾每日爲汝開示，汝自不聞。」

由此可知禪宗的定義是：還沒有開悟的就是學人，明心了就是學果。所以這一段經文中 佛對學果的定義很寬：已得菩提者就是學果，已經悟了也叫作學果，未來定有菩提修證的人也叫作學果。已得和定有，是已得什麼？定有什麼？已得菩提的第三劫中就叫作學果，那是比較高的定義，層次很高。已得第三阿僧祇劫的菩提果是念不退位，悟後將來定有第三阿僧祇劫的菩提果也可以稱爲學果。換句話說，明心見性而不退失的人，將來一定會有第三阿僧祇劫的學佛果報，那也是學果，所以這裡的定義比較寬一點。

接著 佛又解釋第一阿僧祇劫、第二阿僧祇劫、第三阿僧祇劫的差別。第一阿僧祇劫就是指三賢位的初住位到十迴向位爲止，十迴向位的滿心就是第一阿僧祇劫修行完畢。十信位滿心是經由一劫乃至一萬大劫修信圓滿而進入初住位，從初住位開始修到十迴向位滿心，是第一大阿僧祇劫圓滿功成。第二阿僧祇劫是從初地入地心開始到達七地滿心位，七地滿心位就是第二阿僧祇劫修行圓滿。從八地入地心開始，到達十地滿心位，是第三阿僧祇劫圓滿。然後百劫專修福德，完成大人相及無量隨形好，到最後身菩薩位，譬如說悉達多太子在人間出家爲止，這時還沒有成佛，就是最後位的等覺菩薩百劫修相好。這些我已經幫你們整理好，印在每一本書後面。

在第一阿僧祇劫中，仍然沒有辦法一切慧施、一切時施、一切眾生施。因爲在三賢位中沒有辦法布施給眾生所有三乘菩提的智慧，此位中的菩薩們證量還不夠高深。菩薩在初迴向位時都還有許多法不懂，雖然已經能破邪顯正，但是遇到阿羅漢時，阿羅漢也可以用涅槃十智來問倒他，因為十智裡面還有很多法義，初迴向位的菩薩不一定都能懂；但是七住菩薩也可以把阿羅漢問倒：「請問你入了無餘涅槃，裡面是什麼？」「不知道。」可是七住菩薩如果讀過我的《邪見與佛法》就會知道，但是如果我沒有先寫出來，七住菩薩也不會想到：原來無餘涅槃裡面就是如來藏而已。你們沒想到的，我已幫你們準備好了，萬一哪天出了個南洋來的阿羅漢，你就有妙義問他，就有機會轉他迴心入大乘法來。

在第一阿僧祇劫中的菩薩們，還沒有辦法把所有三乘菩提的智慧都用來為眾生作法布施，所以做不到一切智慧的布施。一切時施也做不到，一切時施是八地以上的事，隨時隨地有眾生需要時就施了，都不必觀察時節因緣。七地以下還要觀時節因緣，譬如說今天你如果是五地菩薩，現在有個眾生來，說我需要五兩黃金，你說：「我開個支票給你，一百萬給你。」一百萬台幣可以買到很多倍的五兩黃金了！可是他說：「一百萬錢財我沒有用，我現在急需的是黃金。」那你怎麼辦？你沒有辦法一切時施，你說：「等明天、等後天，我花十萬元去買來給你。」那已經不是及時雨了，所以一切時施就不能成就。又譬如說你身上有很多財寶，到了某個地方，有人快餓死了，他需要的不是你身上的財寶，你把所有財寶都給他也救不了他的性命，就算你已經是五地菩薩了，也仍然沒辦法救得了他，你心想：「那你等一等，我去買，儘快回來。」也許路途來回兩個鐘頭，他已經餓死了。那該怎麼辦？這時只有八地菩薩做得到，他可以隨意變現，先變一碗薄鹽水給他喝幾口，再來變一碗淡粥給他喝幾口，再來變一碗濃粥再給他喝幾口，可以一切時施；這在第二阿僧祇劫階段的菩薩們都做不到，不能一切時施。

在初阿僧祇劫時也無法一切眾生施，譬如說法布施，如果有些人來學法，你看不順眼：「出去！出去！這裡不是你來學法的地方。」趕他們走，你沒有辦法接納他。菩薩應該像孔老夫子一樣有教無類，不管哪一種類的人都願意教導。聲聞人來學法時我們教導他，假使菩薩性還沒有發起，那就只教他們修證二乘菩提解脫道，不幫他們開悟法界實相。因為他沒有菩薩性，強行幫助他們悟了實相心，他們會懷疑而謗法。你們別說我這是隨便編出來亂講的，你們去讀《法華經》就知道了！佛因爲有人請求宣講法華，五千名聲聞人不信　佛與阿羅漢的證境不同，不願意聽，心中認爲　佛在自誇，就當眾退席抗議。所以聲聞人很難堪受大乘菩提的。所以你可以教他聲聞法而不要排斥他，但是關於證悟實相的事情，就得要詳細的觀察他的菩薩性發起了沒有？但是你仍然應該教導他大乘實相的觀念，你還得要布施大乘法給他，只是不幫他證悟而已。哪一天來了個怨家仇人，你也照樣要幫助他。

也許哪天你能觀察某些人，一看就知道來者是過去世的怨家，害得你好慘，那你要不要幫他？照樣要幫助他。雖然你心裡面還是不太痛快，但是如果他證悟實相的因緣成熟了，你就得幫他證悟，你有那個義務。你既要當實義菩薩，不是當假名菩薩，對於至親之人，如果緣沒有成熟，你還是不能幫他證悟；雖是怨家，緣熟了就得要幫他悟入，這樣才算是一切眾生施。

到了第二阿僧祇劫時進一步，能夠一切施，只是不能一切時施、一切眾生施。三賢位中沒有辦法做到一切眾生施，所以施不具足。初地以上雖然能做到一切眾生施，但仍不圓滿，只能做到一部分；初地以上可以做到一切慧施，也可以做一切財施，但沒有辦法一切時施。一切財施，對於出家的地上菩薩是沒問題的，他不會吝惜錢財，只要這個布施對眾生有利，他就會去做，不會吝惜；法施也一樣，什麼眾生該得三乘菩提中的某一法，他就隨順因緣而布施佛法，所以他能一切施，但是做不到一切時施；因為布施財物時有時不方便，也沒有辦法像八地菩薩要什麼就立即變給眾生，所以做不到一切時施。而且遇到某些眾生時無法攝受，那又如何能一切時施呢？

八地以上則不然，假使有個八地菩薩出現在人間，眾生就有大福報了。假使有人已發起大乘根性，但是他的知見被人家誤導了幾十年，根深柢固很難轉移，你說要怎麼把大乘法布施給他？你將無法成就一切時施。什麼人能一切時施？特別是我們這個五濁惡世；但是八地菩薩度眾生是很容易的，因為五濁惡世的眾生最重視有為法，八地菩薩正可以示現：突然間在他身上就有瓔珞出現，突然間又有寶冠出現，突然間金銀財寶出現，右邊金銀財寶，左邊摩尼寶珠：「送給你。」愚痴眾生一看：

「啊！這眞是大菩薩啊！價值連城的摩尼寶珠也要送給我！說變就變，眞厲害！」當然就信了，菩薩就告訴他眞正的大乘法：「你原來所學的都是錯誤的。」他會反問：「爲什麼知道我原來學的是錯誤的？」八地菩薩會告訴他：「你以前跟某某人學，學了什麼法，都不對！後來又跟某人學法，那也不對。」把內容一一講下來。再不信的話，就說：「你昨天晚上還跟誰在一起謗法。」嚇死了！當然會信，那不就可以一切時施嗎？沒有八地的證量時還眞難成就一切時施。所以七地以內做不到三種一切施，八地以上就可以一切慧施、一切財施，也能一切時施。

七地以下還做不到一切眾生施、一切時施，沒有辦法像八地一樣隨意化現，七地菩薩透過加行也可以變一些東西出來，可是有時緩不濟急，等你加行變好時，等待施食的人已經沒命了！八地不然，他只要生起一個作意就立即有了，所以能一切時施。經由這種功德，能一切慧施、一切財施、一切時施，才可以做到一切眾生施，否則有些眾生就不能施與了！而且八地以上菩薩可以施無畏於一切眾生，讓一切眾生心無所畏，這在七地以下仍然做不到，仍有所限制，因此說第一阿僧祇劫到第二阿僧祇劫滿心之前都名爲學位，不叫學果，還在有學位。要到第三阿僧祇劫才能做一切施、一切時施、一切眾生施，這時才可以稱之爲嚴格定義的學果。　佛又開示另外一種學位與學果的解釋：

【「善男子！菩薩修行施、戒、忍辱、進、定、智時，是名爲學；到於彼岸，是名學果。」】

講記　菩薩在修行六度時，都叫作學位：還有需要修學取證的地方。到了解脫的彼岸，這時已經成爲八地心的菩薩，這才叫做學果。初地滿心以上其實也是可以到彼岸的，只看他們想不想到而已。可是他們都不願到彼岸，因爲想要修的是佛菩提果，不可以斷盡思惑而取證無餘涅槃，所以說是不到彼岸的人。到了八地才叫作到彼岸，因此稱之爲學果。這個到彼岸還有別的解釋，我們下一段就來解釋一下：

【「善男子！有是惠施非波羅蜜！有波羅蜜不名爲施；有亦惠施亦波羅蜜，有非惠施非波羅蜜。善男子！是施非波羅蜜者，聲聞、緣覺、

一切凡夫、外道異見。菩薩初二阿僧祇劫所行施是波羅蜜非惠施者：如尸波羅蜜乃至般若波羅蜜是。亦是惠施亦波羅蜜者，菩薩第三阿僧祇劫所行施是。非施非波羅蜜者：聲聞緣覺持戒、修定、忍、慈悲是。善男子！非施非波羅蜜，是名爲學。亦施亦波羅蜜，是名學果。」】

講記 佛說六度與波羅蜜，有四句分別。修學六波羅蜜的人是否能證波羅蜜？也是因人而異、因法而異的。佛說有四種差別：第一種人是對眾生有惠施，但他沒有同時獲得波羅蜜的功德。波羅蜜者：到解脫的彼岸。第二種人是有波羅蜜——有到達解脫的彼岸——但是他不名爲施，乃至不名持戒、不名忍辱、不名般若；也就是說他有波羅蜜而無行施、持戒……等等。第三種人是有布施也有波羅蜜，有持戒也有波羅蜜，乃至有般若也有波羅蜜，這就是菩薩。第四種人是沒有布施也沒有波羅蜜—沒有到彼岸；或者有持戒而沒有到彼岸，乃至有般若而沒有到彼岸，共有四種差別。

佛解釋第一種有布施而沒有波羅蜜的人，就是聲聞人、緣覺人、一切凡夫、一切外道異見等四種人。有的人讀了這一段經文時會覺得奇怪：聲聞、緣覺不是證得解脫果了嗎？那他們如果有布施，就應該說他有布施也有波羅蜜，爲什麼 佛說聲聞、緣覺有施而非波羅蜜？眞的很奇怪！但是一點兒都不奇怪，只要你已經眞實理解三乘菩提了，這就沒有什麼好奇怪的。譬如有人修學二乘菩提，他也有修布施行，而他的二乘菩提也有親證而成就二乘菩提的無學果，譬如成就阿羅漢、辟支佛，那他也爲眾生作佛法布施，應該是有施也有波羅蜜了！

可是他們其實沒有波羅蜜，因爲他們都不到彼岸。八地菩薩到了解脫的彼岸，聲聞緣覺都不能到解脫的彼岸。若今天是第一次來正覺講堂聽我說法的人，心中可能已經開始開咒罵了：**「胡扯！他們已證解脫果，可以出三界生死了，你怎麼說他們沒有到解脫的彼岸？你說法也要稍微有分寸一點！」**但是我告訴你：聲聞、緣覺聖人眞的不到解脫的彼岸！什麼叫做到解脫的彼岸？一定要先定義清楚。

到解脫的彼岸，必須有二個條件：第一，我見、我執要斷盡，這是聲聞、緣覺所證，他們都有這第一個條件，但是第二個條件他們都沒有，所以說不能到達彼岸。彼岸是哪裡呢？正是如來藏！也就是滅盡十八界後的無餘涅槃的本際。他們有沒有到達無餘涅槃的本際呢？沒有啊！既然二乘聖人死後滅盡十八界了，已經沒有二乘聖人存在了，怎麼可以說他們已經到達解脫的彼岸呢？說不過去的。所以修學二乘法，就算是他有證得二乘菩提的無學果，當他們布施正法時仍然是有施而無波羅蜜，他們爲人宣說二乘菩提作法施時，仍然是有施而非波羅蜜，因爲他們沒有到達解脫的彼岸：如來藏本心實際。他們證得解脫而出離三界、免除生死了，只是他們的十八界自我滅失了，但是彼岸如來藏仍然不知，而他們也都消失不存在了，那又如何叫做上了解脫的彼岸？只有證得如來藏了才能叫作上岸，可是他們都沒有上岸，因爲彼岸的所在他們都不知道，所以他們在作法布施時都是有施而非波羅蜜。聲聞、緣覺聖人尚且如此，那麼一切凡夫、一切外道就更甭提了！一切凡夫就算是有在行施，可是連二乘解脫都沒有證得，又何況能到彼岸？至於外道也是一樣，所以都是有施而無波羅蜜的第一種人。

接著說菩薩從第一阿僧祇劫到第二阿僧祇劫滿心，他所行的布施是到彼岸而非惠施，怎麼會這樣說呢？其實菩薩從第一阿僧祇劫（從初住位到十迴向的滿心），這當中的初住位要行外門的布施波羅蜜，要很努力去做，要像什麼人一樣的努力去做？要像慈濟功德會的委員們那麼努力去做，這叫做外門廣修布施波羅蜜。如果他們能夠外門努力修布施波羅蜜，又能嚴守戒法，不敢輕易違犯，就有了外門持戒萬行了，這時是有戒而非波羅蜜；乃至忍辱、精進、禪定、般若也都一樣，稱爲有六度而非波羅蜜，因爲他們還沒有進入內門而廣行布施。行施的目的是爲了什麼？是爲了到彼岸，他們也眞的能放下一切而努力行施，可是仍然無法到彼岸，因爲我見還未斷除、我執還未斷盡，實相心（無餘涅槃的本際）也仍然未證，所以仍然是有六度而未到彼岸，所以仍無波羅蜜。

如果他們眞的能夠放下自我而斷除我見與我執，成爲阿羅漢了，我們說這個人已經解脫生死而仍然未到彼岸，如此的惠施仍然不是眞正的惠施。因爲他們的惠施只能對治眾生的身病，只能利樂眾生在世間法上的利益，所以這種惠施只能利益自己未來到解脫彼岸的資糧。到解脫彼岸這個學果，佛有做了比較廣的定義：定有。換句話說，廣義的到彼岸是以大乘法來修的人，將來一定會到彼岸──定有，所以也可以方便叫作到彼岸：有波羅蜜，將來**定有**到達彼岸證境。但是專修行善布施而不修般若的人們，並不是眞實的布施，因爲都還在外門中修，所以有布施而無波羅蜜。布施如此，持戒波羅蜜乃至最後的般若波羅蜜，若無實證，就都是有表相般若而無波羅蜜。

是波羅蜜而非般若：譬如修學般若波羅蜜，但沒辦法進入內門——尚未實證實相心體，只是意識層面的知解——成爲**定有**，也方便算是有波羅蜜。但如果像印順法師的知見，只是尚在修學般若波羅蜜而誤會了般若波羅蜜，那是既無般若亦無波羅蜜的，因爲他把般若的正確行門、知見、內容都推翻掉了，所以既無般若也無波羅蜜。他一生所修一切行，都不能幫助自己取證般若波羅蜜。如果能破參而入內門廣修，這時已經不是**定有**，而是**已有**般若波羅蜜了。這時所行波羅蜜仍非惠施，因爲仍然不是究竟的布施：法施仍不究竟，財施也不究竟，無畏施亦不究竟，所以說第一阿僧祇劫的布施，就算眞悟而進入內門了，仍然是有波羅蜜而無惠施，要到第三阿僧祇劫時才算數。這裡的定義就很嚴格了，連第二阿僧祇劫的初地以上布施，都還算不上是波羅蜜亦是惠施，因爲初地到七地菩薩爲了成就佛道，能斷盡的思惑仍未斷盡，所以斷盡思惑之後所住的極寂靜的境界，在理論上他們是知道的，但仍沒有去實證，要到六地滿心證得滅盡定時才算是實證。

但是六地滿心證得滅盡定時　佛說仍然不算，因爲他還特地保留著一分微細的思惑——雖證滅盡定而仍保留一分思惑——不是聲聞人所能了知，所以說菩薩不可思議。阿羅漢一定要斷盡思惑才能證滅盡定，六地滿心菩薩卻能故意留一分思惑而取證滅盡定，等到七地滿心時證得念念入滅盡定，這二地的智慧是阿羅漢怎麼想也想不通的。但因爲最後一分思惑斷盡而行施時，才能說是惠施也是波羅蜜，因此乃至第二阿僧祇劫都還不能說自己已經有波羅蜜也有惠施。惠施是如此，持戒、忍辱、精進、禪定、般若也都一樣。

第三種說既是惠施也是波羅蜜，這是講菩薩在第三阿僧祇劫所行的布施乃至所行的般若波羅蜜，這都既是惠施也是波羅蜜，乃至既是般若也是波羅蜜，這是第三阿僧祇劫的八、九、十地菩薩所行境界。

第四種人既不是布施，也不是波羅蜜，譬如聲聞、緣覺法中還沒有證得無學果的人，還沒有具足證得出離生死的解脫果，仍談不上波羅蜜；甚至於聲聞、緣覺已經成為阿羅漢、辟支佛了，仍然屬於非施亦非波羅蜜。因為他們修學二乘法，成為阿羅漢或辟支佛以後往往不對眾生布施，常常不主動作法布施，托缽回來就又入滅盡定去了。明天早上出了滅盡定，經行一會兒，時間十點多時又下山托缽去了，他們不太為眾生作法布施的，特別是辟支佛。但是他們持戒、修定、修忍也對眾生慈悲：「**我去讓眾生種福田，眾生未來世就有好福報。**」這就是慈悲，但是不能度眾生具足布施及波羅蜜，所以他們既不是布施也不是波羅蜜。

但是印順法師講的法雖然自稱是大乘法，其實仍是二乘法。如果他能斷除我見與我執而成為阿羅漢的話，他就屬於「非施亦非波羅蜜」的人。就算他已經成就解脫道的無學果了，但他捨報前都不會有機會講出來，因為年紀這麼大了，沒有機會講了！即使他有機會寫出來，也仍然非施、非波羅蜜，因為他所講的仍是二乘法的非波羅蜜法。佛以這四句分別，定位大乘法中的有學位及無學果。譬如說非施非波羅蜜的二乘聖人，當他們迴心到大乘法中修學時都是有學人，如果能證得亦施亦波羅蜜的八地無生法忍時，才能稱爲學果。可是二乘人依二乘法來說，只要斷盡思惑煩惱，我執斷盡了，就可以稱爲學果，名爲無學聖人；因爲解脫道的一切法都不必再學了，所以稱爲無學位聖人。在三果以下都還叫作學位，還有解脫道的法義需要再學。以上是從波羅蜜與六度來做四句分別。接下來針對有學與無學再作許多廣義的解釋，佛開示說：

【「善男子！夫菩提者，即是盡智、無生智也；爲此二智，勤心修集三十七品，是名爲學；得菩提已，是名學果。自調諸根，次調衆生，是名爲學；自得解脫，令衆生得，是名學果。修集十力、四無所畏、大悲三念，是名爲學；具足獲得十八不共法，是名學果。爲利自他，造作諸業，是名爲學；能利他已，是名學果。習學世法，是名爲學；學出世法，是名學果。爲諸衆生不惜身財，是名爲學；爲諸衆生亦不吝惜身財壽命，是名學果。能化衆生，作人天業，是名爲學；作無漏業，是名學果。能施衆生一切財物，是名爲學；能行法施，是名學果。能自破壞慳貪嫉妒，是名爲學；破他慳貪嫉妒之心，是名學果。受持五根修行憶念，

是名為學；教他修集成就具足，是名學果。」】

講記 接著從不同的方向來說十種學與無學。以前周金剛（德山宣鑑禪師）在證悟前常常宣講《金剛經》，他註解《金剛經》而寫成《青龍疏鈔》，當時誇下海口說：「南方那些魔子魔孫，竟然敢說是見性成佛。可是天下所有的老宿們，他們的證量究竟是在學位或無學位，只有我知道。」他當眾誇下海口，說天下人都無力判定天下老宿的解脫證量：「學與無學，唯我知焉！」海口誇下來，人家就說了：「你既然知道學與無學，又說南方那些禪宗都是魔子魔孫，你何不去南方把禪宗的魔子魔孫都消滅掉？」他為了要去滅南禪、滅南宗，結果反而是去荷擔南宗的家業，真是他始料未及的。所以海口不能隨便誇，沒有真才實學、真修實證就不該誇口。

他挑著《青龍疏鈔》得得南來（註），路上肚子餓了，遇到一個老婆子賣油糍（你們不要以為當時的老婆子很老，其實你們在座的很多女眾年紀，在古代都可以稱為老婆子了，因為古時四十幾歲的女人就稱為婆子了）這老婆子賣的油糍其實就是現在台灣的油粿，周金剛肚子餓了，想要買來吃，老婆子卻先問：「大德！您挑著什麼物？」他回說：「我挑著《青龍疏鈔》。」這婆子就故意問他：「你這《青龍疏鈔》是講什麼？」他說：「專講《金剛經》。」老婆子一聽他講的是《金剛經》，就說：「那我問你，《金剛經》說『過去心不可得，現在心不可得，未來心也不可得』，請問大德你買了油糍要點哪個心？」這下子周金剛可就傻眼了，婆子就說：「你若答得，我供養你點心；你若答不得，我連賣都不賣，你就到別處買去！」周金剛答不得，只好餓著肚子去找龍潭崇信禪師。他找到了龍潭崇信，不改誇口的習氣：「久嚮龍潭，今日到來，龍亦不現，潭亦不見。」口氣真大！龍潭禪師哪兒容得他撒野？就說：「子已親到龍潭。」意思是說：你已經親到龍潭，只是你自己不知道。一句話就把他的威風殺盡了！他連一句話都聽不懂，根本談不上話；周金剛沒辦法，只好留下來，後來才在崇信禪師座下證悟般若。（註：得得是很得意的樣子。）

所以他說「學與無學，唯我知焉」，其實你周金剛根本都還不知道學與無學是什麼境界，直到了悟了以後才知道以前所知根本是南轅北轍，什麼《青龍疏鈔》？不敢再留下來，次日就在法堂前一把火燒掉了！

所以學與無學是有很多種定義的。禪宗的無學是說悟了才叫作無學，但是有的祖師更嚴格，要過了牢關才叫作無學；凡是還沒有悟的人都稱爲學人，如果進門來不是自稱學人，機鋒不對就亂棍打出去，除非他當下應對都正確，所以學人在禪宗祖師面前都沒有說話的餘地。假使禪師的機鋒你都應對正確了，那就與你說家裡話，仍然矇混不得的。若是家裡話說錯了，仍然是亂棍打出去，這才是眞正的禪宗。所以不能隨意誇口說：「學與無學，唯我知焉。」

周金剛誇下海口之後，遇到龍潭時還眞是沒臉。但是如果我曾經誇口，譬如有人進來問說：「當初你還沒有悟時就說『學與無學，唯我知焉』，你當初講這句話時有沒有過失？」如果我悟前曾經像他這樣誇過口，別人來問時該怎麼辦？你們可能沒輒，但我不是，我照樣一棍就把對方打出去。所以學與無學很不容易了知，而當今著作等身的大法師們，單只南方禪宗祖師的開悟明心公案都弄不懂，就敢大膽的謗爲無頭公案；可是我們看來每一則公案都是頭臉分明的，所以「學與無學、唯我知焉」可不能隨便誇口的。可是 佛怎麼說學與無學的呢？ 佛說：所謂的菩提就是盡智、就是無生智。

盡智是什麼呢？就是後有永盡的智慧，無生智則是講未來不再有生。如何是無生智？是說：能懂盡智的道理，也能爲人解說未來不再有生，這就是無生智。這是講二乘菩提的盡智和無生智。但是大乘菩提的盡智和無生智又大不同，在大乘菩提中盡智是講如何斷盡思惑？而又能有方便不取無餘涅槃，這就是八地菩薩的無生法忍。二乘人斷盡思惑時一定會取涅槃，但八地菩薩斷盡思惑時能夠後有永盡而不取無餘涅槃，這就是大乘的盡智。大乘無生智是說八地菩薩已經斷盡思惑卻能滅除涅槃貪而不取無餘涅槃，繼續常住於世間利樂有情，要依靠八地所證的如幻三昧現觀，這是大乘八地菩薩的無生法忍。初地已有無生法忍，但不具足，要到八地才具足這個無生法忍，這就是大乘無生智。所以從比較高的層次來說，無生法忍是八地；從廣義的層次來說，無生法忍是初地。乃至有時更廣義的無生法忍定義，譬如《大智度論》中 龍樹菩薩說：明心而進入七住位不退也是無生法忍。所以不能執言取義，要看內容來定義。菩薩爲了大乘盡智和無生智，精勤奮發修集三十七道品，就稱之爲有學位；所以悟得菩提以後，也就是說你具足了三乘法而得到解脫果（不只是二乘法的解脫果，還要具足大乘法的解脫果），也就是八地的入地心，才算是大乘法中的學果：有學位的究竟果位，轉入無學位了。

第二種學與無學是說，能調伏自己的六根而不會亂攀緣、也不會放逸，進而調伏眾生，叫作有學。調伏與解脫不同，調伏只是用禪定或智慧壓抑下來，在佛法中說是性障被壓伏住了，而不是斷除了，所以稱之爲有學，因爲我見與我執還沒有斷除，所以不能稱爲無學。等到解脫道的法義全都不必再學了，才叫做無學，才叫做學法所得的果實。在大乘法裡面的無學解脫果是指八地入地心，所以證得八地的解脫果，思惑斷盡而能不入涅槃，並且有能力使眾生也同樣證得八地的解脫境界，才可稱爲學果。

第三種定義：修集佛地的十力、四無所畏、大悲三念的人都叫做有學，因爲還要繼續再修學。依照這個第三種定義來講，八地菩薩都還是有學位聖人，因爲佛地的十力還得要修學，到成佛時才具足。如果能夠具足十八不共法，才能稱爲學果，這是最高的定義：第三阿僧祇劫滿足了，成佛時才叫作學果，所以這個定位不同。

第四種學與無學的定義較爲寬鬆：爲了利益自己和別人而造作種種的善業，叫做有學之人；已能利益自己也能利益別人，叫作學果，這個定義就比較寬鬆。

第五種學與學果：熏習學習世間法的人是有學人，已經開始修學三乘菩提出世間法，稱爲學果，這定義又更寬鬆了。

第六種學與學果的定義又有不同，譬如有人說：「我有兩顆腎臟，我願意捐一顆給別人。」這就是不惜身根，如果說爲諸眾生既不吝惜自己的身根也不吝惜錢財，乃至壽命都不吝惜，說需要全身都給他那就給你，我就捨報，這叫做學果。假使只是不惜身財而愛惜性命，不願捨命，就成爲有學。

第七種學與學果是：能度化眾生共同造作人天善業，也就是度眾生依止三寶來行善，而不是依止外道法而度眾生行善，就是有學位。但是中古時代歐洲基督教的救世軍，他們的行善是有條件的：你若信受我所奉的神，我就利益你；如果不信受我信奉的神，我就殺掉你。像基督教的十字軍東征自稱行善，就不能稱爲有學。這是依外道法的邪見來行善，必須依三寶爲中心而度化眾生來做人天善業，才是有學位。如果能度化眾生來實修無漏業，也就是修學二乘解脫道或是大乘解脫道，這人就是已入學果的人。

第八種是能布施眾生一切財物，稱爲有學；這種人並不多，他把所有錢財都布施之後，自己去行乞過活；即使能如此，仍不是解脫，還是有學人。假使有人除了布施錢財以外，還能常行法施——能做三乘菩提的佛法布施，這就是學果。

第九種，能破壞自己的慳貪及嫉妒心（慳與貪是兩個法，慳是有錢財而不肯布施，或者有法而不肯傳給別人；貪是貪求別人的錢財或盜法。但是正當的法貪，在大乘法中是不該斷除的，佛鼓勵大家不可斷除法貪，因爲這是善法貪。成佛時自然就不斷而斷了，因爲成就一切種智時，自然不需要再貪任何人的法了）。自己破壞了慳貪，並且破壞了嫉妒心，才能稱爲有學。除此以外，還能幫助眾生同樣破壞慳貪、破壞嫉妒之心，才叫作學果。

第十種學與學果是說自己受持五種善根（信、進、念、定、慧），而修行，並且憶念不忘，名爲學人。修行與憶念的目的是爲了發起五力，三十七道品中不是有五根、五力嗎？受學五根的信進念定慧而變成信進念定慧五力，就是有學。五根是過去世種的，如果現在還沒有五根，就趕快去種；有了五根以後就要使五根的力量發起，要讓它們發芽、生長、壯大，壯大了有力了就稱爲五力。自己受持五根而修行憶念，就是有學位。五力發起以後能教導別人同樣來修集五根、發起五力，和自己同樣的成就具足了，這就是學果。

這十種的學、無學定義非常廣泛，所以有些時候不能拿某一個名相在別部經文中作同樣的解釋，要看各部經文中對學與學果如何的定義、前提、內涵來說，不可只看文字名相而一體通用，要依經文前後眞義來確定。這裡的十種學與學果，不曉得諸位有沒有注意到一個共通性？也就是說：凡是能利益自己的都叫作有學，能同時利益自己也利益別人時才叫作學果。換句話說，你修學佛法有了果實，又能有力量生起作用而利益別人同樣證得它，才可叫作學果；所以這一品專從自利利他來講學與學果。接著還要繼續再講自利利他。

【「善男子！菩薩信根，既自利已，復利益他。自利益者，不名為實；利益他者，乃名自利。何以故？菩薩摩訶薩為利他故，於身命財不生慳吝，是名自利。菩薩定知若用聲聞、緣覺菩提教化眾生，眾生不受，則以天人世樂教之，是名利他；利益他者，即是自利。」】

講記 這一段佛語是說菩薩的信根發起而有信力了，所以既利益自己而且能夠轉向利益別人；但是只能利益自己，並不是眞實佛法，仍不能稱為眞實義的菩薩。因為單只利益自己，不可能成就佛道，所以不是眞正的自利。如果也能利益別人，將來才有弟子得度而使自己成就佛道，這才是眞的自利。只願意利益自己而不願利益別人，就是還沒有斷除嫉妒、性障；性障不能除掉，怎能利益自己？從表面上看來，是對自己有利益，但仍不是眞正的究竟利益自己，因此還要利益別人，以後才能成佛，才是眞正的自利。 佛解釋說：菩薩摩訶薩證悟以後，為利益眾生的緣故，對自己的身根、性命、財產都不慳貪和吝惜，這樣才叫做自利；不產生慳貪和吝惜，就表示已把執著斷除了！斷除執著才是利益自己而得解脫，執著不斷就不能得解脫，當然不是利益自己。所以為利益別人而能把自己的身根、性命、財產都願意捨棄，毫不產生慳貪和吝惜，就表示你已證得解脫，這才是自利。

菩薩如果確定了知：我如果用聲聞菩提來教化眾生，或用緣覺菩提來教化眾生，貪著仍重的眾生將無法接受，那就改用天人世樂來教化他們。天樂就是教導眾生生天享福的道理。想要往生欲界六天享福的辦法，就是修十善業，死後就得到欲界天樂。貪著天樂的眾生聽了就說：**「這個好！生天太好了！一個天人有五百個天女奉侍，眞好！」**可是有些女眾會想：**「我在家裡服侍丈夫，已經服侍得很煩了，如果生天時有五百個天女奉侍我，那多棒！」**有的人就歡喜接受，因為眾生的根性大多貪著五欲，這就容易修善業了！可是二乘菩提是無所得法，而且是要把自己滅掉：要殺掉自己，五陰中的任何一陰都不許繼續存在。貪著自我的眾生就想：**「把我自己幹掉？那還得了！」**這就是凡夫我見、我貪的眾生。所以我們的《邪見與佛法》剛出版時，很多人罵了起來：「竟然叫人把十八界都滅掉，把我都滅掉了以後不就是斷滅嗎？」後來有人說：「不是斷滅！因爲還有如來藏存在！」那些人就不敢再亂講話了。

也有人罵他們：「你對十八界的執著一直不肯斷，就是我見。」他們終於不敢再亂講話了！所以眾生的心性都是想要把自我好好留著，要用自我去住入解脫的境界裡面。可是佛說的解脫從來都不是這樣，佛說的解脫是把自己滅掉而成爲無我，不必再有我去輪迴而叫做解脫，而無餘涅槃中沒有五陰我、十八界我存在，所以說是實證無我。但是現在四大山頭都想要用離念靈知入住無餘涅槃中，認爲離念靈知是常住不壞法，可以入住無餘涅槃中，這就是我見未斷的凡夫大師。連出家了的法師都不願意依眞正的二乘菩提來修，一直想要保住五陰我。菩薩觀察後就想：「這些眾生不能接受二乘菩提的無我法，貪求世間樂，那我就教他們生天享樂！」就告訴眾生：生到欲界天中，會有很多好處；往生的方法就是修十善業。眾生聽了歡喜，就修十善業，這就是教導眾生天樂。

至於人樂：「人間的生活很好，我不要解脫，我當人覺得很快樂，請你教我來世可以繼續當人。」菩薩就教導他：「你得要受持五戒而不違犯，來世就可以繼續保有人身。那未來世若想過得快活，就修集布施的福德，來世就不會貧窮，就有好生活。」眾生聽了心中歡喜，有時就會多少做一點布施，有時看見了三寶就會供養一些錢財，來世就生而為人並且有錢財受用，這就是人樂。天樂與人樂都屬於世樂，菩薩觀察眾生根器若不能接受二乘菩提，就教他們求天人世樂，這也是利益他人。若能利益別人，也就是利益自己，因為能同時把自己的法慳與嫉妒心除掉，願意讓眾生去生天享樂，所以說利益別人就是真正的自利。

【「菩薩不能自他兼利，唯求自利，是名下品；何以故？如是菩薩於法財中生貪著心，是故不能自利益也。行者若令他受苦惱、自處安樂，如是菩薩不能利他。若自不修施戒多聞，雖復教他，是名利他，不能自利；若自具足信等五根，然後轉教，是名菩薩自利利他。」】

講記　這是延續上半段，講自利和利他。佛開示說：菩薩修行如果不能使自己和他人兼得利益而只求自利的話，那是屬於下品人。下品：以三等來分的話，能夠自利也能利他，這是最上品；如果只求自利而不能利他，屬於下品。爲什麼說是下品呢？因爲這樣的菩薩，他只能利益自己。爲了想要利益自己，他在法財上面產生了貪著心，怕別人也同樣得到自己所證妙法。正因爲產生了貪著心，所以不能利益自己：有貪著心時，他心中想的是只要利益自己就好，不想利益別人。這就表示自己的貪心不能去掉、法慳不能去掉，修行層次就不能提升，就不能自利；只有能利他的人才能自利。佛又說：行者如果使別人受苦惱，而自己處於安樂中，這樣的菩薩沒有悲心，所以他只能夠利益自己，不能利益別人，法貪與法瞋就無法消除。所以實際上可以說：不能利益別人也就是不能自利，自他雙方都沒有增益的受用；所以這樣的菩薩，我們說他是下品的菩薩。

如果自己不肯修布施、持戒、多聞，只教導他人布施、持戒、多聞，此人則是利他而不能自利。譬如有些菩薩自己不願意布施，專去鼓勵別人布施；那是使別人種了福田、捨慳貪，別人未來世得大利，他自己不能捨慳貪，也不得來世大利，那就是不能自利，只能利他。他只勸別人去受戒、持戒，他自己卻不受戒、不持戒；別人受戒、持戒，得到戒法的功德，所以修行加快；而他自己不受戒、不持戒，不得戒法的功德，修行就緩慢，這就是利他而不能自利。也有人常常鼓勵大家：「你們要多聞啊！我們　蕭老師在講法，多妙！大家趕快來聽喔！」結果自己常常缺課，別人多聞熏習，日益增上，一年後反而超過他了！他卻不能理解別人爲何後來居上，這樣就是不能自利、只能利他。所以施、戒、多聞都得要自己去做，不單是教他而已，這樣才能自利又利他。

如果菩薩自己具足了信等五根——信等五根叫做信進念定慧，這是五根——如果這五根具足了，再進一步發揚出來，就產生了信力、精進力、念力、定力、慧力，這樣就表示修行得力了，有成績了。想要具足信等五根，是要自己從多聞、持戒、布施裡面去修、去得，這是五根。因爲五根並不是大家都有，這五根要透過無量世中多種善根，才能漸漸具足五根；五根具足了以後，再進一步修行而使五力發起。具足了五根，還沒有五力，是因爲還沒有證悟，還沒有發起般若力；但是信等五根已經具足了，就可以爲人轉教；所以弘法不一定要悟了才行，還沒有悟也可以弘法，只要不亂說法就可以。如果自己能夠有五根，也轉教別人如何具足這五根，就是菩薩自利而且能利他，那就是上品菩薩。

「善男子！利益有二：一者現世、二者後世；菩薩若作現在利益，是不名實；若作後世，則能兼利。善男子！樂有二種：一者世樂、二者出世樂；福德亦爾。菩薩若能自具如是二樂、二福化衆生者，是則名爲自利利他。」

講記 佛又開示說：**「善男子啊！利益有兩種：一種是現世中的利益，第二種是後世的利益。如果菩薩所做的事只能獲得現在世的利益，這人不是眞實菩薩，因爲只能得一世的利益，不能得到下一世的利益。如果所做的事能使後世也得利益，那就能夠兼利。」**如何是只作現在利益，不能得後世利益？譬如有人布施的目的是求財，他預見在某處布施之後，將會獲得很大的回報，所以他就去布施，後來果然當世回收很大的果報。這樣子到底好不好？聰明人說：「好。」笨的人說：「不好！我想要後世利益。」所以被聰明人笑說笨。但是被笑笨的人心裡知道自己才是最聰明的，因爲後世回收的利益才是最可觀的，現世利益回報終究有限，而且帶不到未來世去：這一世很富有，下一輩子做個窮人，哪裡叫做聰明？所以，聰明人做的事情是：「現在布施，當世就有利益。」大家說：「某某人眞的是發心，大善人啊！」但他不求回報，所以這些福報會轉到下輩子去得；這一世有美名，下一輩子也得實利。在事業上如果跟他有往來，大家都願意繼續與他做生意，因爲這個人是好人，他不會欺騙人，所以又意外的得到一些表面上看不出來的利益，就在此世實際上也得了利益；而他這一世布施的福報卻又可以帶到未來世去——兼利後世——所以我們布施時要有這樣的正確心態。

所以我布施出去以後就把它忘掉。布施出去時，如果心心念念想著什麼時候福報可以收回來，那又少掉功德了，變成只有福德而沒有功德。福德是未來世的利益，在世俗法上的回報，佛在後面將會講到布施的因果，布施的因果在這部經中講得最多。但是有人心心念念想著未來世有多少倍的回報時，就只剩下未來世的福德沒有修行上的功德了。功德是自受用的法，布施以後一點兒都不覺得心疼，都沒有罣礙，這也是解脫功德的一種——解脫於我所。所以，能得現在世的利益，也能得到後世的利益，這樣才是眞實的布施。

佛又說：樂有兩種：第一種是世間樂，第二種是出世間樂。世間樂是一般眾生所喜歡的，他們喜歡的是財色名食睡，住高樓大廈。不然他說：「**現在住高樓大廈不稀奇，我改住廣大別墅。**」一戶別墅五億、八億元，面不改色就買下來了。出門時覺得 Benz 頂級車還不夠看，他要勞斯萊斯的頂級車；假使國家不設限的話，再買頂級直升機、噴射機，凡事都是要最好的。這就是世間樂，都屬於五蘊身心上的樂。第二種是出世間樂，一般世俗人其實不會喜歡這種快樂。出世間樂就是心得安然，常住於寂滅之樂。如果沒事，隨便椅子上坐下來，休息下來，一個妄念也沒有，也不會去罣礙什麼。如果是菩薩呢，休息下來，不斷的有深妙法湧出來，法樂無窮。菩薩如果想要爲眾生寫書的話，他將會越寫越高興，雖然寫到手結繭，痛起來了，那個痛會變成好像針在扎一樣，但是手痛對他沒有障礙，最多弄個棉紙、衛生紙纏一下，又繼續寫，因爲手痛與法樂比起來實在微不足道。

打電腦鍵盤也是飛快的敲，不肯休息的打到晚上還停不下來；你們不知道寫書要寫多、寫快就是會這樣，總是來不及把許多重要的法義寫下來。你們晚上若是穿著襪子睡覺，一定是稀有動物！但我不是，我晚上睡覺時手也要穿襪子，並且是穿兩層襪子，必須保暖，因爲睡覺時手痛到會吵醒我。今年好多了，有時穿、有時不用穿，因爲現在不必趕時間的寫那麼快了；但是這痛比起法樂來，都不算一回事，因爲法樂無窮：好多妙法一直冒出來，總是來不及寫，只好常常寫到一半時，先寫幾個字在後面，免得稍後忘了寫；又在每一段寫好時，先打幾個字在後面作爲提醒，寫完了這一段再接著寫；因爲妙法一直跑出來，你沒辦法跟著立即寫下來啊！眞是法樂無窮啊！這就是菩薩的出世間樂。如果累了，坐一會兒吧！眞是偷得浮生半日閑，偷得十分鐘、二十分鐘也好，坐下來呆呆的休息時也沒有念頭出現，心中無一物，這就是菩薩。能有這種出世間樂，眞是其樂無窮！

可是我告訴你：不管是二乘的出世間樂，或者菩薩的出世間樂，對於世俗人來講，他們根本都不想要，他們認爲：「這個人生活過得很辛苦。」所以這是出世間樂，不是世俗人所喜歡的世間樂。弘法時，你向他們說常樂我淨，他們聽了也很歡喜；可是等到你爲他們解釋清楚常樂我淨的內涵，他們又不想要了，這就是世俗人；可是這種世俗人，在當今佛門之中其實是處處都可以找到的，你能舉得出的大修行人都不想要這種出世間樂，只是想要他們自以爲是的「出世間樂」。但是樂有兩種，出世間樂才是究竟樂，世間樂是無常的，早晚終究要捨棄；因爲成佛之道你是遲早都得要走的路，這一世不走，下一世也要走，這一個大劫流浪生死而不走這條路，下個大劫你還是得要走上成佛之道；既然遲早都得要走，晚走就不如早走！不如及早捨棄自以爲是的出世間樂，修證眞實的出世間樂。

有的人心裡面想：「修學聲聞解脫道，什麼快樂都得捨棄，活著沒意思。**我希望有世間樂、也有出世間樂，那怎麼辦？**」我告訴你：「當菩薩吧！**菩薩具足二種樂。**」怎麼說呢？聲聞人只能日中一食：早上不許吃，下午也不許吃，日正當中時一食而已；聲聞人也不許有眷屬、財富，這就是聲聞法。菩薩則不然，所以我那三年去台中上課，每次回程車上又有吃的、又有妙法可以和大家對談，其樂無窮，這就是菩薩雙具世間樂與出世間樂啊！如果你是聲聞，只能坐在那邊看我吃點心啦！而且我說的妙法你也將聽不懂，心中會很難過的。所以我有世間樂，也有出世間樂；回程的火車上已經三更半夜了，我們照吃點心。你們瞧瞧維摩詰大士家產龐大，眷屬成群，但他卻是等覺大士，那不就是雙具世間與出世間樂了嗎？

說到維摩詰大士，阿羅漢們都怕死他了。阿羅漢是人、天應供，諸天天主見了他們都得要禮拜、供養，可是維摩詰明明知道大家都怕他，卻故意要去找那些大阿羅漢；見了面了，他們逃不掉了，他就「黃鼠狼給雞拜年」來了！人家正在講宴坐：如何宴坐、如何數息、如何入定……等等。講得正精彩！他一到來就向阿羅漢禮拜；維摩詰大士總先禮拜他們，這是黃鼠狼給雞拜年——不安好心的。玄奘菩薩的譯本譯得最詳實：先向阿羅漢禮拜，起來就開門見山的指責說：「你講的宴坐說錯啦！」當眾就給他們難堪：「如何是宴坐？於三界中不現身意，才是眞正的宴坐。」阿羅漢一聽，很納悶：「不於三界現身意，這是什麼意思？」弄不懂了！「人明明是在三界，怎麼可能不在三界中現身意？

天下哪有這種宴坐？」大乘法就是妙在這個地方，所以菩薩的出世間樂比阿羅漢還要具足圓滿。但是阿羅漢過午不能吃食，維摩詰晚上照樣大吃大喝，國王、大臣來拜訪，宴席大開，照吃不誤，菩薩就是這樣啊！這正是示現大富長者相：身上瓔珞、寶冠都不忌諱，乃至花朵也可以配上身，菩薩總是沒什麼顧忌的。所以你們若是想要得出世樂，又可以不避世間樂，那就應該發願當大乘的菩薩，但是得要世世不離生死的自利利他。

所以在大乘法中出家，晚齋照吃不誤。如果有誰說：「我出家持午，不吃晚齋。」我見了一定跟他笑一笑、羞一羞，我說：「你是聲聞，你不是菩薩。」我就跟他羞一羞。爲什麼？大乘法中菩薩本來就沒有這一些。菩薩如果出家了，最多只是六齋日、八關戒齋時持午，可以，其餘根本都不用，有的菩薩甚至不甩這一套。你們看禪宗那些祖師們，他才不甩這些聲聞戒，他們是完全依止菩薩戒的，這就是有世間樂也有出世間樂。你如果想要兩者都有的話，就請你當菩薩吧！但是，當菩薩雖然兩者都有，可是先要把醜話講在前頭：得要有心理準備，願以三大無量數劫爲眾生奔忙。你如果眞的當菩薩，勞斯萊斯買來開也沒關係；只要你是做生意自己賺來的，不是受人家供養的錢，你要開勞斯萊斯或者買來很拉風的法拉利享用，那都可以，沒有人會說你。因爲你不受供養，都是自己賺來的錢財去買的，方便示現廣有福德，有福德的菩薩就要這樣示現。但是出家菩薩可就不方便了，他雖然也是菩薩，但因爲全缺應供，那就不可張揚了，假使把別人供養的錢財去買高級車來乘坐，可就不像是出家菩薩了，恐怕也免不了世人的譏評吧！

樂有二種，福德也有兩種：出世間福德及世間福德。有人心裡面想：「我來同修會學法很久了，爲什麼我始終悟不了？我以前曾經助印很多佛書，應該有許多福德資糧了可以開悟吧！」但是你印的是什麼佛書？是印順法師的佛書，那跟我們這個實相法的證悟福德有何相干？你助印西藏密宗的邪淫密續，又跟證悟的福德有什麼相干？那些都是破壞正法的邪見書籍啊！哪裡會有福德呢？根本就是破法失福的惡行！就算有些微的福德，那也跟我不相干啊！除非印的是眞經眞論，我才可以承認你的福德。所以福德是有差別的，有的是世間福德，譬如像慈濟到處去布施錢財、利樂有情，有人則是組成慈善團體專門造橋鋪路，這都是世間福德。因爲這種福德果報是不會消失的，如果下一世沒有受報，下下世也沒有受報，乃至你造了更多、極多福德，但因爲謗法或協助破法的共業而下了地獄，幾十大劫、幾百大劫後回到人間來，還是會享受到此世造作世間善業的福德，別人都拿不走你的；因爲這個善業種子在你心田種下去，種子是在你心中，誰也搶不走，可是行善之時又造作了幫助破壞正法的惡業，一樣要受報，並且是先受報的。

又如基督教的救世軍、世界展望會，我以前一時興起時，也曾匯錢去資助他們，但因爲是世間福德，學佛以後都捨棄了。這個世間福德跟出世間福德有很大的不同，因爲它只在世間法的果報上有用。但你如果懂得修福，所修的福應該具備兩種福德：既有世間福德，又同時有出世間福德。如何能得這種福德？譬如護持正法，助印正法的書籍及經典。這事當然得要出錢，出錢就是財施，財施是世間福德，未來世可得到多少回報，後面經文會說到；但你同時也因爲這件護持正法的功德，使你種下了未來明心證悟的因緣乃至見性的因緣，甚至成爲成就初地、二地功德的因緣，這就是兼具出世間福德。你不能夠說：「我一天到晚造橋鋪路，我每一個月都花幾十萬救濟貧窮，這樣幾年下來，開悟的福德難道還會不夠啊？怎麼我來到這裡很多年了，你竟然禪三都沒有錄取我。」我說：「那些善業都是世間福德，不能拿來向我要求出世間福德的開悟。」

打個比方：你去台北市銀行存錢，不能來我台灣銀行領利息和本金。去台灣銀行存錢，就不能來我華南銀行來領本金與利息。有人說：「我來正覺同修會學法，想要把這幾年行善的本、息都提領出來：我想要明心，還要眼見佛性，並且還要擁有初地無生法忍的智慧。」但是你想要提領的本息，都應該先在我們正覺同修會中存款嘛！不許你在外道法或破壞正法的表相佛教道場護持很多，幫助他們更有資源、更有力量破法以後，卻向佛要求說：「世尊！我種了很多福田，請您幫我開悟。」佛一定告訴你：「你都跟外道混，專門用外道法來破壞我的正法，怎麼能要求我加持你開悟？」所以種因與得果之間必須相當。甚至於阿羅漢們不修菩薩的福德，不建立菩薩的正見，不發菩薩的大願，佛仍然不肯幫他們開悟的；雖然他們已是貴為人、天應供的俱解脫大阿羅漢，佛仍然不幫他們眼見佛性的，連明心都不幫忙。

所以，福德有分爲世間福德和出世間福德的不同，這二種福德所引生的果證當然有所不同，這才是名目與果報相應的正理。比如說：你專門支持二乘法的弘揚，專門助印二乘解脫道的經典與佛書，專門支持二乘法的道場，可不要把那些帳記到我正覺頭上來！我們是大乘法的道場，你在二乘法上用心的那些福德只能取證解脫果，在大乘法的般若開悟法中是派不上用處的。你得要有護持大乘了義法的善行，才能向我請求開悟。這些福德事相，佛在後面漸漸會說到很多微細的地方，把善行與未來的福報因果詳細爲我們開示。

佛說快樂有兩種：出世樂和世間樂。福德也有兩種：世間福德及出世間福德。菩薩雖然有世間樂，也有出世間樂，但是說實在的，菩薩眞的不容易當，很辛苦！但是菩薩修福是不嫌多的，他在正法上很護持，遇到世間法上可以種福田時，往往也會隨緣參加的，菩薩法本就應該如此。如果菩薩能自己具足兩種樂、兩種福德，也能度化眾生同樣修集這兩種福德、證這兩種快樂，再與自己一起度化眾生的話，這一位菩薩就是能夠自利也能利他的菩薩，這就是眞實義的菩薩。

【「善男子！菩薩摩訶薩具足一法，則能兼利，謂不放逸。復有二法能自他利：一者多聞、二者思惟。復有三法能自他利：一者憐愍衆生、二者勤行精進、三者具足念心。復有四法能自他利，謂四威儀。復有五法能自他利：一者信根、二者持戒、三者多聞、四者布施、五者智慧。復有六法能自他利，所謂六念。復有七法能自他利，謂壞七慢。」】

講記 菩薩證悟以後，對凡夫來講，你算是菩薩摩訶薩了，你要怎樣以一法自利也能利他？這就是不放逸。很多人誤會了不放逸的意思，總是想：「不放逸就是要一念不生，而且不管做什麼事情時都要不苟言笑。」錯了！很多人以爲說：「我每天只要有空，一定要打坐，這才是不放逸。」我說：「那叫做放逸。」爲什麼說他放逸呢？因爲我們一天到晚在忙，可是心中總是淨念相繼，沒有妄想攀緣；他們在那邊打坐，卻是到處跑：一下子到美國，一下子到歐洲，一下子又跑回台灣，又是張三、李四的攀緣不斷，心總是到處去，所以是放逸。

不放逸才是眞精進，但是眞精進不是盤起腿來在那邊熬，心中絲毫輕安都沒有，只是在算：「兩個鐘頭到了沒？共修快結束了吧？怎麼時間還沒到？腿痛死了！還不趕快結束打坐共修！」那叫作放逸。眞正的不放逸，才是修苦行。可是身苦行容易修，你可以每天盤腿八個鐘頭；可是我禪三時每天也盤十個鐘頭，那有什麼稀奇？那種苦行只是表相苦行。眞正的苦行是心不放逸，你若是念佛，就得時時刻刻淨念相繼；你如果打坐，就能很快進入定中，獲得禪定的證量，而不是空口白話；如果是專修利益眾生的法門，就得永遠不懈怠的努力去做；如果以努力說法不斷作爲苦行，就得不斷的宣說深妙法，越講越妙而不中斷；如果是爲眾生、是護持三寶，就不斷的努力爲眾生做事、努力護持三寶，這樣的不放逸，才是眞正的苦行啊！這樣的不放逸，不但自己能得利益，而且也能夠讓眾生得到利益，所以心不放逸這個法是很重要的。可別心放逸而在口不放逸、身不放逸上用功，那都是假的。有的人是口不放逸，嘴巴從來不罵人，可是心裡面一直罵，那怎麼叫做不放逸呢？也有人表面上不貪，走過珠寶店時都不看一眼，別人如果轉頭看一眼，他就罵人。

但是回到家中，他心裡面又想：「剛剛某某師兄說那一顆祖母綠多漂亮、多漂亮！眞的有那麼漂亮嗎？」心放逸了！人家是講過、看過就丟了，他卻還緊抱在心裡面，這就是心放逸。只有心不放逸才是眞正的不放逸，這樣才能夠自利、他利。

有二種法可以使菩薩自利、他利：多聞，思惟。爲什麼要多聞？因爲你自己學佛時，佛法浩瀚無涯，無從摸索；若有人幫你打開及示現，你修起來就會很快，除非你認爲自己眞的是很厲害。我把佛菩提道的內容與次第爲你們排列出來，你們取來一觀：「唉呀！成佛原來是這樣走的。」次第了然啊！可是以前有誰會來幫我？沒有人幫我！老實說，還沒有離胎昧之前，重新受生出頭來到此世時，這都難免啦！所以那時我也弄不懂佛法，也是去寺院裡聽法，有佛書也要買回來讀啊！但是後來發覺都是誤導眾生的書，目前看來仍然沒有一位善知識能把深妙法講出來，至於佛道的內容與次第就更甭提了。他們說的道次第都是錯誤的，你們看印順法師的《成佛之道》、宗喀巴的《菩提道次第廣論》，都是把道次第顚倒了的，而且所說的內容也是錯誤的。縱使你過去世如何的赫赫有名，在你還沒有離開胎昧之前，此世還是要從多聞開始，不能避免的。當你從多聞開始熏習之後，才會刺激你心中的往世修證種子漸漸出現。所以我初學佛一年多，連開悟是什麼內容都不懂時，有一次在一個道場講「淺談菩薩道」的題目，我當時只有一個鐘頭的時間，飛快的講出六度互攝的法義來：布施含攝後五度，持戒含攝其餘五度……等等。那時連破參的智慧都沒有，但是心中自然就會跑出一些正確的觀念。可是你若沒有從多聞入手，就無法刺激出來，所以在你尚未離開胎昧之前，還是得要先從多聞下手。

假使有一天你說：「我現在三地滿心了，不再有胎昧了，所以我一出生時就記得過去世所證的妙法，此世不需再從多聞開始了。」我說：「你錯了！你還是要多聞，因爲四地菩薩雖然只有多了你一地，他卻有很多妙法是你所不懂的。如果不去跟他熏習、學習，你想要進入四地，門兒都沒有。」除非你有特殊因緣：這個世界根本沒有一個四地菩薩，而你現在幹的事情是四地滿心、七地滿心才能做的事，那時怎麼辦？佛陀老人家就會直接幫你了，就會藉種種事緣把你拉上去！除此以外，你若不多聞就沒有辦法上進；所以多聞很重要，多聞可以把你過去世的種子刺激出來，那你修起來就會很快。如果前世沒有學過，當然此世更要多聞，否則要如何建立正知正見？

譬如說：我們有很多學員的見道報告中，或者還沒有破參的學員寫出來的修學心得，常常會有這一句話：「**我來同修會學佛這兩年半，縱使還沒有破參明心，心中也是非常高興。因爲這兩年半所學的妙法，比我以前二十年學佛的總和還要多。**」高興死了！因爲整個佛法的內涵與次第，他已經有所了知了；並且對二乘菩提和大乘菩提的區別也能了知，這種事情只有到正覺中學法才有可能，所以他們都很歡喜（應該說你們都很歡喜）。但這都是從多聞而來的。可是多聞之後仍然沒有辦法爲人宣說，那就該加以思惟消化了！光只聽聞，都只是知識，再加以思惟之後，就會變成你自己的，未來就能爲人講。如果想要利他，你必須先經過思惟；縱使還沒有證悟，也能隨分爲人宣講，所以說這二法能自利也能利他。能自利、也能利他，這就是眞實義的菩薩。

還有三法能自利、利他：第一、要憐愍眾生，第二、要勤行精進，第三、具足念心。憐愍眾生的意思是說要有悲心：看見眾生被人誤導、久修不證，應該要憐愍他們，觀察有沒有好辦法能利益他們，這叫做憐愍眾生。對凡夫眾生、對外道，也希望他們進入佛法來；對於佛門中還沒有證悟的人，在因緣成熟時要讓他們趕快證悟。對於進入佛門想求證悟般若，但是始終無法悟入的人，你就教導他們努力修集出世間法的福德，將來才有悟入的因緣；這就是憐愍眾生時應該要做的，要有這個憐愍心。其次，除了憐愍眾生以外，自己也要勤行、精進。勤行就是精勤的修行，在法上要精進的聞熏、修習而不終止。光是每天憐愍眾生，但自己的道業都不能提升，那也不是辦法；所以也要自利—勤行精進。

第三、要具足念心，就是念不退失、念不忘失。念不忘失，只有到達佛地時才能具足。常常有人說：「我總是聽了就忘了。」我說：「你不要用記的，你要用理解的。」「可是我又聽不懂，那怎麼辦？」我說：「那你就好好努力求悟啊！」悟後一聽就懂了，懂了就不會忘記了，念心所就成就了。懂了以後就算忘記了也沒關係，其實不是眞的忘，後來人家一問起來，你馬上就會解說的，所以不必故意去記，這叫做念不忘失。

於一切法中得能念不忘失的，只有諸佛，等覺菩薩多多少少都還會有些忘失的。這就是五個別境心所法中的「念」，念不忘失的具足是佛地境界；但是在因地時，你也得要修。想要念不忘失的最好方法，是親證。親證以後不論經過多久，不論是經過如何紛擾的混亂時間，你還是不會忘記的，因爲這是你所親歷的境界；這就是說，具足念心所的最好方法就是一一親證、一一履踐，這樣就可以漸漸到達佛地的具足念心。

另外有四法可以自利、利他，就是四威儀：行住坐臥都有威儀。但是四威儀會轉變，如果你在印度出家，你的四威儀會很好；但是後來印度佛法沒落，你生到中國來，進了禪宗，世世都當證悟的禪師，四威儀可能不會很好。因爲禪師的答話行事，都有獨特的風格，所以你若要求禪師要什麼樣的威儀，那你就錯了。禪師的威儀一向不很好：穿著破衣下田去，因爲中國禪寺古來都是行普請法，在田裡，當你看見和尚拄杖掉了，撿起來給他，結果他卻打你一棒，禪師就是這樣。這回禪三也有人這樣，我把竹如意丟了，他幫忙撿回來給我，我接過來還是特地打他，有什麼威儀可說呢？但這就是禪師的四威儀。所以四威儀會因人、因法、因時而異。我這個人從來不注重威儀，一向邋邋遢遢的過日子。我認爲現在就是要邋遢一點才好，越邋遢越好，修威儀的時期已經過去了，今世不修了。但是你們不要學我，你們一定要有威儀，因爲我的威儀再怎麼不好都沒關係，只要法夠妙就好了！世俗人都說：長得醜也沒關係，只要萬貫家財就會有人想要嫁給我。但是你們不行，你們出去外面時，是代表正覺同修會的法，得要有威儀。四威儀是指：行住坐臥。道家也講四威儀，你如果練道家的功法，不管練外丹、練內丹都一樣，也要講四威儀：坐如鐘、行如風、立如松、臥如弓。他們也有他們的講究。佛法既然是世間而且兼具出世間法，當然更要注重威儀，特別是會中的出家菩薩們；所以諸位也要注意威儀，好的四威儀可以使人身心安定一些。

　　復有五法能夠自利、他利：第一、要有信根。如果信根不具足，很快就會退轉了。信根不具足的意思是說對三寶的信心不夠。很多人不瞭解佛的尊貴，甚至進了佛門已經修學佛法十幾年了，你問他說：**「佛陀尊貴不尊貴？」「尊貴啊！」**但是真的尊貴嗎？他心中其實不真的認爲尊貴，只是意識表面上知道尊貴而已。眞正要知道諸佛的尊貴，最知道的人其實是等覺菩薩。再來就是諸地菩薩：修證越高，越知道諸佛的尊貴。以凡夫的立場來想像諸佛的立場，其實都無法想像，只能夠猜測而且一定會錯誤。但是等覺菩薩想起諸佛的境界，那可是佩服得不得了。其實，以初地心來看待二地心，就不敢想像了，因爲上地心的現量境界，你根本就摸不到邊。所以修證越高，對諸佛就越恭敬、越有信心。假使你修到較高的層次，已經超過信根的層次，到達信力的境界，就會知道其中有很多差異。如果是菩薩摩訶薩，這裡講的是證悟以後還沒有進到初地以前，都還在信根的階段，還要不斷的去修集信根。修集信根要靠什麼？要靠著善知識以他的證量來告訴你，讓你了知：你雖然悟了，你要到初地還有多少勝法要修。你知道了就說：「唉唷！這些妙義，我要修到什麼時候？」那你就知道：「初地菩薩的證量很高，我們無法想像。」當你有了這種正確的見解時，再想像諸佛境界，就是具足信根了！但這也要靠善知識的幫忙。有信根的人、信根具足的人都能自利、也能他利，因爲信根具足的人，他有能力針對明顯的外道邪法來破邪顯正，就可以救度很多人，讓他們迴心而入正道，不會一直在邪魔外道法中鬼混，所以具足信根的人也能具足自利和他利。

第二法是持戒，但是持戒有兩種解釋：第一層次的解釋，是在戒相上能好好的受持，不去違犯；不論是十重戒或五戒，絕對不會違犯，這樣叫作持戒者。但是眞正的持戒，其實是二地滿心以上的菩薩，因爲在你還沒有能力自由轉變自己的內相分以前，都還不能夠說是眞正的持戒者。所以，如果哪一天遇見了一個初地菩薩，他專瞧一個漂亮女眾，那也很正常，因爲他還只是在學戒的階段。如果哪一天妳遇到還沒有修除貪習的初地菩薩，妳又長得非常有姿色，他若一直盯著妳瞧，瞧得妳不好意思，妳也別見怪他，因爲他的思惑習氣還在。二地滿心的菩薩就不會，他絕不會故意去看妳，有事才會去看妳。這就是說，持戒也有不同的等級，因此持戒這個法不管是在戒相上來受持，或者以道共戒、定共戒來受持；乃至二地滿心以上可以自由轉變自己的內相分，自己來決定：「**我什麼時候來轉易哪些相分種子，其他的部分都不急，以後再說。**」都由自己來決定；因此自己能夠持戒，也能教導別人持戒，就能自利、利他。

還有多聞，學佛的過程中，多聞的每一個層次都是需要的。有人也許想說：「老師！您大概不用多聞了。」我說：「我還是需要，絕對不能不要。」所以，有些經典我還是得要請來恭讀；因爲有的經典是講到八地、九地的境界，但都只是名相而已，你一定讀不懂的；往往要等你接近那個境界時，你得了鄰地的現觀時，你才能懂得它在講什麼，才會有進修的入手處。譬如菩薩修行的九種現觀，以前有誰去把它做定位？非常的少，很難得見到。就算有，也只是照次第排列出來，也沒有加以清楚的界定及說明。又譬如說，二地滿心的「猶如光影」現觀，可以轉變內相分，你們有誰知道？沒有經、論說到它的功德。古時可能有許多菩薩們體驗過了，但他們認爲不適合講出來，所以不寫下來，只是私下爲有因緣的講解，但都不寫成文字。今天我們是被逼而不得不寫出來，藉此而讓大家知道：大乘佛法非同小可。今天如果南洋還有阿羅漢，要讓他知道：你可不能輕易以一句話來誹謗大乘。要讓阿羅漢們知道。當然今天南洋是不可能有阿羅漢的，縱使有，也應該讓他知道：大乘法非同小可。所以多聞很重要，地地都要多聞。如果不重要的話，爲什麼 佛在色究竟天說法時，常常會有他方世界等覺菩薩來聽法？顯然多聞的法極爲重要，直到等覺位時都不放棄。只有諸佛可以不必多聞，因爲已經具足一切種智了。這個多聞的法，要自己能修，也教別人修，這叫做自利利他；你若沒有多聞，智慧就不能增上。

第四種自利利他的事情是要布施。布施，有的人會想：「我這一世布施夠多了，還修施做什麼？我的福德已經夠了。」眞的夠嗎？不盡然！我告訴你，等覺菩薩都還要努力修施，甚至還專施內財：你要眼珠？好！調羹拿來就挖給你；你要腿？好，砍一條給你；要命？好，整個給你，統統施。等覺菩薩的布施，有一句話諸位聽了就會記住：「無一處非捨命處，無一時非捨身時。」或者說：「無一時非捨命時，無一處非捨命處。」隨時都準備要捨身命的，若沒有人要色身，就不斷的布施財物，等覺菩薩特別注重內財布施而比較不注重法布施；他們特別注重內外財的布施，是因爲將要成佛了，需要很大的福德。因爲成佛時的三十二大人相、種種隨形好，都是從福德的修集而成就的，所以 佛的每一相都是無量的福德修成的。

菩薩歷經三大阿僧祇劫修福還是不夠的，到了等覺位中還要整整一百劫來修相好：專門修內財與外財的布施。等覺菩薩都還要修施，我們能不修嗎？連 世尊成佛以後都還在修施，所以 佛陀有一次還為阿那律尊者縫衣服呢！阿那律尊者不是眼睛瞎了嗎？他的衣服破了，沒辦法縫，就大呼：「哪一位比丘要修福德？來幫我把僧伽梨縫一縫啊！」 佛聽了就說：「我來幫你縫吧！」 祂也不說祂是 佛陀，縫好了，阿那律尊者要為幫他的人祝願：祝福。他說：「請問你是誰啊？我為這件事情幫你祝願吧！」 世尊說：「你不必為我祝願，我是世尊。」 阿那律尊者說：「佛啊！您也要修福啊！」 佛說：「修福還嫌多嗎？」 就只有這麼一句話。成佛了都還繼續修施，何況我們現在離佛地還那麼遠，為什麼不修施呢？所以布施仍然要繼續修。

我們若能修布施行，就能自他二利。即使你是布施食物給一條狗、一群螞蟻都好，牠們未來世都將是你座下的弟子。以南部鄉親常說的話來講：這一群螞蟻或那一條狗，未來將會成為你的「死忠兼換帖的」。

不論你說什麼，他們都會言聽計從的，所以未來世都會成爲你的徒弟，因此施能自利也能利他。你未來世成爲大菩薩弘法時，他們聽你說話總是很歡喜！你叫他們修行，他們就遵照而修，所以布施能自利、利他。

第五、要有智慧。智慧並不是自己證了就好，修智慧的目的是要教別人也親證智慧，這叫作修慧。你修得智慧時，才有辦法教導眾生修學世間智慧、出世間智慧。所以你修得智慧時自己得利，眾生也得利。

還有六種法能自他利，就是六念：念佛、念法、念僧、念施、念戒、念天。有人想：**「念佛、念法、念僧，這三法我相信，可是布施爲什麼也要憶念？」**可是你既然修菩薩行，當然要念念想到布施，要隨時隨地布施：起了妄想，就把妄想布施掉；起了貪，就把貪布施掉；起了瞋，就把瞋布施掉。這樣子念施，對你不能得利嗎？財施上也一樣，得要常常念著有沒有機會利益眾生，有機會就做，這也叫做念施。如果菩薩不修施，那就不是菩薩。菩薩修的法門就是六度，第一度就是檀波羅蜜，是從布施開始的。六度是有次第性的，佛在後面會告訴我們。既然施這麼重要，那你當然要念念想著布施，所以六念的第四念就是念施。

第五、要念戒，常常注意自己有沒有犯戒。沒有證悟之前，要以表相戒、有戒相來受持戒法。證悟以後依止於道共戒。這回禪三共修破參的人比上一次少了，兩個梯次共有三十八位：一百零一個人參加，共有三十八位破參。可說是創低紀錄了！以後可能還會再創新低。你們這一回破參的人回想一下：《悟前與悟後》書中說四種不受，其中有「菩薩悟後不取佛戒」，記得嗎？連佛戒都不受，爲什麼不受？其實不受佛戒才是眞正的受佛戒，我照樣用《般若經》的定律套給你們聽：所謂持戒，即非持戒，是名持戒。這話，破參以後就懂了。眞正的持戒是不持戒的，因爲你有五陰，所以要持戒；我轉依了如來藏，我還要持什麼戒？如來藏根本無戒可以制祂，祂也不需要你爲祂設戒來禁制，因爲祂從來不犯戒禁，轉依祂以後就不再犯戒了！所以證悟而轉依如來藏的菩薩們，依如來藏而不取受佛戒：《優婆塞戒經》的六重二十八輕、……乃至比丘戒、比丘尼戒都不再取受。這樣不持戒，非持戒，才是眞正的持戒。所以證悟了以後，四不受裡面的一種就是不受佛戒。像這樣的勝妙戒，你當然要常常憶念，時時刻刻念著：「**道共戒有四種，我有沒有違背？**」

沒有違背就是眞持戒，這叫作念戒。

爲什麼要念天呢？因爲天比人有較大的功德；想想看欲界天人，爲什麼他們能生欲界天？因爲他們不但持五戒，還兼修十善，所以往生到欲界六天中。色界天人，爲什麼能生色界天？因爲他們在五戒十善以外，還加修禪定，證得初禪到四禪的定境，所以生色界天。我們若沒有證得禪定，就得要憶念色界天人的功德，使自己有機緣時也能修證禪定。色界天的三禪以下諸天，或者有身樂，或者有心樂，或者身心俱樂，那你反省自己：我有沒有身樂？……乃至身心俱樂？都沒有，或只有一部分。可是菩薩既然統領眾生，當然也應該有些禪定證量；否則諸天來到人間看了：「你雖然智慧這麼好，但是禪定的證量你還是不如我。」他心裡面就有意思瞧不起你了。如果四禪八定具足，他來看你時敢瞧不起你嗎？他的境界你都知道，而他不知道你的四空定境界，還能瞧不起你嗎？而且，菩薩因爲有無生法忍，所以證得的禪定境界雖然同樣是四禪八定，但比天人們超勝極多，所以天人們講不出來的境界相，你還能講給他們聽，他們還敢看輕你嗎？當然得要讓你在正法上來統領他們了！今天佛教界，你說誰敢來跟我論禪定？以前曾經有人自稱說他證得初禪、二禪，但是不敢來跟我談；縱使準備了許多資料，也不敢來跟我談的。我完全不用準備資料，我從欲界定、未到定，一直跟他講到初禪、二禪的證境，談裡面的過程與內涵及演變狀況，都沒有人敢來談的。這就是說，憶念天人境界而努力修證得來，與天人一樣有禪定功德，天人來了就不敢輕視你；縱使你沒修神通，他們也不敢輕視你，因為你只是願意修或者不想修的問題而已，不是不能修得的，因為你有禪定的證量。

所以，你如果能具足修這六法——念佛、念法、念僧、念施、念戒、念天——你就能自他二利。佛有什麼樣的功德？你越瞭解就越會念著佛。法有什麼功德？二乘菩提功德就很大了，大乘菩提就更不得了，當然你要心心念念憶著法。僧寶功德更大，二乘聲聞僧能度人得解脫，大乘菩薩僧能度人得般若以及解脫，為什麼你不念僧？所以要常憶念三寶。施、戒、天也得要憶念，如果能夠具足這六念，就能夠自他兼利。

還有七法能自他利，就是把七種慢壞滅掉。七種慢：第一個就是「慢」。慢的定義應該弄清楚。很多人說：「這個人我慢。」其實是把我慢的意義給弄錯了，誤會了我慢的意思。我們就來談談這七個慢，七慢其實都是慢心的不同層次和佛法中專有的慢。第一個是「慢」。「慢」的意思是說：你確實勝過別人，所以心裡面有個比較高下的想法，所以心中想：「**我境界遠超過他：我比他富有，比他英俊，比她漂亮，比他健康，比他有力氣。**」乃至認為比別人有權勢。因為確實勝過別人，所以心中起了慢，甚至於有時會開口說：「**我勝過他。**」這叫做慢。

第二種是「過慢」，有些不同。給諸位一個簡單的提示，以後就不會忘記：「過慢」中的「過」字是指過失，所以有過失的慢就叫做過慢。什麼是有過失的慢？譬如說，前面那個慢是沒有過失的，因為他確實勝過別人，所以認為說：「**我勝過他。**」雖然是慢心，但卻是合乎事實的慢心，所以是沒有過失的慢。「過慢」是有過失的慢，譬如他明明沒有勝過別人，卻顛倒事實而開口說：「**我勝過他。**」其實他與對方是一樣的強壯，卻說「**我勝過你。**」或誇口說：「**他一定贏不了我。**」這就是有過失的慢心。又譬如說，財富跟人家一樣多，或者證得的法跟人家一樣平等平等，卻誇口說：「**我勝他，我的法比他高。你們來跟我學，不**

要去跟他學。」這就是有過失的慢。在平等的情況下而自稱比人家高，自稱有過人法，所以產生了過失，這就是過慢。

第三個慢是「慢過慢」。慢過慢是說他的慢心是在有過失的慢心上面再增加另一個慢心。譬如第一個慢是勝過人家而自稱超勝，第二個慢與人家平等而自稱超過他人，第三個慢則是更增加一種過失：明明輸給人家，卻還要反過來說是贏過人家。不如別人時，本應說是不如別人，假使說自己與別人同等，也已經算是過失了，他反而說是贏過人家，有三種超過本分之處，所以叫作慢過慢。譬如說，如果今天你真的悟了，現在有個人誤會佛法，落到離念靈知中，他反而來破斥你：「你錯了！你是大妄語，得要下地獄的！離念靈知才是眞心，我才是眞的開悟。」那他就是慢過慢，已經不單是「慢」或「過慢」了。譬如常在網站上辱罵我們的上平居士，已經被張老師寫書破斥了，他正好是「慢過慢」：比人家差而自稱勝過人家。

第四種才是「我慢」，又稱爲根本慢。因爲這種慢心是一切慢的根本，是一切人生來就有的：因爲有「我」而生慢。小孩子常常這樣，你們有沒有注意到：小孩子出生不久，看到別的小朋友，他就會比較高下，覺得自己比其他小孩高超，因爲有「我」而覺得自己了不起；因爲「我」存在，他就很歡喜，這就是我慢。凡是基於自我的存在而生起的慢，都屬於我慢。所以一般人罵別人：「**那個人眞我慢，很我慢**（台語）！」他是因爲有我而作了比較高下，產生了慢；是因爲「我」的存在，有「我」所以起慢，仗恃有「我」而生慢。因爲有「我」，所以能跑跑跳跳；「我」能演說，「我」能坐很久，「我」能作得比別人好；都是因爲這個「我」有所能爲，所以恃「我」而起慢，這才是我慢。

第五個慢是「高慢」。從慢、過慢、慢過慢來講高慢，你就知道高慢的眞義了。若有人向別人表示自己已得上人法，超越於一**切人**；他因此自高，就是高慢，是因爲自己勝過一**切人**而產生慢心。高慢在諸地菩薩位中是不存在的，只存在於三賢位中。諸地菩薩不會在心中起一個念說：「現在全球我最棒！」他不會這樣想，即使爲了顯示正法而說全球只有他的法才是最勝妙的，但是心中也不會有高慢，只是爲了攝受眾生而說。他總是拿上面的佛、菩薩來比：「**自己的修證眞的很差！很差！**

要到何時才能成佛？何時才能像十地、等覺菩薩們那樣？」他們都是這樣想的，從來不會拿下面的人來比較，所以就沒有高慢可說，因爲他心心念念想著怎麼樣往上爬，來利樂更多的眾生。可是想著要往上爬，卻又不能迅速的爬上去，如何能利益更多眾生？那該怎麼辦？這樣想的人怎麼會起慢？所以諸地菩薩不會有高慢。但在三賢位中有時會生起，都看他個人修證高下而有不同。然而高慢通常都是在凡夫位中出現的多，凡夫位的善知識常常會想、會說：「我說法講得比他好，他說的法義不如我。」這就是高慢。通常是凡夫位才會有高慢，轉依如來藏以後，高慢出現的狀況就會比較少。

第六種是「卑慢」。卑慢是高慢的顛倒，因爲不如別人，所以心中自我安慰：「他雖然贏過我，其實也沒有像他講的贏那麼多啦！」這就是卑慢。明明與別人相差很多，卻說：「其實沒有差那麼多啦！」這就是卑慢。還有一種卑慢：譬如你們禪三中被印證，回家之後去找以前被我以總相智印證爲開悟的同修們談法，他可能會有些地方講錯，而你是現在提高印證標準下破參的人，他可能說法時不如你，假使他有卑慢時，可能會如此說：「唉呀！不跟你講了，算你會講啦！」這就是卑慢——因卑而生慢。有時你對會外的學人說：「我們正覺同修會的法太好了，你趕快來學吧！」可是他心中有卑慢：「你們的法太深了，我學不了啦！」明明知道法好，可是心中其實是不服氣而不想學，這就是卑慢。卑慢是很普遍存在的，但是你們不要檢點人家：「你這樣是卑慢。」心裡知道就好，不必當面指出來，以免對方的卑慢增長為起瞋。

第七是「增上慢」。很多人犯了增上慢，乃至阿羅漢也不能免。增上慢只有地上菩薩不會產生，三賢位菩薩證悟以後，相對於未悟或錯悟眾生，有時會出現一點自我膨脹，就是增上慢。可是自我膨脹到很嚴重之後，接著就會退失而又自以為是大幅度的增上了。增上慢就是未得謂得、未證言證。還沒有得到的法，自稱已經得到；還沒有證得的證量，自稱已經證得了，這就是增上慢。可是阿羅漢為什麼被諸佛、等覺菩薩說為增上慢？因為定性阿羅漢不信受「佛的境界和阿羅漢有很大的差別」，他們認為：「**佛也是阿羅漢，我也是阿羅漢。**」所以有人讚佛而說：諸佛如來如何有智慧、有威德、有大福德，阿羅漢們總是不信，他們認爲「佛跟我們一樣是阿羅漢」，解脫證境平等無二。所以，佛本來不想講法華，但是有人三請之後不得不講；可是準備開講時，五千聲聞人就當眾退席，大規模的公然抗議！那種抗議場面眞是很大，可是 佛對此默然無言，等他們都走了才開講； 佛陀不便制止他們離開，而阿羅漢們是應該有所爲而出面制止的，他們都沒有出來制止五千聲聞人的離開，這表示阿羅漢對 佛仍然有疑，懷疑自己是否與 佛陀的解脫證境相同？懷疑 佛即將宣講的法華是否言過其實？所以說他們仍有增上慢。

這樣說明，七個慢的意涵都瞭解了。總之，想要避免七個慢，除了根本慢以外，其他的六個慢，在佛門裡常常不小心就會犯到。明心以後就不會有我慢，不會恃我起慢，因爲知道自我虛妄。你們來同修會共修，親教師上課時一直解說五陰十八界虛妄，一直殺除大家的自我，殺到後來，我慢就會斷除了，不過其他的六個慢卻很難斷除；但是只要把握住一個原則就不會再犯其餘六個慢：所想與所說都如實。你只要如實，就不會產生一切慢，因爲了知自己距離上地、佛地有多麼遙遠。這樣一來，縱使勝他，也不會起念說「我勝他」，這樣就不會犯其餘的慢。所以要記住一句話：如實。菩薩能把七種慢壞除，就能自利，兼能利他。因爲你的修行將會非常快，絕對能自利；而眾生對你也不會排斥，會信受你，因爲你說法和想法都如實，他們將會信受你，他們就能從你這裡得到利益，因你而往上進修。所以，壞七慢的人能自他利。

【「善男子！若沙門、婆羅門、長者、男女，或大眾中有諸過失：菩薩見已，先隨其意，然後說法，令得調伏；如其不能先隨其意，便爲說法，是則名爲下品菩薩。」】

講記　諸位一定不想當下品菩薩，不過我告訴諸位，你們常常在當下品菩薩，因爲你有一句口頭禪不好，當人家說某一件事情時，你發覺他的說法不對，你脫口就說：「欸！你這樣不對，應該如何、如何……」你一開始就說他不對，這樣就成爲下品菩薩。以後請諸位把這句話改一下，就能夠自利利他。怎麼改呢？你要先隨順他的心意，你說：「當然啦！你這樣講也不錯啦！但是我們可以再討論看看。」他一聽，覺得自己的講法已經被你接受了，就不討厭你了，願意試著聽聽你的想法了。

譬如想要讓馬隨順你，就得要順著牠的毛方向輕撫下來；可別由下往上推，把牠弄痛了，還會隨順你嗎？牠會覺得你是在欺負牠。你要順著牠的毛愛撫，牠覺得主人很愛護牠，才會隨順你。當你一開口就說他錯了，說他講得不對，那就談不下去了。所以你得先讚歎他：「**你說得不錯，很有道理，但我們可以深入再談一談。**」他對你的第一個印象是好的，就不會討厭你，然後你再用比較委婉的口氣進一步說明他的錯誤所在，這樣才是上品菩薩，因爲已能調伏眾生心了。

度眾生跟寫書不一樣，寫書對破斥邪見要針針見血，要直扎惡見的心臟，把邪見的心臟給戳破，但是你度化眾生時不能當面把他破斥。所以常常有人當面跟我說一些邪見，我都不會當面戳破他，因爲這是你應該把握的原則。有時候甚至有的人跑到我面前來炫耀說他的修證多高、多好，我也都是笑一笑，都不當面戳破。可是他如果膽敢寫書或以言語公開破壞正法，那我就不客氣了，等我出書辨正時就不一樣了，一定針針見血，招招要命：一定要殺掉他的邪見之命。邪見邪命如果不殺盡，你救不了他。這時你就不可以隨便應付一下，把他撂倒就算了。一定要很詳盡的說明，如果篇幅夠的話，你就引盡其理而說；除非篇幅不夠，略說一下，這是上品菩薩應該有的觀念。所以 佛說解脫道時，六十二外道見、九十六外道見一一都破斥，沒有一種邪見可以逃得過。講經就是要這樣，所有的外道見都要破盡，不可請求說：「**佛陀啊！您何必破盡一切外道？人家某某外道，他也沒有毀謗您。**」雖然如此，你怎麼知道未來世那種外道見不會來破壞佛教正法？ 佛在世時有大威德，他們不敢來破，未來就會破你，所以得要盡破。

所以有些邪見必須觀察因緣而預先破斥， 佛都是這樣做的。當你們讀《楞伽經詳解》，讀到第十輯時，不要以為我是因為那些退失的人出了問題，我才要這樣寫。不是的！第十輯是早在一年半以前就寫好了，是早已經寫在那邊等著退失的人了，因為我早就認為未來的因緣可能會有這個狀況出現，只是沒料到這麼早而已，所以我先寫在第十輯中等著。甚至部分退失的人，我裡面仍然寫著讚歎他的話，可見是早就寫好而不是現在才寫的，所以現在校對時才由校對者把那些讚歎的話刪除掉。可是一年多以後他們仍然走入我所預測的歧路去了，可見這也是學佛過程中常會發生的因緣。所以，佛預先觀察因緣，有些外道雖然目前還不會破壞佛法，但卻預先說出來了。也因爲這種緣故，我們以後還會寫書說明六十二外道見。

這六十二外道見函蓋很廣，現在佛門之中已有許多人落到這六十二外道見中了，但是他們卻還不知道。那些大法師、大居士們都不曉得自己的落處。我們既然知道了，有義務提醒他們，讓他們可以離開外道見。所以寫書時應該引盡其理，讓他們瞭解自己的落處；但是如果要度某人隨你學法，就不可以當面破斥，得要順著他的話，先讚歎他：「講得不錯！太好了，太好了！世間人大概沒有人能及得上你啊！」等他高興了，接下來就該你講話了，他也聽得進去了。這是一種好習慣，每個人都應該這樣方便接引眾生。譬如以前有三位大居士來找我，希望《護法集》不要出版；剛見面時我不講什麼話，只聽他們說；我也不說：「你們錯了，不要再講了！」我整整聽他們講了將近一個鐘頭，他們指著大乘精舍大書櫥說：「這裡有五千多冊的書，我們都讀過了。」接著就又說了一大堆話，我看只剩下二十來分鐘，得要去上課了，再要聽下去，可沒時間了，我才開始說：「你們也是眞厲害！這些書能夠讀完，也不簡單！」褒獎過後，我再講我的：「不過我勸你們，《維摩詰經》要拿來對照看看，這部經是照妖鏡，悟得眞、悟得假，都得先通過這部經典的考驗。你們如果要出版經典藏、故事藏，我倒不反對，不過那套公案藏，我勸你們最好不要出版；因爲只要一出版，馬腳就會露給人家看。」他們就問起《維摩詰經》，因爲氣氛還算好，我就說：「如果悟出來的心，不能符合《維摩詰經》，那個悟一定是假的，這時講解公案就一定會錯誤。譬如說『不會是菩提，諸入不會故』，指的是眞實心；但是同一個心的體性又說『知是菩提，了眾生心行故』，你所悟的心若沒有辦法兩邊通，那麼公案最好不要講。」聽完我的話，他們「口似扁擔」不敢講話了。所以剛開始不要當面就指責說：「你這樣錯了！講得不好！」我還先整整傾聽了他們講四、五十分鐘呢！這是大家都該學習的，所以到現在爲止我和他們三位善知識的關係還是不會很緊張。我也主動把《護法集》延後半年出版：「你們寫的月溪法師的法義書籍，半年中還是可以盡量賣。」所以雙方的關係目前還算可以。

這就是說，你如果不想當下品菩薩的話，千萬不要一開口就說：「你錯了。」一定要順著他的話，再慢慢一點一滴的說明，讓他理解自己的法義確實有錯誤，雙方的關係就不會弄到很緊張。雖然對方有過失，但我們要先隨其意，漸次緩說。譬如有人喜歡講氣功，我就與他談氣功；喜歡講丹道，我們年輕時也稍微涉獵過一些，就與他談一些，大家有共同題目就可以談得來，然後再慢慢引入了義法中，對方可以因此獲得利益；所以說應該先隨其意，然後說法，令得調伏。如果你不能先隨其意，直接就說他的法錯誤，他一定聽不進去，那你就成爲下品菩薩了。希望諸位從今天晚上開始遠離下品菩薩，永遠當上品菩薩。

【「善男子！菩薩二種：一者樂近善友、二者不樂；樂善友者能自他利，不樂近者則不能得自他兼利。善男子！樂近善友復有二種：一樂供養、二不樂供養。樂供養者能自他利，不樂供養不能兼利。樂供養者復有二種：一能聽法、二不能聽；至心聽者，能自他利；不至心聽，則無兼利。至心聽法復有二種：一者能問、二不能問；能問義者，能自他

利；不能問者，則不能得自利他利。」】

講記 佛說：菩薩有兩種，一者樂於親近善友，二者不樂於親近善友。樂於親近善友的人能夠自利、他利，不樂於親近善友的人就不能得自利以及他利。這是自古以來就如此的，因爲自古以來一直都有善友與惡友存在，並且往往把惡友誤認爲善友，這種情況是很常見的。有智慧的人才能眞正的親近善友，沒有智慧的人往往把惡友也當作善友，今年初退失的那些人不正是如此嗎？如果能眞的樂於親近善友，一定可以自利而且利他；因爲樂於親近善友，就能把自己所獲得的幫助和法要，用來幫助別人。如果不樂於親近善友，所獲得的法義將會是虛謬的、偏邪的；獲得這樣的法義，當然自己不能得利，而且也會使得別人因此而直接或間接的得到禍害，共同走入歧路中，所以說不樂近善友的人不能自利，也不能令他得利。

樂於親近善友的人又分爲二種：第一種是樂於供養善友，第二種是不樂於供養善友。譬如有人引薦你去親近一位大善知識，那是由你向他推薦，並且爲他引見，他對你這樣的善友當然應該親近供養。他如果能夠樂於供養你這樣的善友，他自己得利，別人也可以因此而得利。假使你是靠善友引薦而得遇善知識，你也會推介別人親近善友，經由善友而親近了善知識，所以不但是自己得利，別人也會得到眞實利益。俗話說「飲水思源」，既然你能遇見正法，是因爲他的引見，你是從他而來，雖然正法不在他身上，但是至少也是他的引見，也應該是有恩德於己。我們能夠這樣子兼顧，別人看了，也會說這樣才是修學正法的人，在這樣的正法上面修學的，當然他可以肯定說這就是正法。所以說，樂於供養者，能自利也能令他得利。

但是能供養善友的人又分爲二種：能供養善友的人，有時只是樂於供養善友，但是卻不能聽法，因爲他的慧根尚不具足，慧力仍未發起，所以無法聽懂善知識所說的妙法；勉強叫他學習，實在是太痛苦了，所以他沒有辦法聽法。有人與善友親近之後，不但不謗正法，而且能聞修正法。如果他能夠至心聽受正法，就可以用他所聽受的正法來轉述於他人、利益了他人，就可以自他兼利。如果不能聽正法，或者說聽而不至心，不能正確領受，就無法自利，也不能利益他人。

能夠至心的聽受正法者又有二種人：一種是聽了以後自己能夠發覺有一些疑問，提出來請問善知識；第二種只是聽聞，無法提出任何的問疑。聞法時能提出義理來請問的人，他能夠自利也能夠使別人得到利益；因爲在提出問疑時，經由善知識的解說，可以使同聞的大眾皆得其利，所以能問義者能自他利。不能問疑的話，就無法使得自己得利，疑問永遠存在，也不能夠使得別人同獲其利。

【「能問義者復有二種：一至心持、二不能持；至心持者，能自他利；不至心者，則不能得自利他利。至心持者復有二種：一者思惟、二不思惟。能思惟者，能利自他；不思惟者，則不得名自利他利。能思惟者復有二種：一者解義、二不解義；能解義者，能自他利；不解義者，則不得名能自他利。解義之人復有二種：一如法住、二不如法住；如法住者，能自他利；不如法住者，則不得名自利他利。」】

講記　佛說：能就法義上的疑難提出請問的人又分爲二種：第一人請問以後能至心受持；第二種人是請問之後隨即遺忘了，不能受持；或者問了以後不信受、不樂受持。如果能至心受持的話，他不但自己能獲得利益，也能使別人一樣的獲得利益，因爲他從此不會再誤導眾生了，從此可以教令眾生和他一樣在正道中前進，所以能自利也能利他。不能至心受持的人，他自己不能得利，也使他的親屬等等都無法得到利益。

至心受持的人又有二種：也就是受持之後，能自己再深入加以思惟；第二種人不會再深入加以思惟。能夠思惟的人，就能自利而且也能利益別人；因爲經過問疑之後，再加以思惟，這個經由問疑所聽來的法要，就會成爲他自己的法。如果問疑之後信受奉持，但不加以思惟，對他而言將會只是一個常識、知見而已，不能發起他應有的見地。所以能思惟的人能利自、他，不思惟的人就沒有辦法稱爲自利與利他的人。

能思惟的人又分爲二種：一者思惟之後，能如實的理解善知識所開示的法義；第二種是不能理解善知識所開示的法義，所以他思惟時發生錯誤了。如果思惟以後能確實理解善知識所說的法義，他不但能自利，也能令別人得到利益，因爲他能爲別人轉述。思惟之後，不能理解眞實義的人，就無法爲人轉說，就不能自利及利他。

能思惟解義以後，眞實解義的人又有兩種：就是思惟之後，善知識所說法義如實理解了，但無法如法而住，第二種人可以如法而住。能如法而住的人，能自利也能令他得利；不如法而住的人就不能自利和他利。因爲不能如法而住的話，表示他自己不能成爲一個模範，他的身教與言教都不能成就，因此不能讓別人也獲得利益，所以說，不如法住的人不能自利和他利。

【「如法住者復有二種：一者具足八智、二者不能具足；何等八智？一者法智、二者義智、三者時智、四者知足智、五者自他智、六者衆智、七者根智、八上下智，是人具足如是八智，凡有所說，具十六事：一者時說、二至心說、三次第說、四和合說、五隨義說、六喜樂說、七隨意說、八不輕衆說、九不呵衆說、十如法說、十一自他利說、十二不散亂說、十三合義說、十四眞正說、十五說已不生憍慢、十六說已不求世報。」】

講記　問疑之後能思惟而且能解義，解義之後又能如法而住，這樣的人又分爲二種：如法住的第一種是具足八種智慧；第二種是不能具足八種智慧的。八智，第一是法智；法智有許多種的定義，一般而言，法智是專在四聖諦上面而說的；也就是說明苦的事實，苦聖諦正是講八苦、三苦；於苦如實了知，就是苦聖諦中的法智。這個法智，如果聽聞之後不能接受、不能如實知，那就是沒有法智忍；要先能忍於苦聖諦，才能說有苦聖諦的法智，這就是法智。從法智再引生出來時就會有類智忍和類智：由自身觀察眾生同有如是種種苦，種種苦的存在是眞實不謬的，所以對於眾生與己同皆有苦，生起了類智的忍；能忍於類智的關係，所以產生了類智；這就是苦聖諦的法智忍與法智、類智忍與類智。

此外，五地菩薩的四聖諦現觀有兩種，以上是第一種如法住中，關於二乘解脫道的法智忍與法智、類智忍與類智。苦聖諦如是，苦集聖諦、苦滅聖諦、苦滅道聖諦也如是，所以四聖諦智總共有十六心，這是屬於悟後應該要進修現觀的部分。在入地之前無法像五地菩薩那樣現觀，所以叫做粗相觀，只能對四聖諦的十六心作粗相觀；五地則是細相觀。這是講四聖諦中的法智等法，二乘講這十六智，大乘法中也講十六智，不過大乘法是以如來藏爲中心，以般若智慧來現觀這四聖諦十六心的，所以和二乘法的現觀有些不同，這就是法智的義涵。法智之所以生起，必須先有法智之忍；如果不能安忍，這個法智就消失了而不能現前，這是講法智。

義智，是說對於四聖諦等四心，各有四心而成爲十六心，能如實理解其中的義理，才能爲他人解說；想要爲人解說之前，必須先有義智。義智的意思類似於這個四無礙辯裡面義無礙的意思。九地菩薩的四無礙中不是先講法無礙嗎？法無礙講的就是法智：於種種法的種類能夠了知，這就是法智。有了法智之後，進一步理解一一法的眞實義，就是義智。有了義智，接著就有了時智。有法智而無義智，就不能產生時智：何時應該或不該爲人說法，不能了知，就是沒有時智。如果有法智也有義智，就能衡量：此法或彼法，對此眾生或對彼眾生，在何時適合講或不適合講，這就叫做時智。有了法智與義智以後，才能夠有時智；但是時智是配合第七個根智和第八個上下智而有的。

先講第七個根智，根智是講五根的智慧，五根是信、進、念、定、慧等五種善根：從信根到慧根。你所遇見的眾生有沒有信根？有了信根之後，你為他說法，他能不能憶持不忘？這就是說有無念根？能憶持不忘即有了念根。念持不忘之後能不能精進修行？要看他有沒有精進根。有信根、念根、精進根，他的心能不能決定不疑？這定根不是講禪定的根性，而是講心得決定的定心；能制心於一法，心得決定而不搖動，就是定根。有了這四種善根，對於所聞受之法義精進修行以後，能不能如實解義？就得看他有沒有慧根了。如果你能善觀眾生有無這五根，就是已有根智了。當你有了根智，才能產生上下智：於法、義都有智慧，法智、義智都有了，了知眾生的根智也有了，你就有上下智，能觀察眾生的根性：某一眾生可以為他說很勝妙的法，某一眾生不能為他說勝妙法，某一眾生可以為他明說密意，某一眾生絕對不可明說，這就是「根上下智」。能觀察眾生根性的不同：他的五根如果具足了，只是中根；五根不具足是下根；五根具足而發起了力量，有了五力，那就是上根。對上根人，可以為他明講密意，像五祖對六祖明講一樣，將來不會有問題；如果對中根與下根人，明講以後一定會產生事端。你若能對有情有這樣的觀察力，就是有了上下智。

有了法智、義智、根智、上下智，你就有了時智：能觀察什麼場合、什麼時節因緣，該不該說什麼法，你就能夠判別了。有了這些智慧，還要有知足智。知足的智慧就是於世間法得知足，以及於出世間法得知足。有人會疑問：「**第一句講的沒有錯，可是第二句好像有問題吧？**」一般人都這樣想，這是很正常的；但是在眞正的佛菩提道中，還是要有知足智的。也就是說：你現在的狀況適不適合學諸地的法，要有自知之明，不能一味的追求。譬如有些法，由佛加持我而得了知，但是我也不敢留在心中，馬上把它忘得乾乾淨淨的，恐怕太老婆而使用它，就得下地獄，所以知道以後就恐怕自己會把持不住而運用在福慧不足的人身上，所以就立即忘記了！如今即使很好奇而想要再想起來也都辦不到了，不是我不想再了知那個法，而是自覺現在不適合再度想起這個法，這就是知足智。你要衡量你自己的程度或習性，像我這一張嘴，口沒遮攔的，最好不要記得那個妙法。眞的不該記得，因爲講出來以後就得下地獄，所以最好是有知足智。前幾天，我曾好奇的想要知道自己是否能再想起來？就故意去想一想：那時我整理出來的是什麼法？結果是一點兒也想不起來了。因爲當時眞的是很害怕。這就是由意根把它鎖死了！當初下了決定：以後絕對不要再想起來。這就是有知足智。

如果沒有知足智，你一心想要得，得了以後，你的層次其實還不到那個階段，到時候因爲人情的關係或其他的緣故，乃至有人是層次較低的喜愛表現，只要一時不察而說了一些，捨報時就知道厲害了。所以，某些法義證量的修證，各人都應該先衡量：哪些法是我現在應該得的，哪些又是現在不該得的。比如你現在讀小學一年級，想要得到二年級、三年級的學問，那還可以，因爲相差不遠，努力就能達到；但是突然就想要得到初級或高級中學的學問，那就要考慮了，因爲那只會造成自己的困擾，也會有自我施壓的嚴重後果出現。不但世間法裡面要有知足的智慧，能夠滿足於一定的狀況；在出世間法的智慧中亦復如是，超過太多的，最好是不要先知道。乃至等覺菩薩想要瞭解 佛地的十種深淺不同的十地境界，等覺菩薩敢想要知道諸佛的第三種、第四種境界相嗎？不敢！因爲那不是他應該知道的。同樣的道理，在出世間法中也應該要有知足智；自己的層次目前是到了一樓頂，想要得到二樓、三樓的東西，那是很好的，有志氣的，這永遠都是正確的。但是在一樓時就想要得到十樓、八樓的東西，那就錯了，將會害到自己。所以，不管是世間法、或者出世間法，都應該有知足智。

所有學人都應該求證比自己目前境界更高的法，但是應有分寸；超過太多而打妄想，就會出問題。大妄語還算是小事，譬如還沒有入地而自稱入地，那是大妄語。但是若把諸地的現觀內容詳細講出去，可就不只是大妄語的罪了。所以諸地現觀的境界與內涵都是不許細說的，乃至諸大菩薩、諸佛能轉變他人的內相分，那個內容也都是不能講的。轉變別人的內相分，諸位可能以爲說，那是用禪定功夫去達成的，不是！純粹是智慧，你們無法想像的。我講這些東西的意思是說，菩薩固然應該努力精進修學，但也要有知足智，以免太過而產生大問題。就如嬰兒現在是該學走路的時候，他才剛學會走路就想要跟別人賽跑百米，不跌個鼻青臉腫才怪！所以在世間法中要有知足智，在出世間法裡面同樣要有知足智。

第五是自他智，所謂自他智就是自共相智：在《楞伽經》裡面講自共相。自共相是講於自己身上的十八界法、如來藏法、如來藏的種子……等等，都得要自己去觀察，觀察之後對自己的所有法相已能如實證知，就是有了自相智。但是從自己身上再去推及眾生身上，可以發覺自己與眾生都是一樣的有如來藏等法，這就是法界實相的總相智中的共相智；現觀人類而有的自、共相智都有了，再往更廣的範圍去推尋，推到旁生動物、餓鬼道、地獄道眾生，也推及欲界天、色界天、無色界天的天人，全部都推盡了，就知道三界眾生原來都是這樣的：由十八界法或多或少與如來藏共同運作，這樣就有了娑婆世界有情眾生的自共相智慧了，這就是有了總相智中的自他智。然後再去推究，譬如極樂世界、琉璃世界……等；淨土三經中說：極樂世界的佛弟子們，有的還要經行，有的還要打坐，有的還要念誦經典，有的是在地上打坐、經行、念誦，有的是在空中打坐、經行、念誦。等而下之，甚至於有人得要在蓮苞裡面安住許多大劫，不斷的聽聞「錄音帶」：苦啊、空啊、無我、無常啊！你從如來藏眞實智的自共相智慧去推究，就知道眾生去到極樂世界以後，結果是「非出生死、非不出生死」，因爲他們在極樂世界中，如果餓了就可以有自己想要的任何食物吃；如果渴了，喝了八功德水，就把飢渴除掉；那邊還有天人散花供養，一定也有花香、美色的受用；用自共相的智慧去推斷，就知道極樂世界的眾生們大部分也是十八界具足的，十八界具足的境界當然是在三界內；你觀察出來了，就表示你有智慧了，這也是自他智。在《楞伽經》中不說是自他智，說是自共相的智慧，這就是自他智。

第六是眾智：了知眾生的智慧。如果你能如實了知眾生，就不會輕視一切眾生，也不會訶責一切眾生，因爲你可以發覺眾生各個都具有成佛之性；不單具有成佛之性，而且佛性時時現前，可以眼見，這叫作一切眾生皆得成佛。不是有一位常不輕菩薩嗎？一天到晚說：「我不敢輕於汝，汝等皆當作佛。」他就是要引導眾人生起大心：不要常常以下劣心來看待自己。因爲他們都有成佛之性，而且他們的佛性也時時現前、時時可見啊！當然眾生不可輕。又說不訶責眾生，因爲眾生在五濁惡世本來就很惡劣，所以惡劣是正常的，這樣認知了才能稱爲菩薩。如果不是他們惡劣，你又怎麼能稱爲菩薩呢？你這個菩薩就不可貴了。正因爲眾生惡劣，而你不同於眾生，不在眾生數中，所以你稱爲菩薩，這樣堅持繼續行菩薩道而不退轉，才是可尊可貴的。既然眾生本來惡劣，你何必訶責他呢？只要能爲他說法，引導他同入佛道，這樣就好了，不必責罵他，因爲你對眾生已有認知了，這就是眾智。這樣就總共有八智了。這就是說，能如法而住的人，有的人只是自己如法安住修行，但他不能利益眾生；但是有的人有八智，就能利益眾生，能自他利。

如果如法住以後又有八智，此人凡有所說，將有十六件事情：第一、時說，因爲他有時智，所以何時該說什麼法，何時不該說某一法，乃至一法都不說，這就是時說。該說時一定會說法，不會吝法而把現在該說的法，留到未來幾年再慢慢講，這叫作時說。時說，譬如《水滸傳》中的及時雨——宋公明——時節因緣總是把握得恰到好處，當你有困難，他正巧就來幫你，不會遲到一個月以後才能幫你，所以大家都稱他是「及時雨」。菩薩也應當如是，菩薩不同於二乘，二乘聖人無法「時說」；譬如眼前這一群人都是菩薩根性，應說般若或種智正法，但他們無法說，所以不能成就時說的功德。菩薩卻可以，這一群人是二乘種性，並且是聲聞決定種性，就爲他們講四聖諦、八正道，甚至他們沒有聽過的四聖諦各有四心也可以爲他們講，甚至說到涅槃的實際。如果這一群人都是辟支佛的種性，那就爲他們講十二因緣：三世十二因緣、三念十二因緣……等。不會推辭說：「這些二乘人、二乘法，我不懂，我不能爲他們說。」不會，照樣可以講，菩薩說法就是如此。

譬如昨天吃飯時看到有線電視宗教台，有個大法師在講十二因緣，而且是鼎鼎有名的大法師，結果是一個字、一個字照書本唸，怪不得被我那麼多的書本上寫出來評論了，至今仍舊不敢吭聲，這是因爲他沒有法智、義智，不通三乘菩提，所以無法從自心流露滔滔不絕的講出來。如果是我們去講四聖諦，我們不會拿著稿子用唸的，不需講稿就一直講下去，十二因緣也可以這樣講，並且還要講出他用稿子都唸不出來的東西，菩薩就得要這樣子啊！接下來若遇到一群人都是菩薩的根性，那就不應該爲他們說二乘法，要把二乘法含攝在大乘法中說，他們聽了一定很歡喜；你若單說二乘法，他們聽不進去的。你具備了三乘菩提智慧才能隨時說，這是因爲你有這八智，若沒有這八智，就不能成就時說功德。

第二、至心說。至心說就是很誠懇的爲他們說明。如果沒有法智，沒有義智，也沒有時智，你能至心說嗎？一定心裡面一直想著：「我只要混過時間就好；混過了就趕快走人。」因爲有很多法義連自己都不懂，那就沒辦法至心爲人而說了；有了八智，才能夠至心說。

第三是次第說。爲什麼菩薩能次第而說呢？因爲已經統知三乘菩提內涵的同異了，所以知道淺深次第，也知道廣狹的內涵，所以能夠有次第的爲人說法。所以眞正的菩薩說法時，不會東挑一句、西說一句的讓人越聽越迷糊，凡有所說都是次第而說。我們寫了那麼多的書，不都是有個單元性的嗎？都不跳來跳去亂說，這就是次第說，這是因爲有八智。

第四是和合說，不會妄說：「只有種智才是最妙的，般若只是總相智，很粗淺；二乘法的解脱道更粗淺，你們都不要學。」不會這樣子講。他一定說：「二乘法也很好，都可以學；假使你的根性更高，還可以修學更好的法。但是目前就先依你的需要而爲你解說『二乘法的解脱道』。」菩薩都能爲人演說而不會排斥二乘解脱道、嘲笑小乘聲聞法。你們若想要在我書裡面找到一句排斥二乘法的話，找不到的；我只有做定位：二乘阿羅漢不能了知般若，證悟般若的菩薩不能了知種智。只有做這種定位，絕不會說：「二乘法不好，不要學。」我從來不這樣講，這就是和合說。雖然有些人專門用二乘法來解釋大乘法的般若，當別人提到大乘法的開悟多麼勝妙時，他就說：「現在末法時代了，開什麼悟？禪宗的公案都是無頭公案，都只是唯證乃知的，誰知道是眞？是假？」這就是不和合說。所以我們說法時一定要有圓融度，你儘管破邪顯正，儘管依法界實相而對三乘菩提的高下作了定位，但是絕對不會排斥三乘菩提中的任何一法；只有據實加以定位而不會去破斥，這就是和合說。

第五是因爲有了八智以後而能夠隨義說。隨義，是因爲有了義智，不論什麼法，其中的意義、內涵已能如實的爲眾生加以說明，所以叫作隨義說；不會誤以二乘法來解釋大乘法的般若，也不會妄以大乘法名相套上去而高抬二乘菩提的法義，作虛妄的解釋；並且能以大乘法的般若種智來解釋二乘菩提的涅槃實際，支持二乘聖人所證涅槃，不令二乘涅槃墮於斷滅。若對二乘人，則只單純的宣說二乘菩提，而不談大乘的般若和種智，這叫作隨義說。無論什麼樣的法義，菩薩都可以隨著義理而加以宣說。

第六是喜樂說。無論什麼場合，你要他說法，菩薩總是喜樂而說。一般人心性往往怯懦，單只是叫他上台拿麥克風開口，就不敢上來了；即使是只教他說一點家常閑話，也不敢站上來；勉強他上台時，往往手腳發抖。菩薩不會如此，你請阿羅漢上來講解脫道，他會津津樂道的；但是你若請求：「**請你解釋一下無餘涅槃裡面是怎麼一回事。**」他就不會再喜樂說了，因爲他不知道，不知該如何說。如果請他宣說般若或者宣講種智，那是他的苦差事，只能手足無措了！所以《維摩詰經》中那些大阿羅漢們個個都不敢去見 維摩詰大士，因爲他們於法不知、於義不解，只能知解二乘解脫道，不懂大乘法的實相，怎能有膽量去見等覺大士呢？所以他們說法時都只是在解脫道的層次中才是喜樂說的，也不是時時都喜樂說的。然而菩薩不同，菩薩是時時刻刻都喜樂說的。

能喜樂說的人，就能有第七個現象：隨意說。不管你問什麼法，他都可以隨著自己的意思歡喜的告訴你，即使超過你所需要的範圍，他都隨意而說；除非時間不夠，要趕著去別處，不然一定會隨意跟你說。

第八是「不輕眾說」，因爲他有平等性智。由妙觀察智而生平等性智，現觀一切眾生平等平等：只是因爲他學佛比較早，所以他當上了賢位、聖位菩薩；只是因爲眾生學佛比較晚，所以還在凡夫菩薩位。如果以無限長的時間來看，只是早走晚走而已，有什麼差別？所以還是平等平等。事相上來看如是，從理上如來藏來看，更是如此，所以他不輕視一切眾生，以如是心態而說法。

第九是不訶眾說。他絕對不會在你問了問題之後，就說：「**你這個笨蛋！連這個也不懂。**」他不會這樣的，他絕不會對你瞪眼表示責備，這叫做不訶眾說。

第十是如法而說，不會自己發明一個法界中沒有的法相來籠罩你。一定完全符合 佛世尊、諸大菩薩所說的道理來說，因爲所證的證量必定同樣是法界中的眞實法相，所以證量一樣、證境相同，那麼講出來的法當然是一樣的，絕對不會新發明一個諸佛都沒講過、諸大菩薩也沒講過的奇特法，所以是如法而說。

第十一個現象是「自他利說」。自他利有二個意思：第一個意思是說，當他爲眾生說法時，是感恩眾生的，因爲有那麼多人需要法，所以成就了他的法布施功德；在利益眾生之中，他自己也得利了，因爲他成就了法布施——檀波羅蜜。如果沒有人聽，他能成就什麼法施功德呢？從另一方面來說，因爲他要爲眾生說法，所以諸佛、諸大菩薩冥中加持與感應，會使他的智慧不斷增上，所以在利益眾生時，他自己也因此而提升了層次、得到利益了，所以凡有所說，都是自他利說。

第十二個現象，有了八智就一定不會散亂說，說法一定有條理、有層次，一定是次第而說。而且說法時，他很清楚知道：自己正在說什麼，剛才講過什麼，接下來又要講什麼，正知正念而說，不會心地散亂而說。

第十三個現象是合義說。凡有所說，說出來的義理一定與諸佛菩薩所說勝妙法的義理相契符，而不是自己新發明出來的，不是自己新創一個境界來套上佛法的名相，這叫作合義說。若是不合義說，這種情形在西藏密宗裡面可眞是太多了，我們幾乎可以說西藏密宗百分之九十八的法義名相都是不合義說，他們總是自己發明一個妄想的境界，再用佛法的名相套上去；藏密中的極多法義都是這樣的，所以他們說的法都是不合義說。

第十四個現象是眞正說。因爲他說的法是眞實法，而且是正說，不是倒說，如果倒說就不是眞正說。什麼是倒說呢？譬如「眞如以阿賴耶識爲體」，我們常常這麼講：眞如是阿賴耶識的所顯性，所以眞如以阿賴耶識爲體。那些退失的人卻說：「**你們蕭老師也講啊！說這個阿賴耶識以眞如爲體。**」這就是倒說，剛好跟我們講的相反，然後又說是我們說的。但是我們從來沒有這麼講，所以他們的說法都是因爲文字障，或是無明所障而妄說的。我們明明說「眞如以阿賴耶識爲體」，他們卻會倒過來說：「**你們蕭老師講的和我們一樣，都說阿賴耶識以眞如爲體。**」這就叫作「非眞正說」，因爲所說虛妄，所以不是正說，所說不眞。

有八智的人，第十五個說法的現象是「說已不生憍慢」。爲什麼樂說、歡喜說之後不生憍慢？因爲發覺眾生平等平等，只是自己早走幾劫或幾十劫、幾百劫，其實大家都一樣，只是因爲早走晚走而有差別。既然如此，就在利益眾生的當下，成就自己的道業：「**眾生是來幫我、成就我的道業，我有什麼好憍慢的？**」他看清楚了這一點，所以他說完下座以後不會心裡面很得意，他還是和平常一樣自處，也不會見了左鄰右舍時心中生起憍慢。眞正開悟的人，譬如江湖有一句話說：「眞人不露相。」是一樣的道理。你修行再怎麼好，左鄰右舍都沒有人知道，因爲你知道目前的左鄰右舍並不適合爲他們說勝妙法，你又不曾向他們炫耀過，他們也都從來沒聽你講過佛法，怎麼會知道你修行好？這樣就不露相了。要懂得不露相，眞的不容易啊！

此世初學佛時，在素食店吃午餐、晚餐，正好旁邊有人討論佛法，說得頭頭是道，有時會轉過頭去看他。但是我已經八、九年不看、不聽人家在說什麼，不關心是誰在說什麼，因爲不需要知道。與他們沒有什麼因緣，縱使想要告訴他們更好的法，通常是不會被接受的：時節因緣不適合，他們的根器也不適合。所以應該能守得住，因緣不宜時就不開口說法；當他們與你搭訕時，你就隨順世俗法而說，這就夠了。唯有能夠不露相的人，才能說已不生憍慢。猶如小孩子剛學會幾句英語，回家就嘰哩聒啦一直講，可是你看老外來到台灣，他們是不太講英語的，他們反而要跟你講中國話，這就是說他已經很習慣於英語，不覺得英語有什麼稀奇的。同樣的情形，菩薩八智具足時，不會覺得自己的證境有多麼了不得，他認爲這很平常，就好像久得神通的人，覺得神通很平常一樣，一起心動念就可以做到，有什麼奇怪的？所以「說已不生憍慢」。

第十六、有八智的人「說已不求世報」。他說法以後不會希求世間果報的；只有心中老是想著徒弟錢財的假名出家人，才會藉著說法而希求世間果報。專門要求世間錢財的人、希求世間果報的人，我告訴你，這個人不可能是證悟的人，就算是他以前有證悟，我告訴你，他現在一定是退轉而不能起忍的了。無法於如來藏的本來無生之中生起安忍，老是想要使覺知心自己無死而成爲無生，所以就不能安忍於如來藏的本來無生，實質上已經失去了無生忍，落在意識有所得心上，所以他說法時就會希望人家回報：「**今天收了一個紅包供養，明天應該還會有人供養珠寶吧？**」他會想這一些。但是眞正有八智的人，不會追求世間果報；會追求世間果報的人，就表示他沒有八智。有八智時，說法時都會有以上說的十六個現象。諸位可以從這十六個現象去衡量所有的善知識，你就可以清楚的知道他們有沒有八智。

【「如是之人，能從他聽；從他聽時具十六事：一者時聽、二者樂聽、三者至心聽、四者恭敬聽、五者不求過聽、六者不爲論議聽、七者不爲勝聽、八者聽時不輕說者、九者聽時不輕於法、十者聽時終不自輕、十一聽時遠離五蓋、十二聽時爲受持讀、十三聽時爲除五欲、十四聽時爲具信心、十五聽時爲調衆生、十六聽時爲斷聞根。善男子！具八智者能說能聽，如是之人能自他利，不具足者則不得名自利利他。」】

講記 有八智的人除了有那十六種清淨說法的現象以外，而且「能從他聽」，即使是世俗升斗小民來找他談一些與法無關的事，他也願意傾聽，絕對不會說：「我現在學佛了，你不要再來對我講那一些世俗法，我不要聽。」這就是能從他聽。爲了攝受眾生，這個眾生即使今世與佛道無緣，你又何妨和他在世俗法上相處呢？讓他不會對你有厭惡之心，未來世可能就會跟著你學法了，所以菩薩能從他聽，這很重要。有時家人、朋友會跟你說些世俗法，你固然不會主動找他們聊天，但是他們來找你，你也可以和他們聊一聊，讓他們喜歡親近你，這就是能從他聽。但是這裡所說的「聽」，主要的還是在聞法上面。有八智的菩薩，從別人那裡聞法時，也會有十六件事表現出來：

第一、時聽，他會觀察時節因緣，「**這個時節因緣，我根本不應該去聽某人說某一法。**」因爲那是未悟者在籠罩世人的虛妄說法，沒必要去；而且那人得度的因緣未到，去結緣並無意義，得要觀察時節因緣。

第二、假使去聽，樂於聽，不會厭惡而聽。有時你是去護持，由於你的到場，能使別人信受他那個法，雖然他的法義層次比較淺，但他仍然是正法。譬如他講的是二乘解脫道，你早就超越了，但又何妨到場爲他護持一下。如果將來有哪個法師、哪個居士能幫人證得初果、二果、三果、四果等等，有一天他們邀請我去光臨一下、護持一下，又有何不可？比如說你已經有大名氣了，因爲你去的緣故，眾生將會信受他的法，那又何妨去護持一下呢？既然去了那邊，本就應該樂聽，可別因爲礙於人情而不得不去，可是聽法時卻撇著嘴角，那就不好了，否則就失掉你去護持的目的了。

三者、至心聽。即使是人家說的法很淺，我們也要至心而聽；正因爲你的至心聽法，他就能夠攝受眾生隨順於正法。

第四、恭敬而聽，也就是不以輕心而聽，要有恭敬心來聽。不管二乘法多淺，它畢竟也是 世尊說出來的法，所以應當有恭敬心於法。

第五、不求過聽。有八智的人去聽人家說法，比如某個道場邀請你去，他說的確實是正法（如果是邪法，你當然不會去捧場），當你去聽法時，不要以尋求過失的心態來聽，應該以護持的心態來聽；因爲在這個邪師說法如恆河沙的時節，難得有個地方在說二乘正法，雖然層次很粗淺，你也不該以尋求過失的心態來聽他說法。

第六、不爲論議而聽：不是故意爲了想要拿他所說的東西來做一些資料、來跟人家論議，因此來聽的。如果是這種心態，就會在那邊記：他什麼地方說得不對，什麼地方又說錯了……；然後出去向別人講，這叫作爲論議而聽，是有過失的，菩薩不會這樣作。

還有第七個現象，他不會爲了想要勝過他而去聽他說什麼法。有的人是心存比較的：到底他比我高，還是我比他高？他去聽法的目的只是爲了確定這一點，這就是爲勝而聽，這表示他的心態是不正確的，證明這個人一定還沒有八智，有八智的人不會這樣做。

第八、聽時不輕說者：不會抱著輕視的心態去聽別人說法。如果抱著輕視的心態，你要是倒楣的話，正巧被人用照相機拍了下來，看你嘴角有一點往下撇，人家把你公佈出來，可就好看了。千萬不要輕於說者，因爲心中如此輕視時，表情不自覺之間就會顯現出來，而且現在照相機製造得很好，大多可以用望遠鏡頭清晰的拍攝出來，再把你的微細表情放大給大眾看，人家會說：「原來某某善知識是這個德行！」那個就不妙了！所以聽法時心中不可輕視說法者，有八智的人都不會輕心而聽。

第九、聽時不輕於法：去聽人家說法時，不輕視他所說的法。跟我相處很久的人就會發覺到這一點，明明某個人在我面前說某一個法時說錯了，但是我沒有異議的表情；我不但不當眾說破，連否定的表情都沒有，這事兒你們都應該學。不知道我的習性者，往往會說：「他說錯了，你都不知道。」但我不是不知道；如果他沒有出問題，我是不會去破斥他的，我們要包容他，畢竟新悟菩薩或是未入地菩薩的智慧仍然有限，不可以對他們要求太高。可是如果有一天他眞的以爲比我更高明而不服法界實相的平實親切，開始發明新法來取代實相，成爲破法行爲了，我

麼會沒聽過　佛說法？所以二千五百年前，你們曾經聽過　佛說法的人也不少，只是胎昧的關係所以忘了。那時你們有很多人還是在家身，我那時是出家身，直到上一世才現在家身，我這世是第二次現在家身），千萬不要自輕。不論是聽　佛說法、聽大菩薩說法，都不要心中如此想著：「開悟的事情，我哪有可能？」千萬不要這樣想。你一直這樣想，就永遠不能開悟。當你心裡面想：「我也有可能開悟，我也有可能見性。」一直這樣想，就漸漸會有信心。對自己有信心是證悟的第一個條件，對自己有了信心，才會有求悟的動機：努力去修集福德資糧，努力聞熏正知正見，努力把你的心增上爲決定性的菩薩。這樣去修行的結果，最後才會努力的求悟、參禪，才可能開悟。如果始終想：「我不可能啦！我太笨了！」那你就永遠悟不了，所以佛法上不以世間法的聰明才智來做定位的。我們這一次禪三的兩個梯次，有六十幾歲、七十幾歲才破參的，也有國小畢業的人破參，雖然標準提升了，他們照樣可以通過考驗。那你又有什麼不行呢？何況你書讀得不比他們少，體力與聰明才智又不比他們差，爲什麼老是自輕呢？所以聽諸佛、菩薩說法時，不可自輕。有八智的人都不會自輕，知道 佛正在講的八地、九地境界，自己現在離那個層次還很遠，絕對不可能證得，但也不會自我輕視，反而想：「我這幾世不行，未來無量世我總是要證得的。」所以聽法時終不自輕。

第十一個現象，聽法時遠離五蓋。在聽法時不起貪慾心，不起瞋恚心，不起掉散心；也不起昏沉心，不會聽著佛法就睡著了，更不會生起疑心。有的人起疑：「你在上面講得口沫橫飛，到底是眞的、假的？」這就是疑，這樣總共就是五個遮蓋智慧的法，所以稱爲五蓋。這就是說，他遠離五蓋而聽，有八智的人一定能這樣聽法。有八智的人，聽每一個法都很專心聽的，聽經不打瞌睡的；等到講完經，他一坐下來無事時，開始打瞌睡了；因爲身體很累，白天要上班、工作。可是他聽經呢？他聽經時覺得法樂無窮，越聽越歡喜，就忘了睡，這就是遠離睡眠蓋。

另有一蓋叫作掉悔蓋，就是掉散與悔恨，這二法會遮蓋菩提智的修證。掉散就是一面聽法、一面打妄想。譬如說法正在講開悟的事，他心裡面就想：「我悟了以後要做些大事。」就開始想著悟後準備要幹什麼大事了，這就是掉散。有八智的人，聽經時會專心的聽經，不管聽經以後會怎麼樣，那就是專心的遠離掉散蓋。假使聽漏了一段法，也不去悔恨剛才不注意聽，一直責備自己；只是更加專注的繼續聽法，這就是遠離悔恨蓋。遠離掉散與悔恨，就是遠離掉悔蓋了。

第十二、聽經時是爲了受持這一部經法而去聽的，也希望聽完之後，自己能夠讀懂這一部經。爲了受持、爲了誦讀，所以不是爲了排遣時間或尋找人家的過失而聽經。

第十三、聽時是爲了除五欲而聽。既然菩薩要在人間自度度他，不能離開色聲香味觸，所以就把色聲香味觸平常化。平常化以後就覺得無所謂，就不會對五欲生起喜樂之心。假使對五欲非常喜樂，就會有非常討厭之心。非常討厭五欲的人，其實是最執著五欲的人！理解了嗎？假如某人家中到處都是奇花異草，他將不會覺得有什麼好執著的；可是如果有人對其中一種奇花異草不曾見過，有人送給他，他會當作寶貝一般每天在那邊看個不停。心想：「**這花兒，全世界只有某某人才有，如今他送給我一棵。**」就覺得很興奮。可是送給他的人，他每天在看來看去覺得很平常，根本不掛在心中。這就是說，他已習慣於那個勝妙境界，覺得那些都沒什麼奇特，都只是世間法而已。所以諸大菩薩們，當天花亂墜時都覺得與他們沒關係，天花到了他們身上就掉下地了；可是諸大阿羅漢都害怕：「我是阿羅漢，這花萬一停在我身上、頭上，那可眞是不如法。」就趕快撥除，可是越撥就越會粘住，因爲他們畏懼五欲。畏懼五欲就表示對於五欲的欲貪無法完全捨離，對五欲有貪的習氣還存在。菩薩則沒有這個習氣，管他什麼五欲不五欲的，我每天處在五欲中，根本就不稀奇，當然沒什麼可執著及害怕的，所以天花落到菩薩身上時都不會粘住，因爲菩薩已經沒有貪著五欲的習氣存在了，所以也就不會恐懼五欲了。同樣道理，有八智的人聽經，目的是除五欲。除五欲是要現觀五欲的平常性、無常性及五欲中的苦性。五欲並不是純粹的樂，五欲之中其實有苦，所以眾生都是苦中作樂，但是眾生何嘗知道呢？菩薩了知眞相，所以爲了修除五欲習氣種子而聽法。

第十四個現象：他聽法時是爲了具足自己成佛的信心。關於成佛的信心，也許有人會說：「在十信位不就有了嗎？」沒有！十信位只是對三寶有信心，可是對自己能不能成佛，卻是一點信心都沒有的；有八智的人雖然有了信心，可是仍不具足，所以爲了具足信心而聽經法。

第十五個現象：他聽法時還有一個目的，是爲了增進自己的智慧，能用來方便調伏眾生。能調伏眾生，就能使眾生得到法益，也成就了未來成佛時的佛土，所以爲調伏眾生而聽經法。

第十六、爲斷聞根而聽經法。聞根，一般人說：「聞根最好，爲什麼要斷？因爲一切法都要從聞思修當中去得，這個聞根很重要，如果沒有聞根，如何能夠進修一切佛法呢？」但是這裡講的不是那個意思，這裡的聞根是還要從他聞法。只有什麼人不必從他聞法？只有諸佛嘛！你想要斷聞根，就是想要成佛。可是你想要斷聞根，就必須不斷的跟隨諸佛修學；學到具足圓滿，以最後身菩薩身分而在人間成佛，聞根才能斷盡。有些人很奇怪，你送給他一些解說經典的錄音帶，他自己不聽，只是每天用錄音機在佛像前面播放。你問他說：「你爲什麼自己不聽？弄到佛像前面放音？」他說：「放給佛聽啊！」後來我說：「不是這個道理啦！這經是佛講出來的，他自己還需要聽嗎？這是要給你聽的，不是要給佛聽的。」以後終於沒有再放給佛聽。這意思是說　佛根本不必聽法，

如果　佛還得要聽別的　佛說法，一定只有一個目的，那就是護持正法。諸佛所證完全相等，還要聽其他的佛說什麼法呢？譬如　釋迦世尊說法華時，　多寶如來特地來聽法，那是爲了示現《法華經》的因緣。

有時　佛化現成菩薩去別的佛世界擁護他佛說法，讓這世界的五濁眾生親見，生起稀有心。這是因爲五濁惡世的眾生疑根很強，信根不具，他們常常說：「**佛跟其他人一樣嘛！中午到了，也是要托缽，也是要吃飯，也是要洗澡的。到了晚上有時也得要睡睡覺的，還不是跟我們一樣？**」所以他就沒有信心了，諸佛知道這個現象，就從別的世界化現爲大菩薩從空而降，前來禮拜某一尊佛陀，大家一看：「**不得了！從他方世界來的大菩薩都如此的恭敬　佛陀。**」大家就都對那一尊佛生起恭敬心了，所以化現的大菩薩對眾生所親近的某一尊佛無比的恭敬，大家就說：「**原來我們的　佛陀證量這麼高。**」這樣他們才會眞心的信受某一佛，這種現象在十方佛土中是常有的。但是十方諸佛根本就不必再聽聞佛法，祂們爲什麼卻要常常化現爲大菩薩去別的世界聽某一尊佛說法？那都只是純粹擁護佛法罷了！可是菩薩聽法的目的是爲斷聞根，聞根斷了才能成佛。可是爲了斷聞根，就必須熏習許多的法，再思惟、整理、親證而成爲自己的法。具足佛法以後，你就不必再聽聞，就斷了全部聞根。像這樣不斷的往前進，到等覺位成佛，聞根悉斷而成佛。所以有八智的菩薩，他們都懂得藉聽經聞法來斷聞根。

佛接著說，具足這八種智慧的人，不但能說法，而且也能聽法。能說法也能聽法，各具說法十六相、聽法十六相的人，不但能自己得到深妙的利益，也能使別人獲得深妙的利益，所以不具足八智的人，就不能稱爲能自利利他的菩薩。

【「善男子！能說法者復有二種：一者清淨、二不清淨；不清淨者，復有五事：一者爲利故說、二者爲報而說、三者爲勝他說、四者爲世報說、五者疑說。清淨說者復有五事：一先施食然後爲說、二爲增長三寶故說、三斷自他煩惱故說、四爲分別邪正故說、五爲聽者得最勝故說。善男子！不淨說者，名曰垢穢，名爲賣法，亦名污辱，亦名錯謬，亦名失意。清淨說者，名曰淨潔，亦名正說，亦名實語，亦名法聚。」】

講記 佛接著開示說：能夠為人說法的人又有兩個現象：第一種人能清淨說法，第二種人是不清淨說法。先說不清淨說法者的五個現象：第一、他是為了自己利益而說法。獲得利益是說，求這一世在人間的名聲廣聞，或者求取在佛教界的權力，或者為求獲得供養而說法，就是為利而說。第二種不清淨說法是為報而說，希望人家在世間法上回報給他，或者希望未來世得生欲界天上的果報而說法，都屬於不清淨說法。第三種目的是為了勝他而說：是一直在表現他比別人更行，想要顯示自己勝於他人，是為勝他而說。我們最早期的親教師就有這個現象，還好都已經走了，所以就沒事了，這都是為勝他而說。也許有人會說：「人家走了，你就罵。」我告訴你：不是！因為我們的教材有特定次第的安排，可是他當了親教師以後都不照教材來教。不照教材教學有兩個現象：第一、他根本不講教材的法義，自己去弄一些東西東說西講、混亂無章，他只是為了表示：「**我說的法不見得比你蕭老師編的教材差，所以我不講你的東西。**」這是第一種心態。第二種作法是抄前略後，別的親教師依照教材順序在教，從半年前開始講，半年後的今天正好在講布施；因為無相念佛的教導是在前半年講的，半年後的現在才剛好在講布施，布施的法義當然是比較淺的；可是他老兄不照教材順序來教，他在半年後的今天才剛開班，一上場就把後面的般若、參禪部分拿出來教，而且又弄起機鋒來了，目的只是為了讓人家覺得他比較會教，層次比較高：「**你們看！我講得這麼棒，半年前開班的那個親教師，教的法義那麼粗淺。**」我們以前曾依規矩加以糾正，糾正後當然就不高興了，最後就乾脆否定你的正法，所以才會有《護法集》的出現。為什麼他們要那樣做？就是為了勝他，想要讓別人覺得他說法比較會說，勝過別的親教師，這叫作為勝他而說，這也是不清淨說法。第四、為世報而說，比如說法之後別人會來奉承，他就心中飄飄然，聽法的弟子們見了他就會禮拜、恭敬他，他就因此而歡喜。或者因為別人會在世間法上利益他，譬如他家裡做某種事業，別人來聽他說法，就故意找些人去向他買東西，做他的好客戶，這就是為世報而說。說法者如果有這樣的心態，就是不清淨說法。有些人喜歡讓我覺得他對我很好，來說好話等等，我反而躲得遠遠的，因為我們不求世報。如果為求世報，那當然多多益善了，可是我們往往讓人覺得不容易親近、供養，是因爲我們不想藉弘法來獲得世間利益。但我一直都很隨緣，不擺架子；可是如果有人弄來金塊、珠寶供養我，我一定會使他覺得我很難親近。當你不爲世間果報而說法，正直的人將會直接護持正法而不是來供養、巴結你，他一定會覺得與你很好相處，諂曲的人就跟你不好相處了。第五種不淨說法的人是有疑而說，其實他心裡面抱著疑心：「經中的說法正確嗎？可信嗎？這樣修下去能夠開悟嗎？經中的文義是正確的嗎？」心裡面有疑，可是卻繼續說法，這也是不清淨說法。

如果是清淨說法，他將會有五件事呈現出來：第一、先施然後爲說。這在古印度是可以的，現在的台灣可能就行不通了；現在台灣沒有餓死的人，只有被車撞死的、吃錯藥吃死的，或者被人家殺害而死。沒有人是餓死的，那你想要先布施而請他吃一頓，他說：「我又不是爲吃飯來的。」你先請他吃飯，他每一次來聽法時都得要先吃飯再聽法，反而覺得心中有負擔：「去聽法得利，又吃了人家的食物。」特別是中國人的習性，不太容易接受。在貧窮落後地區應該是可以的，目前的台灣可能不太行得通。但這也是一個好方法，可以換成別的方式：不施食而印行結緣書與他們結緣，大家得到佛法的書籍總是會歡喜的，而且覺得受尊重：你看得起我，給我如此勝妙法義的書。能這樣做，就是清淨說法。

第二、爲了增長三寶而說法，不是爲了抵制三寶、壓抑三寶而說法。台灣這種現象很多，譬如一貫道就一向如此，他們爲了壓制三寶而說法，爲了顯示他們的證境比佛教的出家法師更好，所以把 佛陀收編爲凡夫王母娘娘的兒子。以前有幾個人是從一貫道過來的，現在也跟著楊先生走了！可能氣我常常說一貫道的不究竟，耳根覺得不舒服，都跟他們一起走了。一貫道常常是爲了壓抑佛教三寶而說的，不是爲增長佛教三寶而說的，所以另立他們的三寶，那就是不清淨說法，清淨說法是爲增長三寶而宣講諸法的。

第三、爲了斷自他煩惱而說法。說法時，不是只要求別人斷煩惱，也同時要求自己斷煩惱。自己不斷煩惱而教別人斷煩惱，那就是不淨說法。自己心中常常喜樂與人爭勝，卻一天到晚教人家：「你們要斷煩惱。」大家聽了都覺得很好笑！所以，爲了斷自己和別人的煩惱而說法，才叫作清淨說法。

第四、爲分別邪正故說，因爲法義不容許邪正混淆。自古以來，邪法與正法一定都無法混淆的，並不是現在才這樣。古時 玄奘大師在天竺學成之後，也是想要與佛門中的邪見和平共處，可是根本不可能；玄奘菩薩不說他們有錯，他們卻反而謗說 玄奘菩薩的法錯了，所以當時誹謗 玄奘菩薩的人很多，最後他發覺：「**不破斥邪法就不能彰顯正法。**」所以他在《成唯識論》中有一句話：「**若不摧邪，無以顯正。**」這就是他的經驗，所以後來一一拜訪邪師辨正法義；最後由戒日王爲他召開法義辨正無遮大會，一連十八天，卻沒有一個人敢上去跟他辯論，所以後來西天論師們就尊稱他爲「第一義天」。就是我們佛龕中的這一尊啦！這就是我們把他供在這裡的原因。因爲他的證量太高了，自古以來知道他的證量的人並不多。所以天竺諸大論師都稱呼他爲「第一義天」，回到中國來，佛門法師們反而覺得他稀鬆平常，並不看重他。因爲他分別法義的邪正異趣，惹人討厭。《成唯識論》不是講了很多「**有義、有義、有義……**」嗎？那些「有義」，有許多是引述錯誤論師的說法，千萬不可照單全收。當你們讀《成唯識論》時，我告訴你們讀論的要領：凡是他說某一團、一句法時，如果有「有義」二字出現時，你就先找找看：總共有幾個有義？最後一個有義才是正確的，前面統統錯了。用這個要領來讀成論就對了，就不會錯會《成論》的眞義。很多人讀不懂《成論》，是因爲常常把前面幾個有義引證出來做弘法的依據，卻不曉得那些有義都被　玄奘菩薩在最後一個有義中破斥到體無完膚了，所以多數人都讀不懂《成論》。而且《成論》中的有義，本來是指名道姓而說的，是被　窺基大師勸阻而改爲有義二字，因爲　基大師想要維持佛教界的和諧氣氛；可是後來他自己在《成唯識論述記》中，卻仍不得不指名道姓而說，因爲不指名道姓而辨正法義，大眾總是不知道當代某些大法師的法義是正在破壞正法的，只好違背自己原先勸止　玄奘菩薩的作法，自己反而指名道姓的辨正法義了。由　玄奘菩薩師徒的作法，就知道分別邪正是佛門中最重要的事，所以正法一向不能跟邪法共存：你想要與他們和平共存，他們卻一定會否定你，不跟你和平共存。我們以前在印度南方時也是一樣，因爲不破邪顯正，只是專心弘揚自己的法；可是問題來了，眞正勝妙的法不容易親證，而表相正法的親證很容易，大家聽一聽就會了，但了義法往往聽了很久還是不會，那你正法永遠是少數人，表相正法永遠是多數人，你如何能與他們抗衡？最後就被人家的常見邪法淹沒掉了。玄奘菩薩也走過這個路，我們往世與此一世也都走過這條路，剛開始弘法時：「月溪法師的書好不好？」「好！」「誰的書好不好？」「統統都好。」結果人家說：「你說我們的法好，可是你的法跟我們不一樣，所以你錯了。」眞是沒辦法和平共存的。所以　佛說，清淨說法的第四件事情是爲了分別邪法和正法的分際，關於邪法與正法有什麼差異，你必須把它們分別出來，讓衆生知道邪法與正法的微細差別。如果不分別出來，衆生會以爲邪法也是正法。而邪法弘傳很快，正法要親證則很難，所以要弘傳很慢；當邪法很快，正法很慢，你最後就是會被人家淹沒掉，所以一定要爲分別邪正而說。

第五種清淨說法，是爲聽者得最勝故說。清淨說法的人與不清淨說法的人不同，不淨說法的人不會想要讓你得到最勝妙法，不願讓你進步很快，所以他說的法都不會是最勝妙法，而且還要處處留一手，怕你得了法以後跟他一樣高。如果是清淨說法，就不考慮這個，有什麼法就告訴你，只要不牽涉到密意的洩露，不會影響到你未來的親自體驗內容，他都會告訴你，希望大家聽他說法時都會得到最勝妙的法，這叫作爲聽者得最勝故說。有些人總是故意留一手，怕你聽了跟他一樣，以後就沒得比了。善知識總是寄望自己繼續努力，不斷往上前進；至於目前有什麼最好的法，他一定會給眾生學到，這才叫作清淨說法。

接著 佛做了一個結論：不清淨說法的人是汙垢、汙穢。因爲他心中不清淨，爲了求名、求利，求人家恭敬供養。不淨說法者又叫作賣法者，因爲他的目的是爲了收取錢財供養，心中總是想：每天都有人送來五萬、十萬、一百萬供養是應該的，假使有人送來一千萬、一億就更好了。這就是賣法，他是爲了求回報而說法。如果說法者是在家人、有營利事業經營，而他說法的目的是希望眾人買他的產品，那也是在賣法。只要他有這個心，就是在賣法，這就是求回報。不清淨說法的人又叫做汙辱，因爲他說法的目的只是爲了勝過別人，爲了顯示他說法勝妙，別人都贏不過他。如果有這種心態，第一個作法就是不斷的發行 VCD，並且在有線電視上不斷播放，求名、求利。有些人正是這樣，但不是每一個上有線電視弘法的都這樣，可是其中免不了會有一、兩人是如此的，那就是爲求勝他，這也是汙辱佛法的人。明明自己說法不是很好，卻總是要表現得一副說法很好的樣子；而且派頭十足，把法會的派頭弄得很大，這也是汙辱，是爲了勝他而擺出大排場來。不淨說法的人亦名錯謬，因爲他的目的是在求世間法的因果：是爲了求人家給他回報、供養他。所以是求世間法的因果，而不是求出世間法的因果，這就是錯謬。又叫做失意，因爲他不是眞正的理解佛法，更不是眞正親證第一義諦法，不能眞解法義而只爲了勝他而說法，這叫做失意——失掉了菩薩所應該有的正確的心態——就是不清淨說法。

如果是清淨說法，名曰淨潔，因爲不求名利、不求世間法上的回報。又叫作正說，因爲他所說的法能斷自己的煩惱，也能斷別人的煩惱。又叫做眞實語，因爲他能分別邪法與正法的分際，讓大家能如實的了知邪法正法的差異所在而遠離邪法。又名法聚，因爲他能使聞者獲得最勝妙的法義；而且說法之後，能夠增長三寶，所以才叫作法聚。所以，清淨說法和不清淨說法二者之間的分際，其實是很容易分開的。所以諸位以後遇到有大善知識說法時，諸位就觀察看看：他們的目的是什麼？

【「善男子！若具足知十二部經、聲論、因論，知因知喻，知自他取，是名正說。聽者有四：一者略聞多解、二者隨分別解、三者隨本意解、四者於一一字、一一句解。如來說法正為三人，不為第四；何以故？以非器故。如是四人分為二種：一者熟、二者生；熟者現在調伏，生者未來調伏。」】

講記 佛又開示說：如果能具足了知十二部經的法義，也懂得聲論、因論，如此為人說法者就是正說。十二部經就契經、祇夜、長頌……等十二部經法。十二部經中也有說到聲論與因論，聲論是教導應該如何宣說法要，因論是說明如何探討及了知諸法因——諸法因的眞義；也就是說，諸法都有因，諸法的第一因、初始因是什麼法？要能了知而說，這就是因論。諸法的根本因就是如來藏，述說諸法如何從如來藏中出生，就是為人宣說諸法因義。有了聲論與因論，就能知因、知喻。知因是說已知一一法都以如來藏爲因，能把諸法的根本因爲人說明，別人就可以了知：原來法界實相的義理是這樣子，而一一法都各有其直接的因。因義瞭解了以後，因論就通了。如果聲論也通了，就能知喻，可以用種種方便善巧，引用種種譬喻來說明眞實道理，這就是知因及知喻。也能知自他取，知道自己在某一部經中應該攝受什麼法，眾生在這一部經中應該攝受什麼法，這叫作知自他取。能夠如此爲人說法，叫作正說。

上面講的是說法人，至於聽法人則有四種：第一種人是略聞而多解，你只要概略解說一下，他就能理解其中很多的法義，譬如舉一反三的人；第二種人是隨分別解，你分別了什麼法義，他就只能針對這個法有所理解；這兩種人是「根熟者」：善根、信根、聞根已經成熟的人。第三種人是隨本意解，就是依著他自己所能知道的、依自己所認爲的意思來瞭解善知識所說的法，不能完全攝取善知識說法的內容，就是隨本意解。第四種人是根鈍者，你必須一字一字、一句一句詳細說明，才能理解你所說的法義；第三及第四種人是屬於根已生而未熟者。如來說法只爲前面三種人，不爲最後第四種人說法，因爲第四種人不是正法時代的法器；如果 佛陀必須一字、一字解釋他才能聽懂，表示這個人仍不是道器，他不能聽懂 佛所說法，不能在佛經中隨於佛語而多少攝取佛法眞義；這種人必須由菩薩爲他細說，沒有能力親聞 佛所說法而得利益，所以 佛說法時是爲前三種人說的。

這四種人又分爲兩種：根熟者及根未熟者。根未熟的人，也能隨本意而解，雖然只能多少理解一些 佛所說法，但不必 佛陀一字一句去解釋，所以根雖未熟，仍可多少攝取某些 佛的法語，特別是大乘經和阿含經裡面的法義。般若經是比較詳細解說的，但是第三轉法輪跟初轉法輪的經典都是略說的；略說之時，佛弟子想要能夠多解，是不容易的，所以菩薩能從略說中註解出很多的法義出來，原因就在這裡，因爲菩薩正是略聞而多解的人。屬於第三種人的根熟者，在現在世就可以漸漸調伏；第一、二種熟成者，當然更可以調伏自己於佛法中。如果五根還生澀未熟的話，聽 佛說法以後得要在未來世追隨菩薩進修時才能調伏。

【「善男子，譬如樹林凡有四種：一者易伐難出、二者難伐易出、

三者易伏易出、四者難伏難出；在家之人亦有四種：一者易調難出、二者難調易出、三者易調易出、四者難調難出。如是四人分為三種：一者訶責已調、二者濡語而調、三者訶責濡語使得調伏。復有二種：一者自能調伏不假他人，二者自若不能、請他令調。復有二種：一者施調、二者咒調。是調伏法復有二時：一者喜時、二者苦時。」

講記　這一段是說這四種人就好比樹林有四種：有的林木是容易砍伐，但不容易運出來。第二種是不容易砍伐，但是近在路邊，又容易運出來；第三種是容易砍伐也容易運出來，第四種是很難砍伐，也很難運出來。同樣的道理，在家人也有四種：第一種是容易調伏，可是不容易出離；就說他雖然沒有慢心，但是有貪著，所以想要使他出離三界生死苦，就會很困難；因為他放不下老婆（先生），不然就是牽掛著家中高堂，不然就是子女尚未成家立業，還擔心孫子，這叫作貪著性強；雖然沒什麼性障、慢心，容易調伏，卻很難出離。

第二種人他是難調易出，他本身沒有什麼執著，都放得下；你今天教他出家，明天他就來寺院中報到了，可是他的見取見非常強烈，老是覺得自己的見解最高超，不能認同別人更好的見解，然後就「以鬥爭爲業」，在見解上是一定要鬥倒別人的，但是他對財物名利都沒有執著，叫他去睡街頭也沒問題，就是這個見取見放不下，這叫作難調易出。他只要把見取見斷了，就能出離生死了，問題是大善知識也不能使他調伏。當這種人把見取見斷除了，很快就可以出離了，證得初果、二果都是很容易的事，這叫難調易出，這是第二種的在家人。

第三種人是易調易出，易調是說他本身沒有性障，心性很調柔；由於心性調柔的緣故，容易受教；只要覺得有理，他馬上就信了，不會跟善知識比高下。他也沒什麼執著，教他來寺院中出家，他說：「好！**我明天就來**。」晚上回去跟父母講好，第二天就來了！這種人容易調伏，只要爲他解說蘊處界虛妄，我見、見取見當下就可以斷除；接著告訴他：「**那你就別出家了，單身去弘法吧！**」他也可以接受。這種人是易調易出，無慢又無執，也沒有見取見。

第四種在家人就難囉：難調又難出。不管你跟他說什麼妙義，他總是有一大堆道理與你辯論。我們出來弘法，這種人也遇見不少了！不但會外很多，我自己的眷屬也有，到死都不信我的法，沒辦法利益他。這就是難調難出啦！這種人見取見與執著都重，並且總是認爲他的看法最正確，不論誰講的都不信，這種人叫作難調難出的人。現在看這種人，似乎是出家人比在家人多，出家的目的本來只是爲了求法，可是出家之後被人奉承以後，慢心及見取見就跟著增強了；某些人則爲了掙錢、收供養，所以反說是在家人比較少這種人。這種人眞的難調難出，不論爲他說什麼勝妙法，他一定有一大堆理由反駁你；假使因爲悟錯了而說不贏你，他就會說：「我很笨！沒有辦法學你的法，你別再跟我講什麼開悟的內容與方法。」你說：「很簡單啊！從念佛法門而入，不困難的。」他馬上回你：「我又不是七老八十，叫我念什麼佛？我又不是馬上要死了。」這種人，不管你爲他說什麼，他總是有理由，所以很難調伏。縱使是大善知識來了，也一樣沒輒，度不了他。也許你說：「社會救濟很重要，很多人遇到了意外，遺孤非常困苦，我們是不是一起湊個份，來幫忙他們？」他說：「那你找別人去。」一毛不拔。這種人還眞的不少，既是見取見很強，又加上貪著性很強，所以這種人有慢亦有執，想要度他來學佛，眞的很難！心性不容易調伏。縱使勉強接受佛法勝妙，但是要他出離三界還是很困難，這是第四種的在家人。

這四種人也可以分爲三種，第一種是訶責了以後就會調伏的，這種人是「欠罵」，有時叫作賤骨頭，非得要痛罵才願意相信。你如果破口大罵，罵他愚痴，他被你這一激，直接反應出來就與你辯論起來，你就針針見血的說他的不對處，最後他想：「**我眞的還是不如人。**」終於臣服了！得要訶責以後才會調伏，也能得度。這種人，溫言軟語和他講一大堆都沒用的；這種人很多，不但在家人很多，出家人中也很多；我們早期書中都不指名道姓而舉例辨正，後來看他們都無動於衷，學人也都不知我講的是誰，還在繼續跟著惡知識破法，惡知識也繼續不停的抵制、誹謗正法，沒辦法，只好開始指名道姓辨正法義，希望訶責以後能調，但是那些人還是不調，所以度眾生眞的很難。但是近年來漸漸有人終於調伏下來了！也算不錯。

第二種人是濡語而調，你若說話溫言軟語，他就能立即調伏下來，專心在佛法上用功。這是前面所說四種人中的哪一種人呢？是第二種人：難調易出。因爲他有慢心，千萬不能大聲和他說話，否則他轉身就走了，不聽你說話。就好像養馬時要順著馬毛撫下來，你不能往上撫上去，牠會難過，就會踢你，所以遇到這種人時，不管他說什麼，你都說：「**對！你講的對，有道理！有道理！但是我另外有個想法，你參考看看。**」然後你再慢慢的、和緩的說明，千萬不可說：「**欸！不對啦！你這樣說不好，這樣不對，因爲……。**」你這樣講，他就不聽了！必須溫言軟語、細心的慢慢解說！只要你說得在理，他漸漸就會聽進去，這種人是濡語而調。

第三種人是訶責濡語之後才調伏下來。你不但要罵他，也得要夾雜一些好話，就是恩威並濟的意思。這樣才能調伏他，這就是前面四種人中的第四種人：難調難出。這個人有慢心，你若不殺掉他的邪見，他不信你；把他的邪見殺到血肉模糊，才會服你；可是信服之後，因爲還有執著性，所以要針對他的執著性而以溫言軟語，慢慢爲他解說，終於能調伏了。前面的四種人歸類起來就是後面說的這三種人。

也可以另外分爲二類人，這二類人都是有善根的人，第一類是自己可以調伏下來，不必假藉別人；不必藉別人來跟他勸導或辱罵或恩威並濟，自己就可以調伏，然後就自己遠離惡法。第二種人則是聰明人，有自知之明，知道自己的習性很重，沒辦法自己斷除，就請求別人來幫忙。譬如常常會有同修請求別人：「欸！某甲！你幫我注意啊！以後見我什麼事情作錯了，請你當眾爲我制止。」當你第一次當眾制止，他心中會不高興；但是第二天會來道歉：「我昨天錯了！請你以後還是當眾制止我。」一而再的制止以後，漸漸的習慣了，惡習就改掉了；這種人也算是不錯的，也是很有善根的人。但有些人是初學菩薩，做不到；譬如佛教界常常流傳一個故事：有一位老菩薩很喜歡在道場有法會時去廚房當香積組的典座，幫忙炒菜；有一次人家勸她說：「老菩薩！以前你這個香菇炒得太鹹了，這回能不能少放一些鹽巴？」這位老菩薩聽人這麼一講，就說：「你會炒菜，你來！」把勺子一丟，走了！這是佛教界很有名的現成的例子，幾乎每一個道場都有這樣的老菩薩，這就是難以調伏，不肯接受人家的勸告。可是第二種人，他知道自己改不了，就拜託別人監督他，請求別人逼著他改掉，所以這兩種人都算是很有善根的人。

另外還有兩種人，第一種人你要是施恩於他，他就會調伏。這話眞有道理，俗話不是說嗎：「拿人的手軟，吃人的嘴軟。」你若曾施恩於他，他就手軟，不會打擊你，就會聽你的，因爲他心裡面對你有一分好感：「每當我窮苦時，你就來幫助我，是我的好朋友；縱使有時講我的過失，也是爲我好。」所以他接受你的勸導，這叫作施調，是以布施來調伏他。第二種在家人，用這方法就沒有用了，你送東西給他，他說：「你不用巴結我。」依舊把你趕出門。這種人得要用咒來調伏，以特殊的咒法調伏別人的咒法，現在已經沒有人敢傳授而失傳了，藏密的懷法卻又沒有作用，所以算是失傳了，這是因爲怕遭人濫用。暗中用咒法去調伏他，他就會信你；但是用咒調伏，都是要暗中做法，不能當眾做的，否則就沒有用。但是對某些剛強難調的鬼神，可以使用 佛講過的特定身印、手印，結好來持咒，就可以調伏。譬如說楞嚴咒就很好用，把楞嚴咒濃縮以後成爲大寶樓閣咒，一樣很好用。如果符合條件而可以結手印來使用這個咒，就可以調伏鬼神。或者用正覺總持咒也可以調伏鬼神，也很好用，有人想：「那要結什麼印？」很簡單，叉手就可以了。

三更半夜經過墳墓區，儘管誦正覺總持咒，都不會有事；有很多人在不同因緣下試過了，都很靈驗，因爲咒中的義理使鬼神也得到受用了。這就是說，對特定的眾生，要有方便善巧而用咒去調伏他們，這方法通常是對治鬼神道的眾生。但你如果很有威德，根本不用誦咒，因爲鬼神會看見你身上的光，也看見自己的光，一對比就知道你這個人招惹不得，否則果報會很嚴重，所以就離開了。以上是說有二種人，第一種人要用布施作助緣，施恩於他就可以調伏；第二種人則必須用咒法施苦來調伏他，不用咒法苦調就不肯降服。

但是用這些調伏法時，也得要看時節因緣：有人在心中歡喜時容易被調伏，有人得要在受苦時、難過時才容易被調伏。第一種人正在歡喜時，不論你說什麼，他都說好，教他學佛就沒問題，教他行善布施也沒問題，請他明天與你去做義工，明天就跟你去忙活兒，都沒問題，所以你得要揀他歡喜的時候去爲他說法，他就信受佛法。另一種人是要在痛苦時才能度他，當他正是意氣風發時，你說什麼勝妙法都沒有用；等到他痛苦時，你去安慰他，慢慢爲他宣講苦聖諦，他就聽進去了！當他正快樂時，你講苦聖諦，他想：「**我每天活得好快樂，哪裡有苦？**」但是有時佛菩薩會故意用咒來調伏他，因爲他過去世就與佛法有緣，現在的緣應該熟了，可就是剛強難調，那該怎麼辦？就背地裡讓他痛苦得不得了，然後爲他說法就解決了，就調伏了。表面上看起來好像在騙他，但是騙得好，讓他得解脫了，讓他發起智慧了！這就好像孩子不肯讀書，你以方便法騙他去讀書，他將來就有成就了！這就是看時節因緣，你應該觀察眾生的根器，看是什麼樣的時節因緣，可以用什麼樣的方法來調伏，使得眾生可以因著佛法而出離生死。

【「爲是四人說正法時有二方便：一者善知世事、二者爲其給使。善男子！菩薩若知是二方便，則能兼利；若不知者，則不能得自利他利。」】

講記 菩薩爲這些人說正法時，要運用二種方便：第一要善於了知世間事，如果沒有世間智慧的善巧，想要爲眾生說法時也不太容易；因爲很多的佛法，其實都跟世間法有密切的關聯；不但在破參明心乃至眼見佛性上面是如此，甚至於出世間法的佛菩提、一切種智上面，都跟世間法息息相關，所以應該善知世事。如果世間法的工巧明不好，想要證一切種智就很難，因爲工巧明就是世間智，如果工巧明好的話，縱使心性直爽而常常被人騙去錢財，那也無所謂，騙上三回、五回，大不了十回，也會學乖的；但是這種人的工巧明大多很好，工巧明好的人，善於了知世間事，這種人在道種智的修證上面會比較容易，往往很迅速的成就。當然這不是一世、兩世能修得來的，要靠一世又一世在平常事中去爲眾生做事、一世又一世去爲三寶做事，要這樣付出而學到很多世間事的善巧，那麼明心之後、見性之後在道種智的修證上面，就會非常的迅速。所以當你明心之後，要多爲眾生做事、多爲三寶做事。

有些人有個很奇怪的想法：「**我現在明心了，也斷三縛結了，是初果兼第七住位的菩薩了，**」有時甚至妄說一悟就是初地，「**我還要爲你們這些凡夫們做事？**」心中生起了這樣不好的念頭。這個人被增上慢所遮障，他想要學習一切種智，就會處處碰壁，往往還會自作聰明，結果是搬石頭砸自己的腳，還以爲自己多麼了得！這就是被增上慢所遮障

有的人自從出來弘法時就被奉承慣了，大家一天到晚吹捧他：剛開始有十個人吹捧，後來是一百、一千個人吹捧，心中就開始有點兒飄飄然了。後來有一萬人、十萬人吹捧他，就覺得自己眞的很了不起，明明只是個凡夫僧，也覺得自己已經是八地、九地了！這就是眾生的習性。這種人是不肯爲眾生做事的，他心裡面想的是：今天講經完了，大概會有多少人來供養我；明年應該可以開始籌建大道場了！他想的只是如何從眾生手裡取得大量的錢財。這種人的具體代表是誰呢？就是西藏密宗的活佛們，他們想的不是爲眾生給使。假使是當在家菩薩而爲人說法，絕對不許從說法中得到世間法上的利益，並且還要爲眾生付出；但是藏密的活佛們，特別是他們看見女眾時，那個眼神都是很奇怪的，心中想的是能不能與她共修雙身法的事。你們以後多注意看看，當你們在旁邊觀察他正在看女人時是怎麼樣看的，會發覺他們的眼神是很怪異的。一般人不知道原因，可是當你們讀過《狂密與眞密》以後，就會知道他們的眼神爲什麼會很怪異了。他們心裡面想的是徒眾會有什麼財寶供養、色身供養，他們心中想的都不是要爲眾生做事，只是在嘴裡講慈悲，又說他要努力爲眾生做事，但都只是嘴巴上講的，心裡面想的是：錢財趕快來，美色趕快來，多多益善。

但是眞正的菩薩不會這樣，也不許這樣，特別是在家菩薩。因爲《優婆塞戒經》主要是講在家菩薩，所以在家菩薩弘法時有兩個條件：一個是要善知世事才有方便善巧爲眾生說法，第二是要爲眾生做事，不能想要從眾生身上因爲弘揚正法而獲取世間法上的利益，因此在家菩薩弘揚佛法的第二個條件就是爲眾生做事。佛說在家菩薩如果知道這兩種方便的話，就能夠兼利自己及他人。如果只有其中一種，就沒辦法自利而又利他；只能自利或者利他，無法兼利。所以在家菩薩不太容易當！你們如果想要容易當菩薩，就趕快剃頭去當出家菩薩；但如果要當在家菩薩，就要有心理準備：像我出來弘法十來年，眞的不是人幹的事，是在家菩薩幹的事。特別是出來當親教師，不但要忍辱，還得要負重；負重容易、忍辱難，很多人都願意負重，做到累攤了都沒問題，但是只要有人說他一句：「欸！你這個地方還沒做好，是不是可以怎麼做比較好？」他就不高興了！所以忍辱是最難的，所以忍辱要排在負重的前面，叫作忍辱負重。不但出來弘法時是這樣，在各個道場裡面當幹部、當義工時，也都一樣，都是很不容易的：不但負重，還要忍辱。你若不能忍辱，事情就無法完成，也不能持久，所以忍辱負重眞的是不容易。知道這兩件事，就表示你要有心理準備，不但負重還要忍辱，因爲還要爲眾生給使。

當眾生需要你爲他們做什麼，你就得要去做；人家不願意做的事，你得去做啊！那麼在佛教界有什麼事情是大家都不願意做的？（大眾回答：摧邪顯正）正是摧邪顯正嘛！大家都要當好人，因爲好人容易當，大家都歡迎；可是摧邪顯正，特別像我們得罪天下人，幾乎沒有不得罪的，誰願意當？沒有人願意當！可是總得有一個人出來當，不然要眼看著佛教繼續腐敗下去嗎？既然總得要有人當，眾生的法身慧命也需要我們承當，那我們就來當。你當在家菩薩，想要維持正法命脈，得要出來弘法，而你又是唯一證得如來藏的人，諸方大師們又偏偏都是落在意識心中，那你就得要有這個心理準備：行人所不能行，忍人所不能忍。當你把難忍的事都忍到變成習慣時，習慣成自然，那你這位在家菩薩的大功德就成功了。所以現在他們在網站上怎麼罵我，不管是誰知道了下載給我看，我都不會動心，我會當做看小說；假使他們講的有道理，我們要接受；如果沒有道理，我們就從他們提出來的質疑問題轉變成佛事來利益眾生；這也可以藉著別人更深、更猛烈的質疑，作法義辨正而利益會中已經證悟的菩薩們，這也是好事一樁，也幫你把勝妙的證量藉著質疑而作法義辨正而顯示出來，顯然是幫助你成就度眾的豐功偉業，你爲什麼要生氣？根本就沒有必要嘛！這也是你應該爲眾生做的事情。

所以現在不管人家怎麼罵，罵我無恥、下流、混蛋、大騙子、不是人，我都沒關係，都無所謂，已經習慣了！習慣了就表示忍辱功夫成就了。在家菩薩如果想要進步神速，得要有這個心理準備，這在五濁惡世本是正常事。五濁惡世若是對你忘恩負義，那是正常的；忘恩負義的人，你一次又一次遇到了，但是不會難過，心中早就已經先有心理準備了！我從出來弘法時就有這個心理準備，其實是在還沒有開始弘法時就有了心理準備，我一向都跟人家講：「眾生本來如是。」常常有人說：「唉呀！這個人眞是惡劣……。」我都會勸他說：「眾生本來如是，想求眾生不對你忘恩負義是不可能的，所以你不必煩惱。」大家聽我說了以後就接受了！就不再惱怒了。有時看著，覺得似乎很過份，但心裡面想起來：「蕭老師講過：『這個世界的五濁眾生本來就是這樣啊！』」就好像有預防針先打在心中，那麼在家菩薩修菩薩行，就容易多了。諸位要有這個心理準備，有了這樣的免疫力，就不會在弘法的過程當中難忍於眾生的惡劣，就不會退轉。在家菩薩修道是很艱難的，如果我哪一天有因緣穿起僧服來，大概就沒有人會罵了，但是這種機會不大，因爲我很早就發願將來要世世單身弘法了；只是未離胎昧，不知下一世能否記得這個願；我在一九九〇年破參後，世尊召見說明了上一世和此世的因緣；召見之後，我從清晨四點半禮佛到八點，禮完了就發願世世單身當童子，原則上不會再披僧服了！我雖然很喜歡僧服，但是爲了法的進修，得要在這個階段讓愚痴人辱罵，這樣子容易修除貪瞋習氣種子，也不會再度到聲聞種性的人；雖然會很辛苦，但是道業進修也會很快，這也是應該讓諸位知道的。所以在家菩薩弘法不但要善知世事，還要爲眾生作給使，這個很不容易，卻是我們所應該要做的事。接下來 佛說：

【「善男子！菩薩摩訶薩為利他故，先學外典，然後分別十二部經；衆生若聞十二部經，乃於外典生於厭賤。復為衆生說煩惱過、煩惱解脫；歎善友德，訶惡友過；讚施功德，毀慳過失。菩薩常寂，讚寂功德；常修法行，讚法行德。若能如是，是名兼利。」】

講記 如果當菩薩摩訶薩時，只是自己進修，倒也沒關係，只需深入經藏一直學習就好了！但是如果想要廣利眾生，你還得要先學外典；你如果想要弘法的話，先學外典是很有用的。關於外典，其實我也學很多；我這個人很雜學，什麼都很喜歡學，就是只有學校的功課我不喜歡。你們大概想像不到我學過什麼東西：鶴拳、山東譚腿、七節鞭、做中藥藥丸、學針灸、學氣功。練氣就是修練氣功，也有修內丹的，就是外丹沒學；崑崙派、太乙仙宗的修法也稍微瞭解一些，洞玄術、黃帝玉女經、參同契、科學氣功、猴拳氣功、因是子靜坐法、音樂、神學、……等。但是後來發覺那都不是我眞正想要的。來到台北以後，也去一個很有名的氣功道場學習、修練；至於基督教的新約、荒漠甘泉、標竿，也自己閱讀但丁神曲；文學方面則讀大仲馬、小仲馬的著作，也讀過紅字、茵夢湖那一些東西，包括較爲現代的冰點、天地一沙鷗、古代的十三妹—兒女英雄傳、封神榜、鏡花緣、木皮散客鼓詞……等，紅樓夢還讀了三遍，有點兒考紅的味道；金石我也學，刻印章也是無師自通，可能還有幾顆作品仍在。以前也會彈一些吉他，現在也都忘光了！所以我學的很雜，那你們學口琴，會吹就算不錯啦！但我當年學的是三度、五度、八度合音一個人吹；這些東西我都搞過，畫廣告畫我也畫過，我也設計過東西，也被人家用過，但是那些都是世間法兼外道法。就如早期的一貫道也有傳授九節佛風！或叫九節佛功！你們大概連聽都沒有聽過；但是這些東西學過之後，後來都會發覺不是究竟法，所以全部都丟棄啦！後來找到我眞正要的佛法，一頭栽進去就不再換了；以前總是一直換，總是覺得無法滿足，所以一直換。但是學了那些世間法、外道法以後有沒有用呢？有！今天誰想跟我說古錢，我也可以跟他略談一下。

這些都可以做爲接引眾生的方便，所以有人講到練氣，我也可以和他講一點：你是那一宗、那一派？是外丹還是內丹？對這些世間法與外道法有所瞭解，就可以爲對方說明：這個法的落處在哪裡？它是屬於什麼層次的境界？如果有一貫道的人來，不管是講師或是點傳人、前人，他們之中自稱開悟的人很多，但是沒有人來找過我；他們的落處在哪裡？你讀過或聽過他們的說法，就知道落處了！並且連他們早期的九節佛風你都知道，那他們跟你就不敢誇口暢談囉！很可能你問到九節佛風時，他也沒聽過；所以外典的瞭解都有用處，不必學得精，你都略通就可以，然後以佛法三乘菩提的貫通智慧，你就可以用三乘菩提跟他們談論外道法的三界定位，往往能度外道入佛法中；因此緣故說菩薩爲利益別人時，要先學外典。如果只是自利，儘管深入經藏一部一部去修就好，不必理會外典；但你如果想要利益別人，當然得要能夠宣說十二部經啦！可是當你宣說十二部經時，突然間冒出個外道來挑戰，那你怎麼辦？你說：「**對不起，這個我不懂。**」那你沒有辦法折服他，就度不了他，原有的學人對你信心也會下降。所以你如果先學外典，知道外道的落處在哪裡，然後來說十二部經，就沒有人可以對你挑戰；除了一個人：上地的菩薩。除此以外沒有人可以挑戰你，所有外道不能挑戰你；因此當你學習了外典之後，知道外道的落處，然後你爲眾生說十二部經，眾生聽你講了十二部經，你在十二部經裡面穿插一些外道的東西來加以說明，眾生聽了：「原來外道是這樣子，都不究竟。」這樣一來，眾生就信受你所說的十二部經了，對外道的典籍就升起了厭惡之心，就輕賤外道法了嘛！所以先學外典還是蠻重要的啊！

譬如佛門中的外道法——西藏密宗——如果我們不是全面的了知西藏密宗的秘密內涵，你能破斥他的外道本質嗎？你光是用雙身法破他，那是沒有大作用的；大陸有好多喇嘛說：「蕭平實只用雙身法就在破我們，這個沒道理。」但是後來有人告訴他們：「不！他破的不只是雙身法，雙身法只是其中一小部分而已；還有你們的中觀、遷識法……等等等等，都被破斥辨正出來了。」所以那些喇嘛現在都只好閉嘴不談密宗的法義了，只是顧左右而言他：「密宗的法義不是他講的那樣啦！」但是都不敢寫文章公開辨正了！所以外道的法義，你如果不想弘法就不需要知道，如果想弘法利益眾生，你還得要瞭解一些，然後為眾生說明；在宣說十二部經時為眾生做比對，眾生就可以瞭解外道法的意涵，以及他們在三界中的層次高低。所以現在西藏密宗在台灣已經開始走上窮途末路了，甚至大陸的喇嘛們也緊張得不得了，一天到晚在網站論壇上謾罵，誣罵蕭平實是邪魔外道。爲什麼他們要罵得那麼難聽、那麼嚴重？表示他們有危機感了，覺得自己快要被有智學人遺棄了，緊張起來就開始口不擇言了！當你能爲眾生說明外道典籍的法義和落處，乃至外道們對自己的經典所不知道的地方，你也能幫他們講出來，外道們就不得不信受你，就可以度他們回歸正道了！

譬如西藏密宗說：要爲人傳授密灌的上師必須具有一個法證量，就是可以在行淫射精之後再吸回去。宗喀巴在他的《密宗道次第廣論》中也是這樣說的，所以他仍然是雙身法的鼎力支持者。但是這裡面有一個迷思，自古以來都沒有人知道，包括歷代和現在的達賴喇嘛。現在我們把它寫在書裡面：**吸回去時其實只是吸回膀胱之中，不是回到原來的處所，所以失精的人假藉吸回而說是沒有犯金剛戒，那是不能成立的；因爲他們稍後撒尿時還是撒掉了，回吸到膀胱去有什麼用？**依照他們的說法，這仍然算是失精，所以還是犯了金剛戒的，還是得下去他們自設的金剛地獄。其實這功夫要練不難，如果我想要練它，不必超過一年就可以練成，因爲我知道那個原理與方法，這東西在三百年前我就搞過了，那時早已私下破斥過了，有什麼稀奇的？當你練成以後，一定會發覺這根本就是騙人的把戲：吸入膀胱以後尿急了還是撒掉了。所以這是一種迷思，連他們藏密的活佛、喇嘛們都不知道的，因爲他們根本沒有練成這個功夫嘛！那又怎麼會知道這是個迷思呢？但是我想起往世的修練成果時，隨即了知這只是無知者所墮的迷思。所以今天不管哪個喇嘛來，我先不跟他談這個，先談般若、中觀、種智等法；等到無法可說了，他們只好談到雙身法的回收功夫：「**我有這個功夫。**」我說：「**你這個功夫根本沒有用，因爲你是吸入膀胱去的，等一下撒尿時還是全部漏失掉了。**」這時他們只有閉嘴的份兒，沒有回嘴的餘地，因爲這是事實。

這就是說，當你有種智，也精通外道法時，外道們都沒辦法跟你論法的；你還可以把外道們對自己的法義仍不瞭解的部分，都講出來、寫出來，他們都無法駁斥你，雖然心中痛苦不堪，也只好接受；善根夠的人就會開始轉變而回歸正法，眾生就有福了！所以現在有些藏密修行人開始在轉變了，當他們讀到《狂密與眞密》以後會說：「**好里加在！**（台灣俗諺）還好沒有被騙到最後階段。」特別是女眾，要特別注意！因爲修到最後階段時一定是人財兩失的；萬一得了性病回家，就更倒楣了！所以你如果眞的想要利益眾生，外道的典籍還是得要學一些；但不是要你去跟外道學，因爲你的般若別相智還沒有生起時，很有可能會被能言善道的外道講師轉了去；沒有種智時，無法降伏外道的。本來想要利益眾生而去學外道典籍，反而被外道轉了，那不是很愚痴嗎？但是有種智的菩薩只要把外道典籍一翻出來讀，就立即知道那是什麼法了！

我在十幾年前還沒有悟入般若時，就先訂了一套《大正藏》，我從第一冊大略的翻到三十幾冊；當我翻到二十幾冊的密教部時，一看就知道那都是雙身法；雖然它寫得很隱晦，但我光看到經名，就知道那是雙身法了。所以十幾年前讀到一位法師寫的一本講戒律的書，他說西藏密宗也可以藉淫慾度人成佛，我就在旁邊加上註記：「被外道騙了。」那個筆記現在都還在，但我那時還沒破參，只是憑往世熏習的種子流注就直接認定是外道法了。這意思就是說，你如果要修學外道典籍，別去跟外道學，你買來自己讀就好了。如果自己讀不懂，就表示你還沒有這個資格去讀，乾脆就好好自修佛法；等到以後外道典籍可以自己讀懂，並且外道對自己典籍所不懂的地方，你也可以懂得，能幫他們講出來，這時你才有資格去廣讀；否則你去跟外道學，可能會被轉退。對於藏密的很多法義，連多數的活佛都還不知道藏密中的種種法時，卻看到《狂密與眞密》書中說出他們仍不知道的秘密時，就顯示他們那些活佛比我這個非活佛更沒有資格讀密藏。當你讀了外道典籍就知道其中的道理，那麼你就可以把它引入十二部經的解說時作一個比對，聽者就可以了知外道的本質，再也不會被轉入外道法中了，他們也都會對外道典籍生起厭賤的心。

這時你再爲眾生宣說種種煩惱的過失，以及斷煩惱以後所得到的解脫境界；煩惱就是講煩惱障所應斷的見惑與思惑兩種煩惱，也是講無始無明所應斷的種種的上煩惱，這些都是煩惱；想要眾生斷這些煩惱以前，得要先告訴他們煩惱的種種過失：譬如見、思惑煩惱的過失。還要告訴眾生：斷除見惑、思惑以後可以得到三界生死苦的解脫。如果見、思惑不斷除，就會有淪墮三惡道的可能。然後進一步告訴他們佛菩提的妙道：如果能證悟、能證得實相，並且把上煩惱一分一分的斷除，將來就可以得到見思惑煩惱的解脫，以及進斷上煩惱而得佛地的解脫。如果不能斷除無始無明的上煩惱，就不能成佛。說清楚了，他們就能瞭解三乘菩提所斷煩惱的結果有什麼異同？聽完了，就對整個佛法的體系有了正確的概念了。

我們常常接到大陸的教授們寫信來，他們歡喜的是因爲以前學佛十幾年，總是對佛法的內涵模糊籠統，仍然是和學人一樣在摸索著；現在讀了我們的書，精進的讀了一年，整個佛法體系輪廓都已經清楚了，就知道從哪裡下手求見道，見道以後該怎麼前進，都很清楚分明，所以他們很歡喜。同樣的道理，你要先讓眾生瞭解：見、思惑有什麼煩惱過失，斷見、思惑有什麼解脫果報？無始無明的塵沙惑有什麼過失？這些塵沙惑——上煩惱——斷除以後會有什麼樣的解脫功德？都應該讓他們知道，他們瞭解以後就會歡喜信受，才會跟著學了義正法。這樣一來，他們得利，你也得利；因爲他們得度了，而你也成就了檀波羅蜜。佛法中最難成就的是檀波羅蜜，布施還是比較容易修的，只要有錢而肯施捨，就容易做；但是法布施而且有波羅蜜，這就不容易做了，因爲必須先要有實證的內涵啊！所以很困難。但是你如果到這個地步時，就可以縱橫無礙；不管什麼外道來了都可以應付，衆生將會因你而得到正法的利益，你的法施檀波羅蜜也成就了！所以是自他俱皆得利。

接下來就要歎善友之德了，善友有何功德於衆生身上而要讚歎呢？這是因爲你出來弘法時，一定需要很多的善友；你一個人做不了多少事，總得要有很多善友來幫助你做。這些善友應當要讚歎，因爲他們有很多的功德利益了衆生；但是對惡友也應該訶責，應該告訴大衆：惡友有許多過失。要一一爲大衆說明，讓大衆懂得遠離惡友；如果大衆能遠離惡友，就不會被惡友的邪見所誤導，也可以免掉大衆追隨惡友而共同謗法的惡業，所以惡友的過失確實應該訶責。我們也想要直接向惡友們說出他們的過失，但是人家不肯與我們面談，那我們就寫書跟他談；也許這惡友走出家門時，正好有人把我們的書籍送給他；他一定會說我不要，可是卻好奇的另外去找一本回家讀讀看，那我的訶責也可以成就了。這個訶責，你們別小看它，當惡友現在被訶責時，就算心裡面服氣，嘴上也是不會服氣的；但是時間漸漸的經過，時事變遷了以後，他自然會重新探討，未來年老之時懂得平心靜氣的檢討與懺悔，能見好相，謗法之罪就消失了！謗法之罪很重，要每天禮拜千佛，用千佛名經拜懺，一直到見好相，謗法的戒罪才能消滅，因爲這是最重的罪，屬於菩薩十重罪之一，特別是毀謗眞正的如來藏而謗說不是如來藏，謗爲生滅法，所以得要見好相時戒罪才滅，不然只有下地獄一條路。

有的人說：「沒有關係！我往生去極樂世界就沒事了。」但是我告訴你：「去不成。」因爲《觀無量壽佛經》講過了：誹謗方廣、誹謗三寶的人，極樂世界不攝受這種人的。殺父、殺母都讓你往生過去，但是只要誹謗到方廣經典，就不接受往生極樂。偏偏方廣經典講的是菩薩藏，而菩薩藏講的正是阿賴耶、異熟、無垢識妙義。所以謗了眞正如來藏的阿賴耶識心體是生滅法以後，就不能去極樂世界了，就只剩下懺悔滅罪或者下墮地獄一途了。下地獄當然不好，那就只有每天禮拜千佛求見好相了。見好相以後，雖說已經滅掉戒罪了，但是未來世中還有餘報：愚痴。因爲謗法之業會障礙自己智慧的顯發，未來世就算是遇到了善知識幫助而悟入了，智慧仍然不容易生起來，都是因為此世這個惡業的餘習所致，所以未來世的餘報就是愚痴報。惡友常常會誤導眾生違犯這種重罪，由此可知惡友的過失，所以應該訶責惡友。

接著要讚歎大眾布施的功德，還要毀破眾生慳貪的過失。讚歎布施的功德，毀破慳貪的過失，由我來講最適合了！如果由師父們來講，他們心中會想：「我這樣讚歎布施，眾生會不會以為我希望大家來供養我？」我來講就不會有這種心情，因為我不受供養。我常常說：你們要供養三寶。但是我不受布施，所以我可以大力讚歎布施功德，心中不會有壓力。而且，眾生布施了，未來的福德與眼前的功德是眾生自己得的，與我都無相關；既然我不接受布施，大力讚歎布施就沒有心理上的壓力，也可以大力破斥慳貪的過失。有慳貪心，就不是菩薩種姓了！《菩薩優婆塞戒經》也不斷的講布施，而且菩薩六度的第一度就是布施，這一關修不成，後面的持戒、忍辱、精進、般若更是甭提了！因為這六度是息息相關的。大乘法不同二乘法，只要過去世有跟　佛結了緣，縱然都沒有布施，未來無量世以後遇見了　佛，照樣可以出家而證二乘解脫果；大乘法就不然，所以《法華經》中五千位退席的聲聞人都沒有辦法悟，也有許多大阿羅漢們無法悟入般若，都是因爲他們沒有福德嘛！福德不夠都是因爲往世有慳心，也就是一毛不拔；拔九牛之一毫以利天下而不爲焉，這就是慳。菩薩故慳是十重罪之一，《梵網戒、地持經》的戒本都這樣設戒。故慳就是故意不布施，只要對方不是外道，你就得隨分布施，縱使他們弘揚的禪、解脫都是誤會了，但至少仍然是表相上的正法，遇到他們求施時，總得要布施個一百塊、五十塊，不然你就犯了故慳之罪。但因爲種福田時還是得要有揀擇，這在後面經文中 佛會說到如何揀擇福田，所以不必大力布施給落在常見外道法中的道場，特別是完全不想改變常見外道見的道場。這裡說：故慳是菩薩所必須修除的第一個過失。因爲菩薩道是要先從布施著手的，如果除不掉慳心，布施這一度就無法完成，檀波羅蜜也就不成就；接下來的持戒一度就會持得彆彆扭扭的，想要精進修行可就困難了！連布施而棄捨慳貪都不能精進了，想要精進修行也就難了，所以接下來精進、禪定、般若都不好修了。因此菩薩爲眾生說法時還得要「讚施功德、毀慳過失」。

菩薩在利樂眾生時，也是常常住於寂滅境界之中。眞正的菩薩不會每天到處跑，除非某一段時間他有什麼事情，否則他會常常躲在家裡不出門，這是正常事。如果出來弘法的人，一休息就想到處去觀光、遊玩，這一定不是眞正的菩薩。因爲菩薩對這些都沒有興趣，所以有時連續四天的假期，我在電腦前面坐下去，結果四天連樓下那個大門都沒有邁出去一步，整整四天就這樣用在電腦寫書上面，因爲我對世間法沒有興趣了，但是法樂無窮，就不必到處去觀光、遊玩了。菩薩總是這樣，本身的心境常常是住在寂滅的境界中。

菩薩也要爲眾生讚歎寂滅境界的功德，因爲寂滅是一切菩薩所應當安住的處所，既然轉依了如來藏的眞如性，而眞如性是無所緣的，那還要攀緣世間境界作什麼？緣來緣去其實都只是自己的五塵境界嘛！譬如去美國玩，也是玩自己的五塵，都是在自己的內相分中；其實並沒有眞的看到美國的大峽谷景色或金山大橋，你所看到的都只是自己的內相分。這麼一轉念，何必遠涉異國呢？不如好好來用功，增進道業，那不是更好嗎？這樣一來，就會安住於自己內心的寂靜境界了。

還要「常修法行，讚歎法行之功德」。寂滅是讓自己可以和解脫相應，但是菩薩不能光只有寂滅境界而不與種智相應啊！你想要成佛，得要修學一切種智。想要修學一切種智，就得要常修法行；因此自己常修法行，也為眾生讚歎法行的大功德。這樣一來自己也可以繼續在弘法上精進，也可以讓隨學的大眾在法行上用功，這就是菩薩自利而且利他的正行。由此可知，菩薩摩訶薩想要自利利他，得要先學外典，然後為眾生分別十二部經；為眾生說煩惱的過失，解說解脫的功德，也要讚歎善友、訶責惡友，讚歎布施的功德，毀破慳貪的過失，然後自己長住於寂滅境界，還要起心動念來為眾生說法、讚歎法行，所以菩薩是住於寂滅但不執著寂滅，所以在心境寂滅當中還要同時利樂眾生。即使為眾生而很忙，但是心中卻常常是寂靜的。所以「釋迦牟尼」名號翻譯為中文就是能仁寂靜，這就是「釋迦牟尼」的眞義。接下來說：

【「在家菩薩先自調伏，若不調伏則不出家。在家菩薩能多度人，出家菩薩則不如是，何以故？若無在家，則無三乘出家之人。三乘出家，

修道、持戒、誦經、坐禪，皆由在家而爲莊嚴。善男子！有道、有道莊嚴；道者所謂法行，道莊嚴者所謂在家。出家菩薩、爲在家者修行於道，在家之人、爲出家者而作法行。在家之人多修二法：一者受、二者施。出家之人亦修二法：一者誦、二者教。善男子！菩薩摩訶薩兼有四法——受、施、誦、教，如是名爲自利利他。】

講記 佛說在家菩薩想要調伏別人之前，要先調伏自己，等到自己能夠調伏了以後才去出家。如果還沒有自己先調伏了，就出家去當別人的師父而想要調伏別人，那就麻煩了。這是 佛對出家菩薩的要求，也是一個理想，能不能做到？都要看因緣與環境，但是我們至少要把這個理想放在眼前， 佛希望佛教界應該如此：先當在家菩薩而把自己調伏了以後，再出家去當別人的師父。如果大家都先調伏了自己再去出家，僧團就可以和合安居，也可以眞正的指導四眾徒弟修行。現在這個要求幾乎要成爲夢想了，在目前的大陸或臺灣，有哪一個道場中沒有分派系的？都是分成好幾派、好幾系，私下裡互相鬥來鬥去，沒有遵照 佛這個開示來做，這都是因爲沒有先調伏就去出家了。

有很多人是爲了正法，也厭倦了世間法，所以去出家；但是有些人是很年輕就出家了——學校一畢業就出家——目的只是爲了穿起僧伽梨以後成爲僧寶一分子，憧憬僧寶的身分，希望受人尊敬，而不是憧憬證道的內涵，這種人都是沒有先自調伏的人，是執著僧寶身分而出家的，不是眞的爲法而出家。如果先在社會上打滾一段時間，學好社會學以後才爲法出家，大致上出家以後較少是非，因爲世面見多了就懂得做人的道理；剛從學校畢業就去出家，沒有學過社會上待人處事的道理，就比較會與僧團中其他人起紛諍。這也需要有上師、軌範師來加以軌範，也要他願意受規範，然後才能漸漸調伏。

在家菩薩有個好處，就是可以多度人，爲什麼能多度人？因爲他的接觸面廣泛，而且多世、多劫以在家之身所結識的眷屬、親朋好友也很多，因此他度人容易，出家菩薩較不容易。但是現在臺灣的情形是有一點顚倒，因爲台灣現在的佛教跟以前 佛的年代不一樣，現在台灣的佛教是搞宣傳、搞活動弄出大名聲的；我們算是異類，從來不做宣傳、造勢的活動，也不自我標榜，只是把法呈現出來；甚至於以前有電視節目想要採訪，我們也婉拒了；因爲我們不想曝光，我們認爲所要做的事是弘法而不是宣傳，有緣的人自然會來，無緣的人宣傳了也沒有用，不需要！而我們不想搞大道場，只是希望把正法命脈延續，讓有緣的人可以繼續接觸、修學，所以不需造勢吸引大量的人來學，所以我們算是異類。現在台灣佛教的大道場，也有一些是透過廣告公司的設計，包括 1080 及整個行銷的內涵與過程。有個大道場當初還是請聯廣的葉總經理設計的，所以是靠宣傳搞出來的，才能吸引很多人過去，這並不如法。

依照 佛的意旨，應該是在家菩薩能度多人，出家菩薩能度的人比較少；因爲出家菩薩他不去外面主動接觸人群，在家菩薩可以主動接觸人群，所以能度的人應該是比較多的；現在則是出家凡夫僧藉在家凡夫菩薩們的關係，拉更多的人去親近他們。那麼 佛說出家菩薩爲什麼不能度很多人而在家能呢？ 佛說：「**如果沒有在家的人，就不可能有三乘出家的人。**」因爲三乘法中的出家人也是由在家的人去出家的，若沒有在家人支持，哪兒會有出家人呢？所以說在家菩薩是出家菩薩的基礎，在家信徒是佛教的基礎，經由這個基礎來建立出家僧團。接著 佛開示說：三乘法中出家的菩薩們，他們主要的任務是修道、持戒、誦經、坐禪；可是，不事生產而只是修道、持戒、誦經、坐禪，如何能維持色身的存活來繼續修道、誦經、坐禪呢？所以要由在家菩薩們來做莊嚴：把伽藍建設起來，供給道糧等四事，護持出家菩薩們修道乃至坐禪。所以出家人是全缺應供，都由在家人來護持。

佛開示說：「有道和道莊嚴兩種，道就是法行……」，法行就是佛法三乘菩提的修證，就是道，就是法行，說是證道的修行過程。而道莊嚴講的是在家人護持出家菩薩的修行，以及出家人法行所需的種種事務。但是出家菩薩接受護持之後，應該「為在家菩薩們修道」，不是為自己修道。換句話說，出家人必須要努力精進修道，勤求證悟二乘菩提或大乘菩提，要為在家人修道；因為接受供養以後，要以佛法來回報在家人的努力護持，所以出家人的任務是為在家人修道，要勤求證悟而以法的教導、以幫助在家人親證菩提的事情來回報在家人。在家人則是要為出家人而做法行，要護持出家人修行。佛在這裡提示了兩個重點：第一、出家人要為在家菩薩們修道，因為人家護持你，你得要有法回報他們，要讓眾生可以得到法益！但是在家人不可上了寺院時只要求出家人傳授佛法而不護持出家人修道所需的四事供養。出家人一定要靠在家菩薩們護持，不然寺院要怎麼維持？所以在家人要護持出家人而做法行，他們修行之所需，你都應該要護持；但是出家人卻得要為在家人努力修道，證道之後把正法傳給在家菩薩們。在這兩個前提下而引申出來：在家人主要是修兩個法：受和施。受就是接受出家菩薩的開示，施就是布施四事財物的供養。出家人也要修兩個法：一者誦，二者教。誦經是不可廢棄的，藉著誦經來提醒自己修道與求悟；但是也要教導眾生，這也不能停止，這是一般的在家、出家菩薩。

但是如果當了菩薩摩訶薩就不一樣了，要兼有四法：受、施、誦、教。可是菩薩摩訶薩眞不好幹。我上週看到有個法師在有線電視台上批評白衣說法，意有不平的罵將開來。他的說法也沒有錯，因為現在眞的是到處白衣說法啊！但他是指現代禪！可是我說：「**何止現代禪？你到四大山頭、五大山頭去聽法，不也都是白衣說法嗎？**」佛早已講過了：**如果沒有證悟般若，就不在僧數**。意思是說不懂般若的人仍然是白衣。

達摩祖師也講的很不客氣：如果明心、見性了，雖然身穿白衣，其實是緇衣。緇衣就是黑衣。他講得很不客氣：就算剃頭著染衣，身穿黑衣了，但是如果不見道，仍然是白衣。佛也說：「如果你不見道，就不在僧數中。」請問四大、五大山頭的大法師們究竟是白衣、還是黑衣？都還是白衣啊！他們假使看到這 DVD 大概都會很生氣，但也只能氣在心裡面，不能反駁的，因爲 佛正是這麼說的！達摩祖師也是這麼說的啊！那他們該怎麼辦？要發憤圖強！不要老是因爲身穿僧衣就指責別人是白衣說法，就氣憤別人說自己是白衣。被 佛陀、達摩祖師、平實居士以經句、言語刺激了以後，氣起來了就要發憤圖強，好好爲在家者修行於道，然後把證悟的法義回饋給你座下的弟子們！將來假使眞的能這樣做，才是眞正的黑衣說法呀！所以末法時代眞的是到處有白衣說法，那位法師說得很正確。當然，那位法師講的不是我解釋的這種意思啦！（大眾聽了都笑！）

所以菩薩摩訶薩不能夠只有兩法，如果你是在家的菩薩摩訶薩，不許因爲身現在家相，就只受法和財施，不誦也不教。若是出家的菩薩摩訶薩，也不許只誦、只教而不受也不必施，因為菩薩摩訶薩跟地下菩薩是不同的，你要是當了菩薩摩訶薩，有時也要受人教導，譬如有時上地菩薩教導你，一定要接受啊！千萬不要自慢：「我修證已經夠高了，你能教我什麼？」有時 佛加持你某一法，如果自認為夠格，那你就得要修啊！除非你覺得那個法你沒有資格得到。如果有人要供養你，你推不掉了，那也沒有關係：如果明天誰拿來一百萬供養我，我也收，我會用你的名義捐到我們大溪的正覺寺去，而不是用我的名義收受，那你成就供養我的功德，我也成就了布施的功德，雙方都得利了。但是如果你堅持說：「這筆錢一定要放在你身上使用。」對不起！這就沒辦法接受了。

這就像以前有一位法師說，他在高雄市有房子要捐給正覺同修會，我向法蓮師講：「你跟他講：不要限制我們一定要供正覺同修會使用。因為這房子將來可以轉給你接收使用。」後來法蓮師有沒有這樣向那位法師講，我就不知道了！但我們總是會這樣要求，因為我們當時並沒有想要去高雄取得財產，我們一點兒都不貪。那時我們連濁水溪都不想跨過去，當時的計劃是連台中共修處都想要送給文利師呢！所以我們一點兒都不貪。但是今天正覺寺有需要了，假使哪一天有誰送上五億元來供養我，我會照收，我就用他供養我的錢財直接捐到正覺寺去，所以不可以要求說：「**我這筆錢是要供養你個人。**」那很對不起，我就不接受了。你不要限制我這筆錢要做什麼。有件事情你們都要學，當你們供養師父們的話，千萬不要隨便講話，可別說：「**師父啊！我這一萬元供養你，你早上可以吃飯糰。**」（大眾都笑！）這可糟了！他收了這筆錢，將來只能用在吃飯糰上面（大眾大笑！）所以你供養時就單純的供養，不必指定用途，否則他要吃到哪一年才能吃完這一萬元？

所以，在家身的菩薩摩訶薩如果是收受供養，再多的錢也不怕！但不是留在自己身上用，而是轉用出去，一毛錢都不留在自己身上。菩薩摩訶薩要能受、也能施，還要能誦、能教，經典能誦的就請出來誦，誦了就可以懂嘛！這是真能誦。若光是懂文字，不算是真的能誦；要懂得義理，才是真的能誦。能誦以後就能教，教導眾生親證經中的義理；如果菩薩摩訶薩兼有這四法，不但能自利，也能利益眾生。以出家菩薩而言，容許出家後只有誦與教；悟後縱使未入地，但依楞伽的說法也算是摩訶薩，就不許只有誦與教，就得兼具四法：受、施、誦、教。否則就是不如法了！至於在家菩薩，未悟之前可以容許只修受與施二法，但是悟後就不容許了；特別是已入地菩薩，絕不容許只有誦與教，得要兼具受、施、誦、教四法。

【「菩薩若欲爲衆生說法界深義，先當爲說世間之法，然後乃說甚深法界，何以故？爲易化故。菩薩摩訶薩應護一切衆生之心，若不護者，則不能調一切衆生。菩薩亦應擁護自身，若不護身，亦不能得調伏衆生。菩薩不爲貪身命財，護身命財，皆爲調伏諸衆生故。」】

講記　接著是矯枉過正的問題。佛說菩薩如果想要爲衆生宣說法界的深妙義理；法界講的就是諸法的功能差別，諸法的功能差別就是如來藏的所有法，這就是法界；但法界是很深妙的義理，單說一個明心，或者只說一個眼見佛性，外面的人就都無法懂了，就已經產生許多不解法界實義而生的爭執了！如果再要講種智，那些大法師們就更不懂了，何況是一般衆生又如何能懂呢？所以還得需要有一些比較淺的法義，譬如《邪見與佛法》、《無相念佛》來為眾生說明。可是我們有一個缺點，沒有為眾生說世間之法，凡是來到正覺同修會共修時都是只能聽到三乘菩提法義，從來不講「家庭和睦、事業順利、眷屬平安」等世間法；因為兩年半中要學很多法義，要把學人從一張白紙教到理解般若，時間總是不夠用；所以教到後來，親教師們都變成到後面時要開快車了，因為要教導的法太多了，時間都不夠用，所以我們沒有時間為眾生演說世間法；但是，如果為大家講世間法，諸位聽了也會嫌煩：「**我來這裡是要學大乘佛菩提，你講這些世間法我都不想聽。**」甚至於來到這裡時，假使我只宣講阿含部二乘菩提，恐怕有許多人都不樂意聽了，因為你們要的是佛菩提，不是想要修二乘解脫道，而是要般若智慧。

但是 佛在這裡卻說菩薩要先為眾生說世間之法，因為這是對一般初機眾生而言。諸位能來到正覺同修會，已不屬於初機眾生，因為你們都是異類。如果是初機眾生，他們不會信受正覺的妙法，剛來聽上一堂課，心想：「**這蕭老師口氣好大！**」下回不來了。「**什麼開悟很簡單？什麼見性很簡單？口氣好狂哦！**」走了！但你們不是，你們是四處道場打滾過來的，五湖四海踏遍了，有的人甚至所有大小道場，包括山頂上的小廟都去過了，就是找不到法，最後才找到這裡來，所以都算是異類。既然是這樣，那麼我們就不必演說世間法了！所以那些大師們開示說：「太太如果罵你，你要忍辱哦！……」這些我們就不講了，因爲都是世間法呀！所以來到這裡，一開始就教你做無相念佛的功夫，大家學會了，就開始講六度，不再與你講世間之法了！因爲世間法的家庭和樂、做人處事……等，你們在別的道場都聽得夠多了！六度學完了，還有講經時宣說甚深法界；甚深法界就是如來藏界，講的是：如來藏法界是怎麼回事？無餘涅槃法界又是怎麼回事？我們想要讓大家理解這個妙理。如果大家都能夠瞭解甚深法界的義理以後，學法參禪時就容易多了！針對初機學人，爲了讓他們容易度化的緣故，往往得要先說一些世間之法。可是你們在外面道場已經聽了很多世間法，聽了十幾年也聽夠了，所以來到正覺時就直接爲你們講甚深法界，要讓你們證知無餘涅槃中的無相境界，這就是演說涅槃法界啊！涅槃法界就是如來藏法界，這就是甚深法界，因爲連俱解脫的大阿羅漢都不知道無餘涅槃裡面是什麼境界，但你們來正覺就是想要證這個；所以我們做的是後半段的工作，前半段的宣說世間之法，就交給四大山頭去做吧！

菩薩摩訶薩應該要攝護一切眾生之心，除非他們不願讓你攝受、不願讓你護持，所以我們一向的立場都是**來者不拒**、**去者不追**。我不是蕭何，我是蕭平實；誰想要當韓信，就讓他走，我不會去追他回來。但是如果有人隨時想要回來，我都很歡迎，絕不會有一點點的排斥。想盡辦法強拉回來的人是沒有用處的，自己回心轉意而回來的人，將來才能有大用。所以菩薩有義務攝護一切眾生，不能對任何人加以排斥。如果不能攝護一切眾生心，又如何能夠調伏一切眾生呢？

可是攝護一切眾生之外，自己的安危也得要注意到；所以 佛指示說：菩薩也應該擁護自身，不要故入險地而造成身命喪失。所以菩薩戒中有個輕戒：不故入難處戒。明明知道進入某個是非場所中，可能會喪失生命，就無法繼續利益眾生，也無法繼續護持正法了；當正法正在危急之秋，你卻不顧自身安危，硬要強出頭去管世俗事，只是想要表現不怕死的勇氣而喪失了性命，就會耽誤了正法的事業，所以 佛說菩薩摩訶薩應該擁護自身，否則還能有色身可以用來調伏眾生嗎？

菩薩護惜身命財，都是爲了調伏眾生；菩薩固然不貪生命，不貪已有的財富，但還是要護持自己的財富，不必爲了故示清廉，就把所有的財富都丟到河裡沈掉，可以有計劃的拿來利益眾生，何必無意義的全部丟到河裡去？當年龐蘊大士把所有的財寶都丟到河裡去，然後再與女兒去砍竹來做竹篾，做些竹籃去賣，其實不正確。如果當時我見了，一定會罵他：**「你可以送到寺院去爲佛像安金，或者整修寺院，或者開粥廠來施粥利益眾生，等到黃金財寶都布施完了再去編竹篾過活。不必丟到河裡去。」**所以龐大士的行爲是超過了，不符合 佛的開示。所以菩薩固然不貪身命財，可是也得要護身命財，因爲身命財可以拿來在正法上面做很多利益眾生的事，可以拿來做弘法利生的事，也可以用來調伏諸眾生，所以雖然不貪身命財，還是得要護身命財。

【「菩薩摩訶薩先自除惡，後教人除；若不自除，能教他除，無有是處。是故菩薩先應自施、持戒、知足、勤行精進，然後化人。菩薩若

不自行法行，則不能得教化衆生。」】

講記　這一小段經文是說「言教不如身教」。既然自己出來弘法，身爲菩薩摩訶薩，應當要先自己除掉種種惡法，自己不貪、不瞋、不痴，然後教導衆生一樣除掉惡法貪瞋痴……等；如果菩薩自己不能除掉惡法而說他能教導別人除掉惡法，那是沒有這個道理的；因此 佛說菩薩出來弘法時，自己應當先如己所教：譬如教人要行布施，自己也應該修布施；教導衆生持戒，自己也應嚴持戒法；教導衆生應於五欲知足，而且能於佛法勤行精進，但是自己要能先做到，然後再來教導衆生。如果不是自己先行種種法行，正在上面說法教導衆生要施、戒、忍、進……等，難道自己不會覺得慚愧嗎？所以菩薩應當先自除惡，後教人除；先自行六度，行種種法行，然後叫人行；必須如此，才能教化衆生。如果菩薩教導衆生應當除惡，他自己卻一天到晚身口意在行諸惡，又如何能教化衆生呢？所以 佛說「若不自除，能教他除，無有是處。」

【「善男子！衆生諸根凡有三種，菩薩諸根亦復三種，謂下中上。

下根菩薩能化下根，不及中上；中根菩薩能化中下，不及上根；上根菩薩能三種化。善男子！菩薩有二種：一者在家、二者出家。出家菩薩自利利他，是不爲難；在家菩薩，修是二利，是乃爲難。何以故？在家菩薩多惡因緣所纏繞故。」〕

講記　佛開示說，眾生的根性大略說有三種，諸菩薩的根性也是一樣分爲三種：下根、中根、上根。下根菩薩能度化下根的眾生，無法度化中等根性及上等根性的眾生。如果有菩薩志在證悟，到處尋覓善知識，開口就問：「師父啊！老師啊！你能不能幫我開悟？」到處逛來逛去，絕大多數的法師都做不到，這表示雙方的根性是不一樣的。當然有少數法師說可以幫他開悟，打過禪七而被印證以後，回家讀祖師的證悟公案時照樣不通，經典依舊讀不懂；所以他又繼續找，找到這裡來以後就定下來，不再行走了。這是說他屬於上根的菩薩根性，不是中根、下根菩薩；當然那些中根、下根的法師或居士沒辦法度他。

同樣的道理，中根菩薩能化中根與下根的菩薩，但是無法度上根人。若是上根菩薩，當然是三根普度啦！所以證悟後的大心菩薩能同度三根人，所以求解脫的二乘人他也能度，乃至有人只想學表相佛法，他也可以度化。佛接著又作一個總結說：菩薩有兩種，一種是在家菩薩，一種是出家菩薩；出家菩薩如果修自利之行及利他之行，都沒有問題，但是在家菩薩就困難了；譬如諸位，如果你是自己一人學佛，家裡的配偶不願學佛，當你開悟以後想要護持正法，每週來講堂做義工；或者有人想要護持正法，要分擔如來家業，幫蕭老師的忙，出來度眾生，可是家裡配偶說：「你悟後在家裡自修就好了，為什麼還要到處去忙？」他會遮障你。如果在家裡自修，坐斷了兩條腿，他都不抱怨；但是你若想要出去度眾生，他可就常常抱怨了。若是利益自己，他會護持你；若是利他，就會遮障你、阻止你；所以在家菩薩想要自他俱利，往往不容易，都是因為有許多惡因緣所纏繞的緣故。有時往往是子女或父母來遮障，所以在家菩薩要自利又利他並不容易，除非家眷都能信受你，否則在家菩薩是不容易自他兼利的。接下來要講很重要的「布施的因果」。

〈自他莊嚴品〉第十一

【善生言：「世尊！菩薩摩訶薩具足幾法，能自他利？」「善男子！具足八法，能自他利。何等為八？一者壽命長遠、二者具上妙色、三者身具大力、四者具好種姓、五者多饒財寶、六者具男子身、七者言語辯了、八者無大眾畏。」善生言：「世尊！何因緣故菩薩得壽命長？乃至大眾不生怖畏？」】

講記　善生菩薩又為我們大家請法了。這部經所說的法義跟諸位息息相關，因為我們大家目前多是在家之身，而這一部經都是從在家的立場來請法，所以都和大家息息相關。善生菩薩問：**「世尊啊！菩薩摩訶薩要想自利也能利他，應該要具足幾法才能做得到？」**如果能自利而不能利他，想要成就佛道就會很困難、很緩慢；如果自利也能利他，就會很迅速；因為在利他之中也能自利，自己的進步一定會非常迅速，所以應該要追求自利、利他兼俱，所以善生童子為我們問了這個問題。佛開示說：應該具足八法才能自利也能利他。這樣子成佛就很快了。有哪八個法呢？佛說：

第一、壽命長遠。依現在人類的壽命大多可以活七十幾歲。除非別有因緣：佛說某個世界急著需要你，你要先趕快走，不然總是可以活上七十幾歲；如果能活八十幾、九十幾歲，就可以爲眾生做更多事。若能活久一點，就能自利也能他利，如果只活三十幾歲、四十歲就走了，當你修證即將到達最高峰時就突然走了，連自己都很難得到利益，又如何能使眾生得到利益呢？就算悟了再走，也可能只有短短數年時間利益眾生，所以就不容易利他，所以自己修集福德、成就功德的利益也就跟著小了，所以說菩薩壽命應該要長遠。

第二、要具備上妙色。上妙色有兩個意思，第一是身體強健，就算年老了也不需要別人服侍你，自己可以照料生活起居，所以至少要健康。第二種上妙色的意思是長得英俊、漂亮，眾人見了都歡喜。我們選佛像時也一樣，往往挑上好幾年才看到一尊中意的，因爲想讓大眾看到時能感受到寂靜解脫而且有大乘氣象，這就很難選了。同理，菩薩摩訶薩想要能自他兼利，能有上妙色是最好的，不必勞煩眾生每天早晚來奉侍你，而且眾生見了你也會心生歡喜；有上妙色就容易自他俱利。

第三、要身具大力。身具大力有二個層面：第一是身體強健、勇武有力。我沒有這個條件，因爲我從小就身體不好，倒是這幾年反而是好起來了！小時候是藥罐子，卻又沒錢買藥。身具大力就是身體勇猛有力。第二種大力就是威德力，威德有兩方面：第一個方面是你的福德夠廣大，因此產生了威德；譬如大戶長者不論去到那裡，沒有人敢輕視他。第二個大威德力是因爲有道德，若是在出世間法中則是因爲有大智慧，大家可以隨從你而獲得無上妙法，因爲有這種智慧所以產生了威德力。如果有錢又有智慧，那就是最好了，這也是身具大力，能自利、他利。

第四、要有好種姓。若不是國中的太子，至少也該是耕讀世家、三寶弟子。在中國，儒家認爲耕讀傳家是最好的，這也是好種姓。如果想要成佛，最少得要受生爲太子：最後身菩薩降生時，要有好種姓，意思是不可出生時就讓人家看輕了。如果是個乞丐之子或妓女之子、屠夫之子出來弘法，人家見了他往往不生欽敬之心，就難以利他了。所以在我們中國，如果不是耕讀世家，至少得要是普通而無過失的人家，這叫作好種姓，讓人有較好的觀感，才容易度眾、自他俱利。

第五、自身要多饒財寶。若是多饒財寶的大戶長者出家，眾人都會尊敬他。若是本來沒什麼財寶，但是出家之後卻多饒財寶了，就會變成是在聚斂眾生的錢財，所以我對那些大山頭各自聚斂了數十億、幾百億錢財，都不感興趣，因爲他們都從別人手裡取得的，自己本來就沒什麼錢財，卻過佛教王國中的尊貴生活。在家菩薩卻是憑自己應有的世間果報而多饒財寶，靠自己的積蓄來生活而不需要別人供養，這樣出來弘揚佛法，甚至於有能力拿錢出來護持正法，這樣就能自利、他利。

第六、要具男子身。男子身的意思並不是從色身來看是男子身或女人身，所以女眾們也不要妄自菲薄。男子身講的是行事風格有丈夫氣概，不小家子器，不扭扭捏捏的，這就是男子身。假使身爲男人，心中卻是小鼻子、小眼睛的，器量很小，那叫作男人女人；如果身爲女人，但是做事時有丈夫氣概，則是女人男人。所以男子身是依心性而定位，不是在身量上面定位的。

第七、要言語辯了。對某一個法、某一觀念，能很清晰而有次第的由淺到深、由狹到廣，爲人詳細說明；有這種口才就是言語辯了的人。

到這裡，看到菩薩摩訶薩想要自他俱利所應有的這七個條件，還眞的不容易具足呢！想要當親教師的人，可以從這幾方面來衡量自己。想當菩薩摩訶薩，可得要先從這裡來衡量，看自己能有幾種？

第八種是「無大眾畏」。無大眾畏要有兩個條件才算數：第一要有福德，第二要能於法無礙，就無大眾畏。就是說，除了有前面這七種來支持你，使你處於大眾之中而無畏懼，還得要能隨時上台就說法，於大眾中得無所畏。但這牽涉到前面七個條件以外，還牽涉到法無礙、義無礙、詞無礙，以及大福德，也就是往世累劫修行以來所累積的福德夠不夠廣大？如果累積的福德很大，莫說一般人，就算諸天天主來了，也得要服你，因爲你福德大。若是你福德很廣大，捨報以後一定可以取代他而成爲天主，所以連天主都要畏懼於你。他心裡面恐懼：「這位菩薩將來會不會突然起貪心，想要當天主？我這個天主的寶座就不保了。」因爲諸天天主寶座都是由福德的大小去決定的，不是在智慧上決定的。你如果有累劫修來的福德，每一世又都勤儉的過日子，從來不浪費，福德就越積越多。每一世都不斷加修福德而不受福報，這是成佛所需的福德；假使受福報了，福德就越來越少，就不可能成佛了。所以修福以後不要往生天上去享福，也不要想未來世可得到多少回報；到了來世時，只要賺取生活所需的錢財就行了，剩下的大福德都留到未來世不斷積聚成長，越來越增長而具足成佛所須有的大福德，從來都不過份的享受，使你的福德越來越大，以這樣的大福德之身，你到了諸天天主面前也無所畏懼啊！因爲你隨時都可以取代他，所以得無所畏。

處眾無畏的第二個條件是於法無礙。不論三乘菩提的法義，你都能爲他們開示，甚至二乘菩提的妙義中，有許多他們所不知道的細微奧妙之處，你也能爲他們宣說；這樣一來，你就有了法上的大威德，就可以處於大眾而無所畏。這八個條件具足了，就能自利而且他利。所以想要利他也利自己，眞的很不容易。這個八個條件越具足越圓滿，利他的層面就越深入、越廣泛，所以菩薩摩訶薩要盡量具足這八點；如果不具足這八點，又想當大菩薩，那就得想辦法努力去修啊！要努力的一分一分修集起來。可是這八種條件要如何修集成功呢？善生童子就爲我們請問：「是什麼緣故，菩薩可以得到壽命長遠而不短命夭壽？菩薩如何可以得上妙色？身具大力，……乃至最後於大眾中不生恐怖畏懼？」他爲我們請問了。要能夠自利他利，才可能迅速成佛；可是自利他利得要有這八個條件，並不容易具足，那該怎麼修呢？佛就告訴我們能夠成就「自他莊嚴」的布施因果，就可以成就這八法具足，可以迅速成佛。這八法是怎麼修成的？主要都是在布施行上面成就的，但是想要修布施之前，應該先了知布施的因和果。

【佛言：「善男子！菩薩摩訶薩無量世中慈心不殺，以是因緣獲得長壽。無量世中常施衣燈，以是因緣獲得上色。無量世中常壞憍慢，以是因緣生上種姓。無量世中常施飲食，以是因緣身力具足。無量世中常樂說法，以是因緣多饒財寶。無量世中訶責女身，以是因緣得男子身。無量世中至心持戒，以是因緣言語辯了。無量世中供養三寶，以是因緣無大眾畏。」】

講記 佛開示說：善男子！你想要得壽命長遠嗎？你每一世都要修集慈心。慈就是愛護眾生，給予眾生快樂；悲則是拔除眾生的痛苦，不是給與快樂，所以慈與悲是不同的：慈能與樂，悲能拔苦。意思是說要常常幫助眾生離開痛苦，還要讓眾生獲得快樂，就是慈悲。眾生最快樂的就是可以不死，如果有兩種好處讓你選擇其中的一種：一是不死，二是天下財寶都給你，但是二、三十年後還是得要死，那你會選哪一樣？（大眾答：選不死。）當然選不死嘛！廣大財寶可以不要，只需要生活所需足夠就行了，還是想要求長生不死的。眾生都是愛惜生命的，你若能夠永遠慈心不殺，因爲有慈心，由此因緣就可以獲得長壽之身，因爲這是無畏施。布施有三種：財施、法施、無畏施，慈心不殺而施與眾生無畏，若能生生世世都不殺害眾生，就可以世世獲得長壽身了。還有一個方法，就是勸導眾生都不殺生。出家人假使想要達到這一點，最好不要當住持；若是當了住持就難以避免殺生了，有時常住大眾說這裡有許多螞蟻，這一鏟子下去會死掉很多，那該怎麼辦？還是得要下令鏟除，自己挑了這個業，下輩子就要損減一些壽命。不過菩薩爲了成就弘法大業，也就無所謂了，全以弘法大業爲重。這也是說：在事相上得要自己衡量。若能施與眾生無畏，果報就是長壽。

過去無量世常常布施衣服給眾生，布施照明的燈給眾生，就可以獲得上妙色。古時的鄉下——在我小時候都還有——常常有人每天晚上點了煤油燈掛在路邊爲人照明，以免跌倒。以前鄉下還有很多人每天燒一大茶壺的茶水放在路邊，架子上寫著「奉茶」，是同樣的意思。菩薩同樣的在無量世中常常布施衣服、燈明，由於這個因緣而在後世獲得上妙色身，色身有力或是聰明。大概我過去世這方面做得不夠吧！所以身體不健壯；因爲我都偏重在法施上面，在世間法上的布施不太努力。爲什麼無量世常施衣燈就可以得到上色而長得很莊嚴？因爲莊嚴了眾生，就會在來世莊嚴了自己。又爲人家照明，當然不會眼睛污濁，所以就有上妙色了，這就是財施兼無畏施所得的果報。

若在無量世中常常敗壞自己的憍慢心，因此心中常常誠懇而無慢心，以這樣的因緣就可以出生在上品種姓之家，這也是我們大家都應該做的事。如果能夠常壞憍慢，下輩子如果照樣生在中國，至少可以出生在耕讀爲生的家庭中，不會辱沒將來出來弘法的菩薩摩訶薩種姓，這就是壞憍慢的因果。若是在無量世中常常布施飲食給眾生，由於這個因緣，世世的色身就能勇武有力，因為你布施飲食給眾生以後，眾生有了力氣，你的果報就是未來世身體有力氣、很健康。這就是我過去世很少做的事，很少施食，所以我這一世身體不太好。針對這一點，路上如果遇到有狗一直想要跟我，我就招呼牠到便利商店，買肉包子請牠，買茶葉蛋請牠；可是後來那狗繼續跟著我走，卻不要吃我給牠的食物，原來牠要跟我回家，不是為了吃東西，牠想要我收養，我說：「**對不起啦！我受菩薩戒，不能收養你。**」後來牠每一天都要跟我回家，我不能收養牠，牠就走掉了，不曉得到哪裡去了！那一條狗洗一洗，其實會是一條漂亮的狗，可是沒有因緣成為眷屬，只好作罷！這個施食的果報就是來世身力具足。

如果在無量世中常樂說法，由此緣故就可以多饒財寶。我倒是在這上面世世都做了，倒也有一些成績，所以四十幾歲就退休，不想再賺錢了，而且生活也還勉強過得去。這是因為法布施的功德無上、福德無上，所以我這一世勤勤儉儉過日子，都不必誰來供養我，還可以有錢拿出來護持正法，這就是因為無量世以來常樂說法的緣故。記得常常有人問我：「人家只問你一個法，你爲他講那麼多幹什麼？」我的習性已經養成了，只要是請法，把話題一開就沒完沒了，我永遠都不會吝法。這習慣還眞難改，也不想改，所以有時你問一個法，我就把與這個法有關的七、八個法都告訴你，這就是常樂說法。常樂說法的果報就是世世資財不虞匱乏，多饒財寶。

接著說菩薩從無量世以來總是訶責女身，這是因爲有出世間智；諸佛都說要成佛者應當轉爲男身，然後成佛，所以教導我們無量世以來要訶責女身，訶責女身的果報就得到男子身。當你訶責女身就一定會得到男身，其中的因果是很容易懂的；譬如捨報了到了中陰身，即將去入胎時，你想：「我下輩子可不要再當女人了。」所以在未來世父母交合時，就不會貪戀來世的父親了，只是等著時節因緣完成，當他們完事了你就直接入胎，下一世就成爲男身了。要怎麼入胎呢？不在這裡公開講，也已經在《瑜伽師地論》中講解過了，所以現在不講。這就是說，因爲你訶責女身的緣故，就不會起顚倒想而愛慕未來世的父親，來世就不會成爲女身。因爲眾生入胎時總是起顚倒想，除非是過去世有悟了，或者是在解脫道上曾經斷了我見以上的人，否則入胎時都是顛倒想入胎的，所以即將投生爲女人時，見了未來世的父母交合，就喜歡父親，就幻想自己爲女人而與來世之父親共行淫事，當然來世就生爲女人了。若是於母起貪，也是同樣的道理而在來世生爲男人。如果訶責女身，那當然就不會以那個心態入胎了而再度成爲女人了。但是菩薩往往有時故意示現女身，這是因爲女人度眾生比較容易，因爲大眾對女眾比較不會有惡感，因爲女眾一般而言都比較慈悲，比較沒有大貪心而想要獲得鉅金供養，或者計算別人的錢財，眾生對她會覺得比較有安全感。若是女眾出來弘法，眾生會覺得眞像媽媽，比較容易接受，所以有時爲了度眾生，菩薩就發願示現女人相。這就是 觀世音菩薩示現爲女人相的原因。所以 觀世音菩薩最常示現的是白衣觀音，有時則是示現老母觀音。有時是先以欲鉤牽，所以示現爲馬郎婦觀音、魚籃觀音，有時則是示現竹林觀音，這些不都是女人相嗎？所以很多世俗人常常這樣稱呼祂：「啊！這是觀音媽娘！」（閩南語）把 觀世音當作自己的娘或奶奶一樣看待，這樣就容易度眾生了！所以有時菩薩會發願以女身度眾生。但是一般女人多是起顚倒想，在中陰階段對來世父親生顚倒想，所以入胎成爲女身。既然知道這個道理，訶責女身之後就不會再起顚倒想去入胎了，當然出生時就不會再成爲女人了，所以因爲訶責女身的因緣而得到男子身。

因爲在無量世中至心持戒，所以世世言語辯了，善於說話，不會辭不達意，能用很多方便善巧，把所要宣說的法講出來，讓眾生聽了就能懂，這就是言語辯了。爲什麼至心持戒的因緣就能言語辯了？是因爲說誠實語的緣故。如果至心持戒，當然不會妄語騙人，當然來世的果報就是說話讓人家很容易信受而聽懂。有的人想要說明一件事情，可是講了老半天以後別人都聽不懂，就是誑語的果報。如果能說誠實語，從來持戒不犯，就有智慧把意思清楚的表達出來。世間法如此，演說佛法時更是如此；所以許多大師講了半天的法，人家還是聽不懂，可是我們簡單的幾句話就講清楚了，大家聽了都能懂。譬如涅槃，你們看印順老法師在書中寫涅槃，大家讀來讀去總是讀不懂，他的《妙雲集：》有四十一冊，大家努力研究《妙雲集》，研究了幾十年以後懂得什麼是涅槃嗎？都不懂！而且他說涅槃是不可說、不可證的。可是我們一場演講就把它講清楚了，整理出來就是《邪見與佛法》，大家讀了就懂得涅槃的實際原來就是如來藏的自住境界，立即就懂了。連阿羅漢都不懂的涅槃實際，你明心後讀了我的書，就眞的懂了，也能現觀無餘涅槃中的境界了。爲什麼我們能這樣？都是因爲過去世至心持戒而且不妄語，所以才能言語辯了，用簡單的方式把很難懂得的無餘涅槃說清楚，眾生讀了就知道無餘涅槃了。所以至心持戒而說誠實語，都不打妄語，就能世世言語便給。假使常常打妄語，就會養成說話遮遮掩掩的習慣，所以說話時同時要想一些遮掩的話，就會把主題給岔掉了，講出來的話人家當然會聽不懂；養成習慣以後，生生世世就不能言語便給。這因果是很如實而一一連貫的，所以想要言語辯了的人，應該至心持戒而不誑語騙人。

最後的「於大眾無畏」，主要是依靠福德廣大而來的。福德廣大是從供養三寶而來的，供養諸佛、供養妙法、供養菩薩僧，是修集廣大福德的最佳方法。諸位做早、晚課以後誦三皈依，那三皈依是怎麼講的？還記得嗎？爲什麼供養三寶的福德這麼大？因爲是無上福田。佛是無上福田，妙法也是無上福田，菩薩僧也是無上福田；世間最高的大福田你都種了，來世當然福德廣大。這裡面還有因果：於三寶身上種福田，是種功德田，也是種報恩田，是世間最好的福田，怎能沒有最好的果報呢？我們又怎能不種呢？所以護持正法而成就了自己的無上福田，來世的福德一定很廣大；當你福德廣大時，不管去到何處，看起來雖然好像不是很有錢，實際上只是不去取用而已，但是福德卻是很廣大的，因此就能在大眾中得無所畏。可是三寶爲何是大福田？佛如何是大福田？究竟妙法與菩薩僧爲何會是大福田？於後面經文中將會說到，現在暫時不說它，接下來說：

【「如是八事有三因緣：一者物淨、二者心淨、三者福田淨。云何物淨？非偷盜物，非聖遮物，非眾共物，非三寶物，非施一人迴與多人，非施多人迴與一人；不惱他得，不誑他得，不欺人得，是名物淨。云何心淨？施時不爲生死善果、名稱勝他、得色力財、不斷家法、眷屬多饒，唯爲莊嚴菩提故施，爲欲調伏眾生故施，是名心淨。云何福田淨？受施之人遠離八邪，名福田淨。善男子！以如是等三因緣故八法具足。」】

講記　假使想要具足長壽、上妙色、身有大力、好種姓、多財寶、男子身、言語辯才、無大眾畏等八法，要修八行：慈心不殺、常施衣燈、常壞憍慢、常施飲食、常樂說法、訶責女身、至心持戒、供養三寶。但是這八事修行都屬於修布施行，在做布施行中的財施與法施、無畏施時，可就得要注意到三個因緣了！否則還是不能成就這八法的。佛眞慈悲，把這三個因緣也說了，也就是種福田時特別要注意到的三件事：第一、所布施的食物、財物都應該清淨。第二、布施時心中要清淨。第三、所種的福田也應該是清淨福田，而不是染污、不淨的福田。爲何不淨田也是福田？譬如有人是虛妄說法、濫膺信施，你去那邊施財、施力也算是種福田；就算是個凡夫眾生，你施與財、力，也是福田。除非他謗法、破法，如果不謗法、不破法而示現爲大師，但是從來不未悟謂悟，也不曾暗示已經開悟了，沒有犯大妄語業，最重要的是不謗正法，你在他身上或道場中種了福田，但他心裡面貪著你的供養，所以是不淨福田；雖然他的心中不清淨，但你布施時仍然是種福田，因爲他至少還有佛教出家菩薩的表相。但是布施時想要獲得大菩薩的果報，想要能夠自利也能利他，而且想要迅速成佛，那麼在以上所說具足八事的布施時，還得要注意這三個因緣：物淨、心淨、福田淨。

什麼是物淨？佛開示了幾種：第一、你所布施的財物，不是偷來的，不是搶劫得來的。若是像廖添丁偷了人家的錢財來救濟貧窮，就是施物不淨。身爲菩薩，布施時應該要以清淨的財物來行施，所以第一件事是偷盜所得之物不可以用來布施，必須是淨物才可以用來布施。第二要件是所施之物不是聖所遮物，若是佛諸聖所遮止而不可以用來供養別人的財物或飲食，都是聖所遮物。這個範圍比較廣，以食物來講，你買了榴槤、牛排、豬排來供養僧寶，都屬於聖所遮物；或者洋人的健康素食中常有五辛的蔥蒜等物，那也是聖所遮物，不可用來供養三寶。乃至供佛時，辛香類的蔬菜也不許用作供物，譬如說蘿蔔、芹菜都有辛味，所以也不許用來供佛。但是牛奶及奶製品卻可以供佛，因爲不辛不辣，也不是殺生得來的，所以奶酥、乳酪等物也可以供佛，但是不能加了動物油脂作成，因爲都是聖所遮物，這是講究物淨。

又如非眾共物，是自己所有的財物，才可以用來供養三寶。譬如你在團體、或家庭中，準備拿來供養三寶的財物是這個家庭或團體共有的，不是你自己所有的，那就是眾共物；把眾共物取來供養三寶，你就犯了私自盜用公物的竊盜罪了，這樣供養三寶就有過失了，就是供物不淨。必須是你自己所有的財物才可以拿來供養，才算是物淨。第三則要求所供養的財物必須非是三寶之物；譬如出家了，或是住在寺院中的近住男、近住女，若是想要布施眾生時，不可以取用三寶的財物去布施。譬如有個乞丐前來乞食，似乎快要餓死的樣子，你剛好在寺廟中，就自己匆匆忙忙跑進廚房，沒有徵得常住法師同意，就添了飯、裝了菜去供養那乞丐，就成為侵吞三寶物而行施，屬於侵損招提僧物，來世果報很嚴重的。即使是常住法師想要布施給那乞丐，也得要先向常住主事者告白，因為這是眾所共物。若是來不及徵求同意，最好是把自己該有的飯菜用來布施；或是以自己的錢財贖得這一碗飯菜，再拿來布施給乞丐，或是事後補贖也可以。這些事相大家也得要注意一下，三寶之物可千萬動不得，因為來世的因果很大。譬如有人不小心在寺院中借用原子筆寫字，習慣性的往胸前口袋一插，就帶回家了；後來發覺是從寺院帶回家的，下週去寺院時可得要記得送回去，因為這個因果很大；這叫作無心盜取招提僧物，因果很大的，千萬要記得歸還，不然來世可就吃不完兜著走；若是不小心送了別人，又成為施物不淨了。

此外，布施時不可以行**別請**之法。菩薩戒中不是有個**別請僧**戒嗎？不可以把原來講好要布施給某甲的財物，因為出現另外的因緣就反悔了而布施給某乙；有時因為原來想做的布施是只對一個人，覺得人情比較少，就改為布施給很多人；不可以如此！因為話已講出口：出口成願，不能再改了。你既然講出來：「我這個珍寶要供養某一個人。」以後就不能再改說要供養很多人、要跟很多人結緣。你若想要跟另外的很多人結緣，就另外再拿錢出來，否則就會成為施物不淨。也不可以本來要布施給很多人的，後來想到那些人看了就討厭，就改為只布施給一個人，這就成為「施多人迴與一人」，也是 佛所禁止的。又如已經跟某人講過：「我這本好書，要供養某某法師。」可是中途看見了另一位法師：「我怎麼把他忘了？我更喜歡他。」結果又改為供養他——別請僧——這也是犯了菩薩戒。如果你這樣做了，就是施物不淨。此外，所供養的財物不可以是損惱他人、逼迫他人而得到的財物，必須是如法取得的才可以；也不許是騙來的，如果是用欺詐的手段去騙來的，這財物就是不淨之財。欺，就是用勢力去壓迫他人而取得的財物；惱，不一定是壓迫，而是故意搗蛋，讓人受不了而把財物交出來的。所以，仗著勢力或惱亂而壓迫別人交出財物，再拿來布施，就是物不淨。總之，布施時不可以用不如法的手段取得財物來布施，才可以說布施的財物是清淨之物。

第二是施時心淨。如何布施才是心淨？這是心態的問題：布施之時不是爲了增長生死善果而行施的。譬如布施時心中想著：「**我現在布施這一團飯給這個乞丐，未來世色身會更健康一點。**」這就是心不淨了，你是在求世間生死的善果嘛！這布施就成爲求世間法了！應該以此福德迴向證得解脫道，或者迴向親證佛菩提果及世世自生智慧能度眾生，這樣就不是爲生死善果而布施了，就是心淨。布施時不要爲生死善果而做，也不可以爲了想要善名超過別人而行布施，在世間法中叫作僞善，是做給別人看而求名，也爲了名稱勝他而施，這是不淨心施。有人則是爲了想在未來世色身更有力、更健康，或者財富更多，就是爲得色力財而布施，這就是心不淨；心不淨施就只能得到世法中的福德，不得修行上的功德。功德是自受用，福德則是後世的依報。也不可以爲了延續家法而布施，家法就是求三界中的有爲法，也就是希望這個布施可以使未來世的自己討到好老婆、嫁個好老公，這是欲界中的家法。若是求來世的禪定證量，是求色界、無色界境界，是求三界之家的布施法，這就是求三界有爲法的果報，就成爲心不淨而施。還有人想：「**我們家都是代代單傳，我應該多布施、多行善，多跟眾生結緣，未來世就可以每一代都廣有多子。**」轉輪聖王不是都有一千個太子嗎？這就是求眷屬多饒，求眷屬多饒也是心不淨而施。如果能避免這五個不淨心而行施，就叫作心淨。心淨而行施，是單純的爲了莊嚴佛菩提，莊嚴自己未來成佛時的世出世間果報而布施，這就是心淨的布施。此外，爲利樂眾生而布施，想要調伏眾生而布施。不是爲了自己後世多饒財寶，也不是爲了自己此世廣得善名稱，只是爲了調伏眾生，讓眾生藉著你布施的因緣，對你有好感而引他進入佛法，這是調伏眾生故施，能如此行施，就叫作心淨。

第三是福田清淨。這是針對被施者而說的，會影響到你未來世因施而得果報，所以也須特別注意受施的對象。佛說被你布施的人必須是遠離八邪，才可以布施。八邪是相對於八正道而說的：正命的相反就是邪命，正智的相反就是邪智，依此類推。譬如在家人應該以正當的職業來謀生，但是有的人弄個空頭公司，詐騙眾生財物；又如有人開午夜牛郎店、開綠燈戶，其實就是賣淫，還說得很好聽：援助交際。以這種不正當的方法取得生活資財和用來布施的，都是邪命而活的人。如果你布施給這種人，就是所種的福田不清淨，後世的回報則是不清淨的福報。如果有人正命而活，可是生活很困苦，需要你幫助；他的職業是正當的，只是因爲時運不濟所以無法過活，你來幫助他，這就是清淨的福田：清淨的貧窮田。雖是貧窮田，福德種子種下去，來世還是有福德的，所以叫做福田。關於功德田、報恩田、貧窮田的義理，稍後再講。又譬如說：今天我如果出家了，我把正法傳給眾生，不是把邪知邪見傳給眾生，那我是遠離邪業的，住在正業中；也是離開邪行而住在正行中，如果我這樣出家而接受大家的供養，我就是清淨福田；我接受供養以後又把它布施出去，那我這福田就更清淨了，就成爲具足清淨的福田，就是福田淨。

如果每天想要大家來供養，越多越好，就不是正命而活了！因爲出家以後應該以弘法爲志業，以利益眾生爲志業，可是心中想的總是錢財，就變成邪命而活了！這樣的出家人就是福田不淨！譬如西藏密宗的喇嘛們，他們正是不淨福田的具體表徵：喇嘛們看女人時眼神與常人不同，因爲他們心裡面想的是：「**這個女眾可以用身體供養我，當她與我合修雙身法時應該會是哪一種情況？**」他們是這樣想的啊！所以眼神就一定會顯得很怪異了！除非懂得收斂而暫時捨棄了邪思，否則眼神總是怪異的，請問他們這種福田淨、不淨？（眾答：不淨。）不但不淨，而且是齷齪的。如果是在西藏喇嘛身上種福田，也算福田；如果他們不像黃教一般否定如來藏，如果他們不崇密抑顯而謗正法，也不以雙身法套在諸佛頭上而妄稱爲最勝法，那也可以算是福田，但卻是不淨的福田，因爲他們以邪命而活：爲別人傳財神法而受供養。傳財神法來收供養是販賣世間法，是邪命過活，邪命而活就是福田不淨。

更何況他們傳的財神法根本無法讓人致富，如果傳財神法能讓人致富，他早就變成大富翁了，還要傳財神法來受人供養嗎？他們是爲了你的錢而傳財神法給你，如果他們的財神法眞的有用，就不必世界各處去勸募了，他們只要在達蘭莎拉每天修財神法，金銀財寶就會一直送去給他們了，可是卻仍然個個窮得要到全球去傳財神法來賺錢，邪命而活；你若布施給這類人，就是所施福田不淨。我們再把層次拉高一點來講，譬如有人心想：「我現在是一方之師，所以我是大福田。」當他有這一個念頭，你在他身上種福田就已經成爲不淨福田了。如果身現大師之相，徒眾鉅萬，可是講的法都是常見外道法，這也是不淨福田。

如何才是眞正的淨福田？佛是最清淨福田，了義究竟正法是最清淨福田，然後是已得正法的勝義僧寶是人間最清淨福田。可是要在末法年代尋找這樣的清淨福田，還眞的不容易；諸位現在正在努力種的正覺福田，正好是目前世間最清淨、也最勝妙的福田，所以諸位未來世都將大有福報。可是這一方福田我也一樣要種，不能開闢出來光讓你們種，所以我也在準備，正覺寺大福田我也一定大力耕種的，這就是福田清淨。如果我告訴你們說：「這個是清淨福田、無上福田，大家都來種。」可是我自己一毛錢也不種，那就表示這個福田縱使是眞正福田，但講的人自己是有疑心而不全信；如果自己都不信，顯然不是眞正的清淨福田。

以上說的是物淨、心淨、福田淨。可是諸位種了無上福田之後心中要清淨，不要生起後世財物果報的想法，否則就是心不淨，就將會只有來世的福德而無此世及後世的功德了！所以物淨、福田淨之後，自己也要心淨。心淨而種福田時，不但未來世廣有福德（因爲不管你種下去心淨、不淨，福德一定有的），而且還會有功德。我們不要光是得福德就滿足了，也要有功德受用啊！可是功德從哪裡來的？應該探究。這五法：施時不爲生死善果、名稱勝他、得色力財、不斷家法、眷屬多饒，若不爲了這五法而去種福田的，就又可以生起自受用功德了。若生起求世法的念頭，解脫的受用就不見了！功德是自受用的啊！所以種福田時不要心中想著未來世的世間法果報，因爲在無上福田種福德，未來世一定是無量報，　佛在後面將會講到；但是不必去想它，不管你想不想它，你在來世該得福報始終是存在的，就好像錢存在你的銀行帳戶中，別人不能提領，所以永遠都會在。既然永遠都在，就不必一天到晚想著：「**我來世會有二百億的回報。**」當你不關心、不想它，你就不會被世間法的福德所拘束，那就多出一份功德了，這才是有智慧的人。否則就被福德——我所——把你綁住了，那就變成沒有功德了。

佛又說：「善男子啊！如果能以物淨、心淨、福田淨這三個因緣來布施的話，就可以具足壽命長遠……乃至處眾無畏啊！」所以種福田時還眞的必須選擇一下：我們將要拿出去布施的錢財清淨不清淨？我有沒有用求世法的不清淨心來布施？我所要種的福田是否清淨？這三種因素都要好好考慮到。種到不淨福田與種到清淨福田，二者的果報相差很大，所以 佛特地爲我們說明，希望我們布施時要有智慧，可以對佛菩提的修證有更大的幫助。這是 佛陀特爲了我們未來世行菩薩道的資糧而考量的，本來就應該如此正確的布施。如果能依 佛所教而奉行，你就可以在未來世擁有壽命長遠、多饒財寶……乃至於大眾中都無所畏等八種利益，如此而行菩薩道，就可以很輕鬆愉快的修行及利益眾生。

在分別福田的淨與不淨時，有一件事情必須特別注意：你種福田時千萬不要種到毒田。福田跟毒田是不一樣的！譬如西藏密宗就是毒田！我這話雖然很尖銳，不過我講的全都是事實，沒有一絲一毫的虛妄。假使把《狂密與眞密》詳細讀過了，就知道爲什麼藏密是毒田，因爲他們四大派都同樣是陷害眾生墮入毀破最重戒的雙身法中。最須注意的是藏密的黃教，如果是白教、紅教以及花教的自續派中觀，他們在般若的親證上面，最多只是把如來藏悟錯了，至少還承認有如來藏。可是黃教的應成派中觀，是主張一切法都空而無如來藏，以專破他宗的種種辯解理論破斥別人，然後總結說：如是應成。所以名爲應成派。可是他們卻是斷滅法，因爲否定如來藏而使涅槃成爲斷滅境界啊！爲了彌補這個過失，所以又另外建立一個不可知、不可證的常住不壞的意識細心，卻又落入常見中，所以他們是具足斷、常二見而嚴重破壞正法的破法者，不只同樣是主張雙身修法的邪淫之徒而已，所以是特大號、特別毒的毒田。

到現在爲止，他們還是繼續在否定如來藏實相法，譬如昭慧法師現在仍然是繼續否定如來藏的，這其實是特大號而特別毒的毒田！如果在那裡種了福田，其實都是在種毒田。另外還有別的破壞正法的單位、團體、寺院，你去種福田就是在幫助他們破法，就是種了毒田，來世一定要同負共業的。你種了這個毒田，當然還是會利益了一些人，至少那裡的常住法師有得吃、有得喝，還是有福德的，不過那一方福田卻是有毒的，因為他們牴觸正法、破壞正法！所以未來世雖然仍然會有福德果報，但是來世所得的世間法財報將會影響你的道業，因為他們用你布施的錢來破壞正法，當然你要負破法的共業，而破法行為的布施，在來世所得的錢財將會在不清淨的事物上回報，一定會影響到你來世的道業阻障重重，所以 佛陀特地為我們講到布施時應該注意的三個條件：物淨、心淨、福田淨。所以必須在布施前先考量所施的福田淨或不淨。

【「善男子！菩薩所以求於長命，欲為衆生讚不殺故。菩薩所以求上色者，為令衆生見歡喜故。菩薩所以求上種姓，為令衆生生恭敬故。菩薩所以求具足力，為欲持戒、誦經、坐禪故。菩薩所以求多財寶，為欲調伏諸衆生故。菩薩所以求男子身，為欲成器、成善法故。菩薩所以求語辯了，為諸衆生受法語故。菩薩所以求不畏大衆，為欲分別眞實法故。善男子！是故菩薩具足八法能自他利，能如是行，是名實行。」】

講記 佛說：由於物淨、心淨、福田淨這三個因緣的布施，能使我們得到壽命長遠乃至處眾無畏等八法具足；具足三淨的布施因果的道理也爲我們講過了。可是爲我們講這些獲得極爲良善果報的原因，難道只是爲了讓大家都爲自己而求這八法嗎？不然！這是爲眾生而講的，所以菩薩布施飲食給眾生而求長命，目的是爲了讓眾生讚歎不殺的功德；讚歎不殺，目的是要教導眾生都生起慈悲心。菩薩爲什麼要求上好色相？是想要讓大家看了就歡喜，能信受菩薩的開示。求莊嚴相則是爲了讓眾生見了菩薩就歡喜，如果菩薩長得像個醜八怪，眾生就不會喜歡供養，也不容易信受他的教導，所以菩薩要得上妙相、莊嚴相，讓眾生見了你就歡喜，就願意親近你，你說什麼法，他們都會言聽計從、好好修行；你教導他們好好修集福德，幫助道業的成就，他們就會修集福德，道業就容易成就。所以要以三件事來修布施，獲得八法而使眾生見了菩薩就歡喜，這目的是爲眾生，不是爲了菩薩本身的榮耀而修上妙色相等。

同理，求得上好的種姓，目的也是爲了讓眾生恭敬及信受。譬如陳履安如果不走上藏密的路，那麼他兒子將來出世弘法時，人家一定會讚歎說：「這是陳院長的公子，出家弘法了，眞令人佩服！」這就是上好種姓而使眾生信受！因爲他爺爺是陳誠，雖然不是常勝將軍，至少在台灣也算是有個好名聲；這樣出家以後弘法，眾生很容易相信他，就會恭敬他而依教奉行，所以應當要求上好種姓。可惜的是陳履安跟他都走上了藏密的路去了，現在已經走上窮途末路了，沒有人會再信受他們了！很可惜。他在與我第一次見面後，因爲我沒有答應他的要求再度單獨相見，覺得沒面子，後來又打電話給我，抗議我要專對達賴喇嘛寫書破斥時（其實我沒有這個計劃），當時他不肯聽我的話離開密宗，所以就沒有救了，他們父子倆已經很難使人再信受他們了，已經談不上好種性了。

菩薩又爲什麼要求具足力、要有身力？因爲如果連坐都坐不住，那要如何坐禪修定？假使想要持戒嚴明卻害了個怪病，一定得要吃肉、吃魚，又要如何持菩薩戒？身體病歪歪的，長跪五分鐘都不行，又要如何長時間長跪誦經呢？所以求得具足身力的目的，是爲了容易持戒、誦經、坐禪。菩薩爲什麼要世世求得眾多財寶呢？都不是爲了自己。如果在家菩薩出來弘法，連基本生活都無法維持，得要靠大家湊分子來供養他，別人將會說：「**身爲久學菩薩，爲何如此沒有福報？**」人家心中會想：「我這個老師大概上輩子都沒有在布施，所以這輩子會這麼窮。」眾生對他就沒有恭敬心，他又如何能調伏眾生？所以經上寫的那些在家菩薩們，哪個不是廣有財寶、眷屬豐饒？都是不求財寶而有財寶，不求眷屬而有眷屬的，維摩詰大士不正是這樣嗎？可是菩薩有那麼多財寶的目的，只是示現給眾生看。在家菩薩本來就該這樣，因爲他過去世不斷的布施下來，這一世怎會窮得一塌糊塗？一定是很有錢，不會接受弟子的布施，弟子們看到了就想：「我這位老師都不受我供養，想要供養他眞的很不容易。送上一萬元、兩萬元去，都不肯收；以爲他嫌少，又送上五十萬、一百萬元，一樣不肯收。」他心中就相信了：果然是個菩薩，一定是過去世一直有布施，所以這一世有錢財，不必受人家供養。眾生就因爲這樣而得調伏了，身爲在家菩薩應該如此啊！

至於出家菩薩，出家時把所有財物都捨出去了，所以身無長物，要接受供養；而且接受供養也是他的義務，不能拒絕的，因爲身爲福田，穿著福田衣，就不能拒絕人家供養啊！那是他的義務。但是在家菩薩都不受供養的，所以《法華經》中 觀世音菩薩，人家以價值千萬兩金的瓔珞要供養祂，但祂不接受！祂自己福德大得不得了，還需要受供養做什麼？又因爲示現爲在家身，所以就拒絕了。後來是因爲 佛說：「你就**慈愍他，爲他而接受吧！**」所以是憐憫眾生而受供的，是爲了讓對方來世得到廣大福德而受供，但是受了之後隨即轉手供養 佛陀及多寶如來。但是現在有些不肖之人就學這一套：「**我是憐憫你，希望你未來世大有福報，所以我收你的供養。**」其實十之八、九都是騙子。觀世音菩薩這麼有福德，證量這麼高，都不會這樣講；是因爲 佛憐憫種福田的人而指示了，不得不尊重 佛的誥命才收受供養，心中沒有絲毫貪著。所以菩薩求世世多財寶的目的並不是爲了世世享福，而是爲了調伏眾生，讓眾生看：「**菩薩住的好，穿的好，用的好，眷屬也和樂，又廣有財寶。**」眾生看了就恭敬菩薩，就容易受法，所以在家菩薩應當如是。也因爲這部經是爲在家菩薩說的，所以特地說明：求多財寶的目的，不是爲自己。菩薩雖然很多財寶，但是生活仍然很簡樸，可是爲了調伏眾生，卻得要有許多財寶。

菩薩求男子身，目的則是爲了讓自己成爲眞正的道器、法器，也就是成爲修行正法的道具，男子身比較能自主而不受他人控制，所以較符合修道工具的條件。如果沒有色身就不能修學正法了，所以色身是你修行正法的工具，名爲法器。在人間，一般而言，是女眾聽命於男眾的比較多；在家庭及事業中，男眾聽命於女眾的比較少。假使在家中，你先生事事都聽你的，那表示你先生的修養很好，不一定是你的證量比較高而導致的。特別是在古印度時，女人事事都得聽命於男人，又是男人的財產，所以當時是以男子身修行比較容易，比較不會受制於他人。

至於菩薩求言語辯了、辯才無礙，並不是爲了要處處降服別人、壓制別人，不是爲了勝過別人而求言語辯了，是爲了讓眾生容易聽受你所開示的法語，也使世智辯聰的眾生不能小看你，也容易讓未入門的眾生在聽聞你的開示中，能聽懂你所要表達的法義，而不是像某些人說了老半天的法，結果是眾生都聽不懂，連他自己也不懂講的是什麼。這種事情是很常看到的現象。你們看《妙雲集……》等書，印順在書中解釋涅槃時，其實他自己都不懂自己在講什麼，他對涅槃的境界相也只是想像而知的，當然讀者就更不可能懂得無餘涅槃是什麼了！所以菩薩想要擁有言語辯才的目的，是為了讓眾生容易瞭解他所開示的法義，就能深心信受法語，不會退失於菩提；為了這個緣故，為了眾生而求言語辯了。

菩薩又求不畏於大眾，這也不是為了顯示自己很有膽量：敢坐上獅子座來說法，不怕大眾。敢坐上法座而不畏懼，目的只是有深妙法能為大眾詳細分別眞實法究竟義理，能利樂大眾，不為顯示勇敢無懼。但是能坐上法座公開說法而不畏懼的原因，主要是從四無礙來；也就是法無礙、義無礙、言詞無礙、樂說無礙。言語辯了是指言詞無礙，就是音聲明。但是單有音聲明也是沒有用的，還要有法無礙、義無礙為基礎；若沒有法無礙、義無礙，光有言詞無礙，將會像印順、昭慧等人一般，口才伶俐卻又心中恐懼他人當場提出質疑；因為將來可能會有同修會中的證悟者當場向他們提出質疑。他們心中恐懼時，最後一個樂說無礙就不能成就了。因為菩薩有好口才，也有法無礙、義無礙，就能藉好口才把所要說的法義詳細清楚的表達出來，不會使人聽不懂。有了詞無礙、法無礙、義無礙，當然上座就可以樂說無礙，橫說、豎說都可以講得通，大家也都能聽懂，聽了歡喜就不會忘記；有這三個無礙法，就可以樂說無礙，就具足四無礙了。

菩薩具足四無礙，是爲了處於大眾中無所畏懼而能樂說無礙，不是爲了顯示自己膽子大，只是爲了利樂眾生。有很多人都很膽大，還沒有開悟就公開說是證悟了，連開悟都沒有、連我見都沒斷，初果的功德都還沒有證得，就敢自稱成佛了，這就是西藏密宗那些人！還說比 釋迦佛的證量更高呢！其實都只是凡夫！（編案：印順同意把他的傳記命名爲《看見佛陀在人間》，也是以佛果自居，與藏密的喇嘛們無異）這些人都還只是凡夫，膽子卻比誰都大！你我證悟後都不敢自稱成佛，他都自稱成佛了！所以說他們膽子比你我都大，可是他們被我們破斥以後，爲什麼都不敢來作法義辨正？相約私下面見了以後，又個個都黃牛了！所以比膽子是沒意義的，所以菩薩處眾無畏的目的只是爲了有無礙慧而利樂眾生，不是在炫耀膽子大。所以大家都應該要努力觀行，以後能爲大眾分別眞實法的義理，讓眾生無法質疑問難，終於能夠處眾無畏，這當然就得要求四無礙辯了。所以求於大眾中得無所畏，目的是在利樂眾生；也因爲此故，佛說菩薩摩訶薩若能具足這八法，不但能自己得到利益，也能讓大眾同得法利。如果菩薩能如此實行，他就是眞實行的菩薩，不是假名菩薩。

【「善男子！菩薩摩訶薩有八法者，具足受持十善之法，樂以化人；具足受持優婆塞戒，樂以化人；雖得妙色，終不以是而生憍慢；雖持淨戒多聞精進大力好姓多饒財寶，終不以此而生憍慢；不以幻惑欺誑衆生；不生放逸；修六和敬；菩薩具足如是等法，雖復在家，不異出家。」】

講記　這就是說菩薩摩訶薩如果具有處眾無畏等八法，他一定能具足受持十善業道，而且樂於教化世人。十善業道就是身口意都無貪瞋痴、無四種妄語、無殺盜淫，名爲十善法。有菩薩八法的人一定可以奉行十善業，並且也會樂於用十善業道來度化眾生。譬如在我們同修會中修行，必須符合十善業道；如果不符合十善業道，我們會請他離開。以往也曾經有極少數人，被我們請求離開的，雖然只是很少數人。因爲他們違背了十善業道，這在我們同修會中不能容許；我們要求至少能不犯十惡業，所以菩薩要受持十善之法，並且同樣以十善業道的善法而樂於化度眾生。不但如此，也須要具足受持菩薩戒，也用菩薩戒來化度眾生。

由此緣故，世世獲得上妙之色，但是得到妙色身時不會因爲自己長得英俊、有菩薩相，就產生了憍慢之心。雖然能執持淨戒，卻不會因爲自己執持淨戒就常常衡量別人戒行有沒有清淨；也不會因爲自己能修多聞，就認爲別人是少聞寡慧眾生；也不會因爲自己精進修行，就認爲一般眾生不精進修行，就責備他們都不精進；也不會因爲自己身有大力，就輕視力氣微弱的人；也不會因爲自己有好種姓，就輕視別人種姓不好；更不會因爲自己多饒財寶，就輕視別人貧窮，不想往來做朋友。也不會以幻惑虛假之法來欺誑眾生，甚至於自己的私生活也不會放逸，不會有一天是離開佛法修行的，每一天都在佛法上面用功；而且能夠修六和敬，與他人和睦相處。六和敬是說身口意和、戒和、見和、利和，不但出家菩薩之間是如此，在家菩薩之間也一樣要有六和敬。

菩薩如果具足了這些法，就是菩薩摩訶薩；雖然可能示現爲在家之身，仍然是出家菩薩；因爲能夠具足這些條件的人，一定是眞正佛子。佛子這兩個字不能隨便用，以前我們沒有道種智時，寫一點文章出來時，有時往往會自稱佛子某某某。但是佛子二字在大乘佛法中，代表是地上菩薩的果位，猶如經中說：「生如來家，名爲佛子。」但是生如來家是什麼意思？是說他已經親從　佛口化生，也就是發起道種智而成爲十地中的佛弟子。以前　佛在世時有兩種佛子：第一種是阿羅漢，阿羅漢都是佛子，因爲是從佛口化生的緣故。等到後來　佛開始轉第三法輪時，阿羅漢已經不算是眞正的佛子了，因爲那時是只有諸地菩薩才算眞實佛子的。凡是入地的菩薩們，不管示現在家相或出家相，都是佛子，都已能獨自承擔如來家業了，所以是佛的眞子，因此而稱爲聖人。三賢菩薩還沒有能力獨自撐持如來家業，所以仍不是佛的眞子。所以菩薩有這八法時，他就是摩訶薩，他能獨自撐起如來家業，不叫佛子還能叫作什麼？一定是入地了才能夠做成這種大事，所以　佛說此等佛弟子「雖復在家，不異出家」，所以諸地菩薩雖然身現在家相，本質與出家人是沒有兩樣的。在許多大乘經中所講的地上菩薩，雖然也有現出家相的，可是在家相的地上菩薩更多，特別是《華嚴經》中入法界品五十三參中示現在家相的菩薩非常多，而且三賢位之後很難找到出家菩薩，所以五十三參中總共只有六位出家菩薩，而且多在三賢位中。這就是說，你如果想修除性障習氣種子，最好是現在家相，去讓眾生輕視你、糟蹋你、侮辱你；當你漸漸習慣被人家糟蹋，以後就不以爲意，對這些侮辱根本不在意，這就表示你的層次拉高了，不與眾生同一見識了，習氣也降服或斷除了，已經和三賢位菩薩大不相同了。

如果示現爲出家菩薩，佛弟子們很難得會糟蹋你的，他們都恐怕誹謗僧寶的後世果報。正因爲一般學人不懂大乘勝義僧寶的道理，他們只看表相：「這人是個在家居士。」就很勇敢的任意誹謗你、辱罵你，不知道入地以後不論是在家或出家人，都是勝義僧。所以你被罵、被惡意誹謗的機會很多，可是日久成習慣而不以爲意了，你就又過一關了，表示瞋恚的習氣種子多數被斷除了。而且在家菩薩親證九種現觀的因緣比較多，因爲這些因緣都在世俗法中，所以在家菩薩比較容易證得。也由於這個緣故，所以《華嚴經》五十三參中的地上菩薩是以在家人居多，出家人很少；可是佛教的表相仍然需要出家菩薩來示現及住持，對於世俗人的攝受會比較好，所以仍然要鼓勵地上菩薩出家，就由 佛特別爲出家菩薩加持證量。如果能具足這八法，能以十善之法遵照而行，就是真實行的菩薩，這時「雖復在家，不異出家」，因為這種菩薩過的生活跟出家菩薩的生活沒什麼兩樣，因為心境是一樣的，只是他多了一些世俗法的纏繞。雖然有世俗法纏繞著他，但不會被綁住，這就是地上菩薩的不可思議解脫功德，也是他的威德所在，所以說**雖復在家，不異出家**。

【「如是菩薩終不為他作惡因緣；何以故？慚愧堅故。善男子！在家之人設於一世，受持如是優婆塞戒，雖復後生無三寶處，終不造作諸惡因緣；所以者何？二因緣故：一者智慧、二不放逸。善男子！於後惡處不作惡事，有四因緣：一者了知煩惱過故、二者不隨諸煩惱故、三者能忍諸惡苦故、四者不生恐怖心故；菩薩具足如是四法，不為諸苦一切煩惱之所傾動。善男子！不動菩薩有五因緣：一者樂修善法、二者分別善惡、三者親近正法、四者憐愍眾生、五者常識宿命。」】

講記　像這樣的菩薩摩訶薩，一定不會讓自己成為眾生作惡的因緣，他不會故意去激怒眾生，或引誘眾生造惡業，因為他心中的慚愧心很堅固的緣故。諸地菩薩見了諸佛聖像時都會出生慚愧心，乃至等覺菩

薩見了　佛時也一樣會升起慚愧心：自愧不如，永遠如此。諸地菩薩都不會故意讓自己成爲眾生作惡的因緣，所以這種菩薩一定不會在外胡作非爲；說話時也不會出現不雅的文詞，不會因此而使人以此理由來誹謗他，一定也會注重律儀戒。這種菩薩若被誹謗時，一定只是無根誹謗，不會是有根的誹謗；因爲這種菩薩救護眾生的緣故，眾生們以前的師父當然不高興，一定會編造、揑造虛假的理由來誹謗他。即使　佛在世時，不是也曾經有十謗嗎？那些世俗法中的師父們會誹謗　佛，是因爲　佛把他們的弟子度化成爲佛弟子，乃至成爲阿羅漢，他們的弟子們漸漸或大量的流失了，當然不高興嘛！名聞利養喪失了，法眷屬也走掉了，當然會來謗　佛，所以這是正常的事。所以這種菩薩度眾生時，固然不會造作讓眾生來誹謗他的惡因緣，但是在他身上所求不遂時，當然就會編造一些虛假事實來誹謗他，特別是在末法時期的現在，這都是正常的。但是菩薩絕對不會造做惡事來讓眾生誹謗他，因爲他心中始終有慚有愧；而且這個慚愧心始終是很堅固而不動搖的。

接著　佛要讚歎優婆塞戒的功德了：在家人假使能在一世中盡形壽

受持這個菩薩戒而不遺棄（因爲優婆塞戒只是一世受，跟我們去年所傳的菩薩戒不同；我們傳過的兩次菩薩戒，都是盡未來際受的，是依《梵網經》、《地持經》與《瑜珈師地論》所說來傳的，但是優婆塞戒是盡一世受。它是作爲未來再加受盡未來際梵網菩薩戒的基礎，但即使只是梵網菩薩戒的基礎，功德已經是無邊廣大了），佛說：如果有人一世受持這個優婆塞戒，雖然未來世因爲某種因緣而出生在沒有三寶的地方，他還是會因爲有這個戒體的緣故，使戒種流注而讓他未來世中不會造作種種惡因緣，就不會下墮三途。這有兩個因緣：第一、因爲受持優婆塞戒時一定會先聽戒師說明優婆塞戒的內涵，聽過如實的說明以後就會有智慧，而且奉持而行，習慣於這種不放逸的境界，養成習慣之後未來世自然就不會造作諸惡因緣，這就是第一個受持優婆塞戒以後未來世所得的這個功德。

佛特地補充說：菩薩受持這《優婆塞戒經》一世，並且對《優婆塞戒經》有如實的理解，已經生起了勝解的話，即使在未來世出生到惡處，也不會隨著惡劣眾生做惡事，因爲有四個因緣使他自然不造惡事：第一、受了這菩薩戒以後，了知戒經的眞實義，就能了知種種煩惱的過失，所以生於惡處時也不會做惡事。第二、他不會隨諸煩惱而運轉他的心行，不與煩惱相應，因此生於惡處中也不會做惡事。第三、能忍受種種惡事之苦而不生邪思瞋恚，所以縱然處於惡處也不會做惡事；因爲依止《優婆塞戒經》時，從經上所講的第一義諦（這在後面會說到）以及布施的因果、造惡的因果……等等，已經了知一切法無常，一切法不實，一切法無所得，所以即使生在惡處，也不會爲了追求世間法中的五欲樂而造作種種惡業，因爲有智慧而能接受一切法是苦，了知一切法是苦，全心只想追求解脫及實相般若智慧，因此能忍種種惡苦，所以於後惡處不造惡事。第四、不生恐怖心，因爲受持優婆塞戒以後，乃至壞命不造惡事；縱使遇到惡緣，可能連性命都會失去，卻是寧可失去性命也不造作惡業；因爲知道業果更加可怖。既然如是，何必去造惡業而求一世短暫的果報？當逆緣到來時，已經不可扭轉了，他也能接受，隨時準備持戒清淨而捨命。有了這種認知與決定，此時逆緣現前時就不會有恐怖心了！既然心無恐怖，又瞭解一項事實：從第一義諦而觀，根本就沒有生死。既然如此，他隨時可以準備赴死，心中就沒有恐怖心了。菩薩受此菩薩戒以後，因爲具足這四法的緣故，所以不會被諸苦及一切煩惱所遷移、轉動。

佛又開示說：修學到達不動地的菩薩，由五個因緣來成就。想要修到不動地，須要經過二大無量數劫的修行過程。修學到達不動地的菩薩們，必須要修習五法，具備這五法時才能成爲不動地的菩薩：一者樂修善法，於一切時、一切地、一切處所，只要有機會修學善法，他總是不放過，也就是不會懈怠於善法的修行、用功。第二、能爲人演說分別諸法的善惡，不是當濫好人；當濫好人，就是不分別善惡的鄉愿者。

眞心不分別善惡，這個眞義常被假名善知識們誤會而扭曲了。往往有善知識勸我們（有時以電話，有時以信件，有時候寫書，有時在網站上貼文）說：「**你們正覺既然證得無分別智，爲什麼還要每天分別別人法義的對、錯？**」這其實是他們不懂無分別智的正義。假使證得無分別智以後就善惡不分，也不能以智慧來分別法義正邪、救護眾生，爲什麼成佛時證得無分別的**究竟智**而叫作佛？又叫作**智慧**福德兩足之尊呢？既然變成什麼都無分別了，那就應該成爲白痴了：吃了飯也不知道吃飯，撞到東西也不知道撞到，那才是眞正的無分別啊！如果變成這樣的話，還要修學佛法求什麼**智慧**呢？豈不是變成白痴了？這比精神失常的病患還要糟。精神失常的病患，你割他一刀、打一拳，他還會起瞋，還是知道痛的，結果他們說悟後就完全無分別，那就應該連痛感、善惡都不知道了，那又爲什麼叫作證得無分別**智**的**有智慧者**呢？

所以無分別**智**，是說證實有一個眞實無分別的清淨心，但是原來的意識覺知心無妨繼續有分別，而且比別人更能清楚的分別善惡及法義的正邪，並且了知法界實相而有了般若**智慧**，這才叫作無分別**智**。不論是菩薩或是未來諸佛、現在十方諸佛，都同樣是教導大眾要能分別眞實之善、惡，這才是眞正的有**智慧**。有些惡法表面上看來似乎是善法，有些善法表面上看來似乎又是惡法，究竟什麼才是眞正的善法、眞正的惡法？眾生其實大多數是沒有能力如實了別的。所以，如果想要修行進入不動地的話，必須對一切法確實了知：如何是眞實的惡與善，才不會被表相所混淆。因此菩薩應當常常都能分別善惡，這是第二法。

成就不動地的第三個因緣就是親近正法，生生世世的每一時期都要親近正法，應該生生世世都遠離惡法並且親近正法，才可能修行到達不動地。到達不動地的第四個原因是要憐憫眾生，要修集大悲心；若不修集大悲心，在入地之前就會心灰意懶而不想度人了！只想躲起來自修；入地的修行過程是很長遠的，所以要靠大悲心才能持之以恆。當你即將有道種智時，也就是初地入地心的道種智即將具足時，你會覺得佛法已經懂得不少了，可是眾生這麼難度，就想抽腿不度，只想回家隱居起來而不肯出來爲眾生拼命做事，你若想要請他出來破邪顯正可就更難了！這時是不可能會起心動念救護眾生的，這樣一來就無法具足大福德而進入初地了！因爲想要進入初地是須要很大福德的，還得要有十無盡願的大悲心，要對荷擔如來家業、廣度眾生上面有很大的意樂，所以才叫做增上意樂；若沒有增上意樂而勇發十無盡願、永不退轉，那是進不了初地的！初地菩薩會勇發十無盡願，生起無盡願的增上意樂，必須要靠大悲心，否則在即將到達十迴向位時，禪門三關已經具足了，日子過得很好，不愁食衣住行，心境也很寂靜，又覺得自己仍需要多研究經典，如果大悲心不夠而不能發起增上意樂，他一定會隱居而進步緩慢，到不了初地，因爲他一定發不起十無盡願；初地尚且到不了，又如何能成就不動地的果證呢？所以成就八地功德的第四個原因就是憐憫眾生，要多修集大悲心；有了大悲心才有可能入地，然後次第進修到達八地。

進入不動地的第五個因緣是要常識宿命，也就是每一世來到人間以後，都會在悟後數年漸漸知道自己的使命，漸漸知道夙昔所發的大願，也會知道這一世要做的事業。在未到三地滿心所以尚未生起意生身之前，得要常在定中或夢中出現往世多劫以來的種種因緣，而知道自己的夙命因緣；或者說三地滿心而有意生身現前，離開了胎昧，從此時開始，世世都是生來就能記得往世的夙世因緣，就能常常了知自己來到人間的夙命。夙命是不可轉變的使命，並不是只有一世要做的事情，而是生生世世相續不斷都要做的事情。能夠世世常知自己的來由與夙命，就叫作常識宿命，這就是成就不動地菩薩功德的第五個因緣。諸位！如果你們想要進修到八地去，就得記住這五個因緣：樂修善法、分別善惡（不要做濫好人）、親近正法；還要憐憫眾生，眼見眾生被惡知識、假名善知識誤導而成爲大妄語時，或者成就破法重罪時，你要有憐憫心去度他們呀！最後就是要常常知道自己的使命，不能把 佛交付的使命置而不顧，不可因爲看到局勢大難、大難，就打退堂鼓了；乃至喪身捨命，你都要去完成 佛交付的使命，心量一定要廣大，不要老是顧慮性命寶貴。我最懂得寶貴身命了，比以往的任何一年、任何一天都更寶貴自己，但不是因爲愛惜這個生命而寶貴，而是因爲正法任務尚未做完，所以愛惜身命。如果是無謂的危險之地，我一定會避開；但若是爲了正法，隨時都可以喪身捨命，但是絕不造無謂的冒險事務。假使因爲使命很難完成，可能會導致半途沒命就害怕，那就不夠資格取證八地功德。所以八地菩薩的證境必須要具足這五個因緣才能成就。諸位如果想要地地上進，這一點可得要記住；現在把它記住，種子種進心田中，今世即使無緣，未來世讀到這一段經文時還是會相應的。就這樣世世往前進修。

【「善男子！菩薩具足如是八法，若聞譏毀，心能堪忍；若聞讚歎，反生慚愧；修行道時歡喜自慶，不生憍慢能調惡人，見離壞衆能令和合；揚人善事，隱他過咎；人所慚恥處，終不宣說，聞他祕事不向餘說；不

為世事而作咒誓，少恩加己思欲大報，於己怨者恒生善心，怨親等苦先救怨者，見有罵者反生憐愍，見他偷時默然不動，見來打者生於悲心，視諸衆生猶如父母，寧喪身命終不虛言；何以故？知果報故。於諸煩惱應生怨想，於善法中生親舊想；若於外法生於貪心，尋能觀察貪之過咎，一切煩惱亦復如是。」

講記　佛開示我們應該修除煩惱的習氣。佛說：當菩薩具足了上面所說八種法時，也就是獲得長命、莊嚴、威德力、多財、……乃至處於大眾心無所畏等；具足這八法時，如果聽到別人嘲笑或毀辱，心中也能堪忍；假使聽到別人讚歎時，反而要心生慚愧。如果能在修行佛道時，心中總是歡喜、慶幸有緣可以修學佛道，有所證時也不會產生憍慢心態而能夠以柔軟心來調伏惡人；看見有人正在離壞和合大眾時，能加以調解而成為和合眾；對於別人所做的善事都要加以表揚，對別人所做的惡事要把它隱藏起來；除非是對正法有傷害時，別人做錯了事情而覺得慚愧、羞恥，我們終究不把它宣說出來。這些都是我們為大眾所應做的事。所以我們講經說法時，很少談到大師們的事相上事，純就法義來講。當別人不斷的編造我們事相上的假過失來無根誹謗時，我們百分之九十九是左耳進、右耳出，不加以回應；因爲一一回應時，諸位一定會聽到厭膩的，甚至耳朵都會長繭的，因爲實在是太多了。所以大部分事情我都是聽了當場就把它忘掉了，沒有心思去記住，佛法上有太多的妙法等著我們用心，哪有時間去用在編造的事相上呢？所以我們通常是不加以說明的，如果有人信了某些人所編造的事相上的事而退轉了，那就隨緣；這是我的心態，大家也都省事。

我們要做的是：爲二、三百年後的佛教所要做的事。這些事情太多了，這一世都還怕做不完，哪有時間到處去串門子、泡茶、談是非呢？所以揚人善事我們可能做得不夠，但是隱他過咎一定做得很夠，所以有很多事相上的事情我都不曾說過，如果要講出來，可以寫成兩、三本書而成爲傳記或回憶錄了，就會成爲一部當代的正法史；但是我不想在這上面寫，一者沒有時間，二者我們看的是未來的佛教，所以不在這上面用心。所以有些人沒聽過我說會中的許多事相、逸事，單聽一方之詞，就被轉退了，也眞是可惜；但也是因緣如此，是肇因於他們不來求證就相信單方片面之詞，那也是他們自己的事，與我無關；因爲我沒有時間去找他們一一泡茶、辯解事相上的事情；也覺得那些並不重要，重要的是正法；所以有些編派我的假事實，我也是盡量不公開出來，這也是盡量隱他過咎。除非鬧得太不像話了，否則就爲他們遮隱起來而不說出來。對於別人所慚恥的事情，盡量不要把它宣說出來，聽過就算了。如果聽到別人說出一些秘密而不想讓別人知道的事，我們千萬不可去向別人宣揚，特別是誦戒前的懺摩；因爲沒必要讓別人知道，尚未進入諸地的當事者，通常也怕被更多人知道，我們應該善於遮護他們，這是菩薩的基本行止。

也不可以爲了世間法上的事情，就念咒發毒誓。在菩薩戒中，這是犯輕垢罪，也是要懺悔的。有些人受了戒以後，遇到別人冤枉他，就發誓說：「**我以受戒而不許妄語的戒法向你保證，我絕對沒有做這件事；如果有做，我就下地獄。**」這樣做是犯戒的，犯輕垢罪。不許用戒法來保證世間事的做或未做。以戒法來作保證，也是違戒的；這種做法叫作賭咒，賭咒在菩薩戒中是違戒的；但是常常有人這樣做，所以特別講解一下，讓大家小心注意。

若是有人以小恩惠加諸於我們，我們應該記住這個恩德、常常要想著去做更大的回報；如果有人於我們有怨心，我們卻要對他們永遠都保持著善心；乃至將來你出來弘法時，別人誹謗你的正法，又編派、揑造一些事相上的虛假事情來無根誹謗你，你應該詳細的把法義說清楚，讓對方瞭解自己的錯誤，救他們回轉，盡量避免這種講法：「他想要下地獄就讓他下，我才不願爲他詳細說法。」你還是應該詳細的爲他們說明法義，乃至寫書送給他們，盡量救他們。因爲人總是愛好面子，特別是中國人，面子比黃金還値錢，想要他們把面子丟掉而在三、五年內轉變錯誤的觀念，是很困難的。但是無妨現在先做，冀望他們年老時可以轉變錯誤觀念，那時就可以努力懺悔而免下地獄，這也是我們應該做的事情。這也就是「於己怨者恆生善心」，所以不但要恆生善心，還要詳細的寫出來給他們閱讀；所以不只對徒弟們講過就算了，還要寫書流通出去，希望能到達他們手裡，讓他們有機會暗中閱讀而轉變舊有的邪思，將來垂老時能救得了他們，這樣才叫作眞實行的菩薩呀！如果對他們生起怨氣、恨心：「我說的法確實可以讓他們知道自己錯了，可是我偏不為他們講，讓他們下地獄算了！」那就成為有怨心而不是恆生善心了。

並且還要「怨親等苦」：看見別人有痛苦時，這些人或者是怨家，或是自己的親眷，但是有能力救人時，要先救怨家，不可像世俗人一般先救自己的孩子。我做事時是先救別人的孩子，並且是在學佛之前就已經這樣做了：我的孩子和別人的孩子同時遭遇災難，我把別人的孩子抱著先搭計程車趕到榮總去，我的孩子則是後來由別人幫我送去的，是隨後才跟到榮民總醫院。菩薩本來就應該先救怨家、先救別人，不是先救自己的孩子，這是你們應該有的心態。你們不能光是笑，我說的是眞實故事。要有這樣的心腸，先救怨家，所以當我的孩子其實蠻可憐的，這時就看出菩薩心性來了！假使做不到，口裡講：「我一定先救怨家。」到時候：「都恨死他了，我還救他？」一般人大概都是這樣的，所以說菩薩眞的不容易當。往往有人說：「我受菩薩戒了，我現在是眞的菩薩了。」實際上遇到境界來了，仍然是世俗凡夫，都不是菩薩。但是：佛法背俗，世之所賤，道之所珍；世之所貴，道之所賤。所以佛法是背俗的，因此見到有人來罵，我們不是罵回去，而是憐憫他，要想辦法救他。除非對方的毀罵會影響到正法的弘傳，讓大眾誤以爲你的正法是有問題的，而且你又是世上唯一的正法弘傳者，那就只好被逼而從事相上說出眞相。否則，應該要憐憫對方而隱匿他的過失與罪惡。

若見到有人來偷財物，就當作不知道。這種事情也是常發生的，我講一個實例給諸位聽，因爲我身上發生的事情還眞多呢！我有一台腳踏車騎出去，買了東西回來放在門前，第二天早上不見了！有一天走路出門去購物時，碰巧在別處被我看見了，就把它騎回家。因爲是新車時就從車店買回來的，遇見了當然就直接騎回來。可是當晚又被別人騎了去，硬說是他的；我就當作是布施，不與他爭，我就另外再去買一輛新的；花了二千八再買一輛新車，何必爭得面紅耳赤呢？既然這些財物帶不到未來世去，那又何必爭？只是這一世讓你保管及使用而已，不用是白不用；若被偷了去，不要想成是被偷；知道對方說的都是狡辯，你就當作他是向你借用的；等到利息生了很多，到來世再收很多倍的利息回來，並且是由他把好幾百倍的利息在來世很歡喜的奉還給你，還會懇求你收下呢！事實上是這樣的。

在我身上發生的還有一些例子，就不多談了，都是題外話。我爲什麼深信因果呢？我小時很窮，因爲我老爸是入贅的，而我隨父親的姓，當然就不可能分到家產；但是我也很安分，從來不曾起過一念妄想；所以我是白手起家的，但是不去幹雞鳴狗盜的事，因爲一直都相信因果報應會很重。沒有親自碰上因果報應的人總是不信，等到碰上了，歡喜也來不及了，後悔也來不及了；因爲等你碰上了，錢就是非得要給你賺不行！別人想辦法要賺都賺不到；你不想賺那筆錢，人家就偏偏要你賺，天下就有這種事啊！這就是因果，等你歡喜都來不及了，錢都來到你家求你賺它了。如果是惡事，後悔也來不及了，因爲早就被人家坑走了。我女兒前世欠了一個女孩一個銀圓，這一世成爲好朋友，我就替她還掉將近一百萬元，那是一九八四年時的事情，而那個女孩只爲了要索回一個銀圓，這一世卻以付出生命的方式來索回，在這一世，兩人以傷心的愛別離方式分離，這因果眞是可怕。

所以當你見到有人來偷財物時，就默然不動；因爲他是來幫你儲存後世錢財的，後世自然會主動來還你，所以是你在三界中的後世銀行，又何必大驚小怪呢！要學那個天主教的神父，他很有胸懷、很有心量，他看見小偷偷了些銀製的器皿，他就告訴他：「你要說你是向天主借的，不是偷的；以後有了錢要拿來還。」那小偷聽了也不以爲意，他想：「這個神父腦筋壞掉了。」隨便答一聲就走了。後來被抓到了，他想起神父講的話，就說是向天主教堂借的，不是偷的；警察當然不信，抓了回去問，神父果然說是借給他的，所以無罪釋放了。那個小偷後來似乎也出家當神父去了。所以見他偷時，應該默然不動；如果你的心量再大一點，就說：「這是你向我借的，所以沒有罪，但是以後記得要歸還啊！」這樣就好了！假使他一直都不還的話，你也不必著急，反正時間越久越好，最好是未來世再還，這是我的經驗。你們不相信嗎？可以看後面《優婆塞戒經》中 佛怎麼說的。所以 佛說「見他偷時默然不動」。如果你心地夠好，就告訴他：「下一輩子還，可能會是很多倍的哦！你要先盤算看看：划不划得來？」

如果見到有人來打你，你不應該生氣，要生悲心，並且還要看待眾生猶如父母。我在初學佛時曾對一個人說過，因爲他們覺得很奇怪說：「你們學佛的人怎麼會這樣哦？」我說：「怎麼樣？」他就說了一堆，我就說：「對啊！我們學佛的人本來就是『視一切男子如我父，視一切女人如我母』，因爲我們每一世都有父母嘛！過去既然無量世，當然父母也是無量，誰沒有當過你的父親、母親呢？」隨口就這麼答，那時學法還不到半年，膽子還眞夠大！可是後來眞的讀到經典這麼講，說：「菩薩視一切男子爲我父，一切女人爲我母，我生生世世無不從之受生。」哎呀！眞的有這一句話！所以要視眾生猶如父母，事實上也是在無量的往世當過我們的父母，如今這些過去世的父母被人誤導而走入邪道，有的則是在害人，有的是被害，你要不要救他們呢？（大眾答：要救！）哪裡有人不救父母的？那眞不孝啊！

此外，在行菩薩道的過程中，寧喪身命終不虛言，絕不編造虛假的事實，不要不知冒充爲知，然後瞎編亂說一場，所以說寧可喪失色身性命也不說虛假的言語。這在菩薩來講是很簡單的事，但是在世俗人來講就很難；如果學佛以後還一天到晚在講假話，我告訴你這個人一定不是實義菩薩，而是假名菩薩；因為菩薩深知果報歷歷不爽的緣故。一切果報莫不都有其因，除非你現在所遇到的冤屈事件是別人所造的因，那個造因的人後世一定會受果報；如果遇到的是過去世所造因而成就現在的果，那就坦然接受！不管順境逆境都要坦然接受。願意坦然接受了，乃至死都願意接受，心中就沒有恐怖。人生艱難唯一死，死都能不恐怖了，還有什麼好恐怖的？既然是過去所造的因，現在受這個果，那是理所當然的！有什麼好恐怖呢？那如果現在遭遇到的惡事是因而不是果，那更不用怨天尤人，因為這表示未來造因者將會被你冤枉，卻不能對你作什麼事。這叫作天經地義。所以如實了知因緣果報時，自然就心平氣和囉！所以被人家無根誹謗，也不必每次上課就為自己辯護，因為揑造事實來誹謗的人，未來世說法乃至談論一切事情時，就是四個字：「人所不信。」你若被誹謗，這一世也許有些人不信，時間久了終究會水落石出的；所以果報很靈感的，因為這些事情都已種在各人自己的如來藏中，沒有人能把它消除掉。知道種種果報昭昭不爽的人，就能做到「寧喪身命終不虛言」。

「於諸煩惱應生怨想」，一般人、大法師們也是這樣想：我有煩惱時都對煩惱生起怨想，常常都是放下煩惱不管的。可是這裡講的煩惱跟他們講的不一樣，他們講的是在世間法上不如意所以稱為煩惱，把煩惱看作怨家，所以把煩惱都丟掉，教人放下煩惱。但這只是世俗人與大法師的想法，他們其實不懂佛法中講的煩惱。佛法中講的煩惱是我見、我執二種煩惱，菩薩則是再加上無始無明相應的上煩惱，把這些煩惱當作怨家，一心要把這些煩惱殺掉，所以「於諸煩惱應生怨想」。既然對煩惱應生怨家之想，就該把煩惱殺掉。但是應「於善法中生親舊想」，故親舊友相見當然很歡喜，同理，於種種善法也應當如此，因為善法能提升我們的道業。反過來，如果於外法——心外之法——對如來藏以外的法生起了貪心，應該要「尋能觀察貪之過咎」。尋就是立刻，很快的就能觀察到心中出生了貪，立即就觀照到起貪時會有種種過失。於外法生於貪心時應當如此了知過失，於一切我所的煩惱生起時也應當如此。

【「雖復久與惡人同處，終不於中生親善想；雖與善人不同居止，

終不於彼而生遠想。雖復供養父母師長，終不為是而作惡事。乏財之時，見有求者，不生惡想。雖不親近凶惡之人，而其內心常生憐愍。惡來加己，以善報之。自受樂時，不輕他人；見他受苦，不生歡喜。身業清淨，持四威儀，即以是法用化眾生；口業清淨誦讀如來十二部經，即以是法用化眾生；意業清淨修四無量，亦以是法開化眾生。假身受苦令他受樂，甘樂為之。世間之事雖無利益，為眾生故而亦學之。所學之事、世中最勝，雖得通達、心無憍慢；以己所知、勤用化人，欲令此事、逕世不絕；於親友中不令作惡，樂以上八法教化眾生；說因說果無有錯謬。愛別離時心不生惱，觀無常故；受樂受時心不耽荒，觀苦無常。善男子！菩薩具足如上八法，則能施作如是等事。」

講記　菩薩雖然以很長時間和惡人同處於一處，既然無法遠離惡人（譬如因緣如此：有一個惡人正好是你的鄰居，或者對門正好是怨家，一天到晚誹謗你；或者說專門破壞正法的人剛好住在你家隔壁，偏偏你又心樂護持正法，痛恨破壞正法，卻不得不同住一處），雖然住得這麼近，始終不因為住得近就生起親善之想，不會因為是鄰居，感情好得不得了，就對他誹謗正法的事情加以認同，或者視而不見。菩薩不但現在如是，未來世中也將始終如是。與善人不能住在一處，雖然住得很遠，但是始終不會覺得距離很遠，反而覺得距離好近。這就是遠惡修善，拒惡親善。猶如儒家說的：君子之交淡如水。雖然平常不會互相攀肩搭背，常常在一起喝酒、吆五喝六，看起來好像情份不很深；但是一旦有事時，赴湯蹈火在所不辭，這才是君子之交啊！學佛之人——特別是受了菩薩戒以後——與惡人同住時，不因爲他是你的親人、好鄰居，就去認同他。與善人雖然相住很遠，卻不會覺得很遠，心還是同在一起的。

供養父母師長雖然是作人的根本行誼，當人家的子女當然要供養父母，當人家的徒弟當然要供養師父，當人家晚輩當然要供養長輩，這是爲人應有的基本行誼；但卻不可因爲如此，就去偷竊或搶劫別人的錢財來供養。再怎麼沒錢，都應該自己努力去賺，賺多少錢就供養多少，不許用不正當手段去取得錢財來供養父母、師長，所以說「終不爲這件事來作惡事」。

菩薩正當身邊沒有錢財時，看見有人來求他布施，心中不會產生惡想。有些人會因此開口大罵：「去年我正有錢，你不來化緣；今年我倒楣，全被人倒光了，你偏偏這時候來，是要給我沒面子啊！」有的人就當面罵起來了。如果化緣遇到這種人，那你就自嘆倒楣，說聲抱歉就趕快走人。可是菩薩心中都不生惡想，何況會罵人？菩薩一定會說：「我很慚愧現在不能布施。」不生惡想。

菩薩雖然不親近兇惡之人，但也不會極度厭惡兇惡之人，反而會在心中升起憐憫之心：「這個人還眞可憐！一天到晚欺負眾生，不知道百年將到，到時不知道要怎麼受？未來世要怎麼過？」因此而憐憫他，不會跟著眾生一起大罵惡人。因爲兇惡之人其實是眞正可憐的人，後世果報極爲苦痛，因此內心常生憐憫。假使能力不夠，卻想度他：「憐憫還是不夠的，我應該親近他，想辦法度他。」那將會在此時開始障礙你修道。所以能力不夠時，只要生起憐憫心就好，這是爲你自己好，也是爲兇惡之人好。假使你威德不夠，你去親近他，而他又很不喜歡學佛人，偏偏你又三句不離本行，講來講去都是苦、空、無我、無常，他就突然捅你一刀，結果是害了雙方。所以你生憐憫心就好了，不用去親近邪惡之人，你去親近惡人就是故入難處，就是沒有照顧道器，就是犯戒。你既然成爲菩薩身了，就應該在利益眾生學法上面來用功；去親近惡人的後果往往是被殺害，或是被綁架，那你還能利益眾生嗎？也不能修道了！所以威德不夠時，無妨常生憐憫，卻要小心遠離。

萬一不小心碰上這個惡人了，他以惡來加，對你惡行惡狀，你卻要用善心來回報他。他所求索的，做得到時盡量做；做不到時就盡量避開，不要有機會再給他遇見你。因爲惡人從你身上求索到的，會拿去做更多的惡事；所以惡人雖然惡來加己，我們以善報之，但是要趕快遠離。

菩薩在自己受樂時，不會因爲能享受種種世間樂，就輕視不能享受世間樂的貧窮人。看見別人受苦時，不會因爲受苦的人是怨家，就心生暗喜。世人總是說：「哎呀！這傢伙被關進去了！大快人心！」就鼓掌起來，這樣就失掉了菩薩的格囉！所以菩薩見他受苦不生歡喜，否則就成爲幸災樂禍了！世俗人尚且認爲幸災樂禍是不好的，何況是菩薩呢？菩薩還得要身口意清淨：身業應當嚴持四威儀，行住坐臥可別老是像個小丑。以良好的四威儀來度化眾生，也教導大家應該要有威儀。口業也應該要清淨，不要學世間人編派人家的是非、揑造莫須有的事情，這叫做口業清淨。還要以清淨口來誦讀 如來所說的十二部經，也用清淨的口業和所誦讀的十二部經來化度眾生。意業也應該要清淨，並且在證得第四禪以後，還要加修四無量心：所謂慈無量、悲無量、喜無量、捨無量。四種無量心都是先從親屬觀起，譬如修慈心觀，先觀想親屬受樂，再觀次等親屬，再觀無怨無親的平人，後觀冤家受樂無量，再進而觀一村、一鎭、一市、一縣、一省、一國、一世界乃至三千大千世界眾生悉皆受樂；這樣觀想完成，就是慈無量心成就，心地就會極度的慈悲。

但是無量心觀，在沒有禪定修證之前，不容易觀想成就，所以 佛說在三地心證得四禪八定之後才進修四無量心：於初禪成就時修慈無量心很容易成就，於二禪成就時修悲無量心很容易成就，於三禪成就時修喜無量心很容易成就，於四禪成就時修捨無量心最容易成就。因爲這是跟四個禪定的不同境界相有關係的，這四個境界與慈悲喜捨各各相應。意業最清淨的境界就是修得四無量心，這就是三界中最清淨的意業。菩薩修成之後，也用四無量心的法來教導眾生修學慈悲喜捨四無量心。

假使色身受到種種苦楚而能令別人受樂的話，菩薩也願意去做。一般人是：爲別人服務而不會傷害到自己。在不使自己受苦的前提下，願意幫助眾生。如果幫了眾生就會使自己痛苦，那就不想做了。但是菩薩不這樣想，除了一般人願意做的以外，乃至爲了幫別人而自己要受苦，他也願意做：甘樂爲之。甘就是甘心，樂就是以受這種苦爲樂。

菩薩不是只修學世間法，也不是只修學出世間法，而是世間與出世間法都修的，所以說「菩薩當於五明中求」。你若有了五明，才能廣利眾生；縱使修學世間法以後對自己並沒有利益，但是爲了利樂眾生的緣故也應該隨分而學。菩薩跟聲聞是不一樣的，聲聞、緣覺除了出世間法以外，世間法是一概不學不修的；你若遇到二乘無學聖人，他們是生死已辦的人，不須再修證了，所以請求他們學一些醫術來救濟眾生身病，但他們不會接受及學習的。只有教導眾生證得出世間境界的法道，他們才願意爲人教導，除此以外都不願意。不但如此，他們連大乘法也不願意學。但是菩薩不然，菩薩修學五明：因明、聲明、醫方明、工巧明、內明。全部都學，但這些大部分是世間法，只有內明是出世間法。可是爲了利樂眾生，菩薩照樣要學。有時菩薩爲了度一個人，比如這人喜歡醫學，菩薩就去研究一些醫學，進修醫術，只爲了能夠與他討論，讓他對菩薩生起好感，再於言談中把佛法帶進來講，讓對方漸漸對佛法生起信樂；所以菩薩有時以醫病作爲手段，藉著治眾生的病爲眾生種下佛菩提種子：「**你這個病是有因果的，應當多念佛、多做善事，把這些功德多迴向。**」一步一步引導眾生走進佛法大門，藉著看病、開藥方、授藥而度眾生，所以菩薩要學五明。雖然世間之事對菩薩的道業並無利益，「爲眾生故而亦學之」。

但是菩薩學了世間法以後，他所學之事，世中最勝。因爲菩薩有智慧嘛！菩薩如果能有了種智，假使他眞的有心要學，不必幾年就會超過他的老師。如果他只是學了拿來作爲度眾時方便使用的知識、常識，就不會專心深入研究它。如果他專心去學，雖然這事情是世間事，對他自己沒利益，也願意爲眾生也去學，但是他若有心深入修學，就會成爲世間最勝的人。雖然學得最好，但是通達了以後，心中還是沒有憍慢心，仍然會非常尊敬他的老師，因爲不值得驕傲，而且師恩廣大的緣故。也因為這世間法比起自己所證的般若，那真是小智慧；證悟般若得要有大因緣，還得要有大善知識指導；可是世間法的拜師，到處都有啊！如果有了種智，拜師後學上幾年，再加以自己努力研究，一定會超過世間法的老師，所以世間法的超勝於師，並不值得憍慢，所以菩薩通達世間法以後也不會因為如此而對他的老師生起憍慢之心。

第八、菩薩還得要以己所知，精勤的用來度化眾生。菩薩不管學什麼世間法，學得以後都用所學的世間法作方便，不斷以此世間法帶進佛法中利益眾生，讓眾生可以藉世間法而進入佛法，而且也要讓所學的世間法流傳不絕，因為世間法也能幫助眾生；譬如工巧明學成之後，菩薩比他的老師有智慧，可以加以改進，成為更好的世間法，再讓它流傳下去而利益更多眾生，那也是成就菩薩的世間福德，所以 佛說「欲令此事逕世不絕」。菩薩教導親友都不造作惡事，並且一直樂以這八法來教化眾生。不但如此，還要常為眾生解說因果的原理，要讓眾生瞭解。一般人說因果，只能從表相上說，也不能證實所說的因果是正確的。譬如常常有人說：「**如果女眾來世想要美麗，應該常買鮮花供佛，來世一定**

美麗；男眾如果要來世多有錢財，應該多買飲食、常以七寶供佛，來世一定富有資財。」可是，爲什麼來世會美麗、富有資財？都沒有一個根據。菩薩不然：已了知一切種子都在各人如來藏中，所以種了什麼因，就一定有什麼果。菩薩因爲如實了知因果，所說因果就不會有謬誤。

菩薩在親愛的眷屬與自己別離的時候，心中無惱，因爲現觀無常故。菩薩在人間最親愛的眷屬無非是父母，其次是配偶、子女，這就是最親的眷屬。但是菩薩在父母捨報時，心不生惱。菩薩非常的孝順父母，父母是自己五蘊之所從來，所以父母最親；但父母死亡、別離時，菩薩並不生煩惱，因爲現觀一切法無常、恩愛終有別離時。那你說：「**你自己可能都做不到！還要求別人！**」事實上是要這樣啊！當年我老爸九十三歲往生，我只掉下一滴眼淚：他生養我長大，可是我說法時他不信受，別人說法他倒是信受；因爲我是他的兒子，是他看著長大的，對我沒什麼信心，所以我沒辦法幫他開悟，爲此緣故而掉下一滴眼淚。但也只有一滴，也忘了是哪一個眼睛掉了一滴；我很想要報恩、幫他證悟，但是無從報起。這是不是因爲情執而傷心掉淚？不是的！而是因爲覺得有一點……，應該說是悲哀吧！自己此世最親的人，竟然無法幫他發起無生智慧！因此掉淚。這不是因爲煩惱而掉淚，所以叫作心不生惱。爲什麼能如此呢？因爲：你如果爲了父母的愛別離而痛苦，你將會痛哭、流涕，沒完沒了。所有人在以往的無量世中都有父母啊！那麼鄰家的老婆婆死了，你該不該哭？你也應當哭啊！她在無量世以來也當過你的父母，只是不在此世當你的母親。可是每天都有人死，你要不要哭？你都應當哭啊！因爲每一個人都當過你的父母。所以世世都有至親的父母，一切怨親都當過你以前的父母，既然是怨親、世世平等，所以對此世父母的別離就沒什麼好哭的了！但是爲了這一世不能報恩及因爲憐憫心，所以流下清淚，但不是生惱。因爲五陰畢竟無常，一定會死，早有心理準備啦！那還痛哭什麼？所以愛別離時心不生惱。

於苦如是，於樂也應當如是。在人間不可能永遠是苦，一定會有樂受出現時；即使是臥病在床、每天都很苦的人，他也會有樂受時；譬如說今天病況好了一些，你問他說：「你今天好像好一些了吧？」他會跟你笑著說：「今天沒那麼痛苦啦！」這是以少苦爲樂，也是樂受。所以世間無有不樂時，也無有不苦時，苦樂不是絕對的。但是菩薩受樂時，心中不耽逸、不荒淫。既然當了在家菩薩，當然要隨順世俗、隨順家人眷屬，就免不了有五欲之樂；在家菩薩雖有五欲之樂，但是不會沉迷荒誕，卻必須隨順家人。有時家人說：「你好久沒有陪我看電視節目啦！」那你就陪陪他看一會兒，千萬別落入劇情中生起爭執：「我要看這一齣戲，你怎麼偏要看那一齣戲？」那就變成耽荒了，所以在家菩薩受樂時只是爲了陪眷屬；或者很累了，藉著陪家人享樂而在旁休息一會兒，這叫做心不耽荒。

還要「觀苦無常」：觀察一切樂受都是苦、也都無常。怎麼觀苦無常呢？一切樂受之中莫不有苦，只是樂多苦少而已！也許你會說：「哪兒有？我看那部電影時，看得好快樂。」眞的沒有苦嗎？要是沒有苦，電影散場了以後，你爲什麼要揉眼睛、點眼藥水？眼睛爲什麼會累？那也是苦啊！也許有人說：「我看的是喜劇片，從頭笑到最後，眞是快樂啊！」那你笑到後來肚子痛不痛、酸不酸？這是苦啊！所以樂與苦都只是苦多樂少、樂多苦少的差別而已：一切樂受中莫不有苦，一切苦受中莫不有樂。你要是不信，可以問小孩子：「冰淇淋好吃不好吃？」「好吃！」「好！我給你一大碗，你在一分鐘內把它吃完。」他又不想吃啦！因爲太冰了也是苦啊！所以應當觀一切樂是苦、是無常。佛說如果菩薩具足了上面所說這八件事情，就能夠施作如是等事：若聞譏毀，心能堪忍，若聞讚嘆反生慚愧……等等事情。

【「善男子！菩薩二種：一者在家、二者出家；出家菩薩修是八法，是不爲難；在家修集，是乃爲難。何以故？在家菩薩多惡因緣所纏繞故。」】

講記　佛又作結論說：菩薩有兩種，一種是在家菩薩，另一種是出家菩薩。出家菩薩修這八法，沒有困難，因爲沒有惡因緣來遮障他；但是在家菩薩修集這八個法，就會有很多困難，因爲在家菩薩有許多的惡因緣纏繞著他，讓他無法放手去做。接下來要講五十六頁的〈二莊嚴品〉第十二，這是講菩薩應具備的兩種莊嚴：福與慧。這兩種莊嚴是成佛所必備的，也是一切菩薩生生世世努力修行，一直到究竟佛地時才圓滿的。可是究竟佛地圓滿之後，仍然不嫌多，也是隨緣而繼續修集。所以釋迦牟尼佛還為弟子阿那律尊者縫衣裳，修福是永遠都不嫌多的。

〈二莊嚴品〉第十二

【善生言：「世尊！云何菩薩自他莊嚴？」佛言：「善男子！菩薩具足二法，能自他莊嚴：一者福德、二者智慧。」「世尊！何因緣故得二莊嚴？」】

講記 善生菩薩為我們請問：什麼是菩薩的自他莊嚴，應該如何才能自他莊嚴？ 佛開示說：「善男子啊！菩薩如果能具足兩個法，就能莊嚴自己，也能莊嚴別人。」這兩個莊嚴，就是福德莊嚴與智慧莊嚴。《菩薩瓔珞本業經》，為什麼用瓔珞兩個字？就是說，菩薩修集種種所住本地中應該修集的善業，以因地各個階位中所應修的本業作為他將來成佛時的莊嚴。菩薩身上掛了很多瓔珞，那只是象徵，象徵他的福德廣大；但是當你見到菩薩時，菩薩不一定會佩帶瓔珞給你看。當你們感應到觀世音菩薩時，祂有沒有每一次都掛很多瓔珞給你看？（大眾回答：沒有！）

不常有啊！所以瓔珞只是個象徵。菩薩以什麼爲瓔珞？以種種善業行、智慧行作爲瓔珞，也就是以福德與智慧作爲瓔珞莊嚴。善生童子爲我們問：「以何種因緣而能得到這二種莊嚴？」佛開示說：

【「善男子！菩薩修集六波羅蜜，便得如是二種莊嚴：施、戒、精進，名福莊嚴；忍、定、智慧，名智莊嚴。復有六法——二莊嚴因，所謂六念：念佛、法、僧，名智莊嚴；念戒、施、天，名福莊嚴。善男子！菩薩具足是二莊嚴，能自他利；爲諸衆生受三惡苦，而其內心不生憂悔。若能具足是二莊嚴，則得微妙善巧方便，了知世法及出世法。善男子！福德莊嚴即智莊嚴，智慧莊嚴即福莊嚴。何以故？夫智慧者能修善法，具足十善，獲得財富及大自在；得是二故，故能自利及利益他。」】

講記　佛說：善男子啊！菩薩修集六度波羅蜜，就可以獲得福德及智慧兩種莊嚴。六度中的布施、持戒和精進，屬於福德莊嚴；忍辱、禪定及般若，稱爲智慧莊嚴。不論是財施、法施、無畏施，都是福德，屬於世間善業。法施則兼有出世間善業。既然是布施，本身就有福德。持戒而不犯眾生，乃至持解脫戒（譬如比丘、比丘尼戒），也得福德莊嚴，因爲不犯眾生所以得後世福德果報。若持別解脫戒，也就是持菩薩戒——不同於二乘解脫之戒——則是不犯眾生及利樂眾生，後世也得大福德，所以也是福德的莊嚴。對於布施及持戒都能精進，那當然是增益福德的，當然是福德莊嚴：不斷的布施、持戒，並不是一次或短時間就結束了，所以精進也是福德莊嚴。

修忍辱，是有智慧的人才能做得到的。而且修忍辱也有現世報：若能忍得一時之氣，可以保住百年之身；能於正法安忍，可以保住法身慧命，所以都是福德與智慧莊嚴。能修證禪定，了知三界不同的境界：了知色界天、無色界天的境界，也是一種智慧啊！有此智慧也能莊嚴自己。譬如我們出世弘法以前，有人宣稱已經證得初禪、二禪乃至四禪，但是我們出來講解禪定以後，他們都不敢再講了！因爲我們有禪定智慧的莊嚴，間接的顯示他們證錯了，所以後來就不敢再講了，都是錯會了初禪等境界。當你有親證而能把禪定中的境界與親證過程說出來，也把親證的原理說出來，他們卻都說不出來，就會知道你確實親證而他們自己誤會了；他們知道自己沒有這個親證的現觀智慧來作莊嚴，而你有這種智慧作莊嚴，所以就不敢來與你辯論初禪的境界了。假使證得勝妙的初禪定境，你就能知道色界天人的天身，就會知道 佛沒有欺誑眾生：色界天人果然沒有五臟六腑。你自己可以證實，因為你已經體驗過了，可以親自告訴大眾，所以有這個智慧來莊嚴自己。如果再證得般若智慧及解脫、涅槃的智慧，那你當然更有智慧莊嚴。所以修忍、證得禪定以及證得三乘菩提的智慧，都是智慧莊嚴。因此說六度六波羅蜜可以概分為這兩種莊嚴：福德莊嚴、智慧莊嚴。

另外還有六法，是二種莊嚴的因，那就是六念。有些人誹謗說：「六念是只有在大乘法中才說，原始佛法中是不曾說過的。」其實在四阿含中早就說過了。六念的前三法是念佛、念法、念僧。能憶念佛，憶念法、憶念僧，表示此人於三寶信心具足，已經生起正信，過了仰信、迷信的階段了。真正的信受三寶之後，若能依止三寶修學正法，證得二乘菩提的解脫智，乃至證得大乘菩提的實相、般若智慧，就是有了智莊嚴。但是智莊嚴的獲得，光是念佛、念法是不行的，往往還得念僧。乃至念凡夫僧都有益，除非所念的凡夫僧是破戒人、貪愛者。如果不是破戒、謗法的凡夫僧，念他們也是有益的。當你想念凡夫僧時，正好明天放假沒事，突然想起來：「去我師父那裡走一走也好，好久沒去了。」去了以後，也許他引經據典爲你說了一些佛法；也許他還沒有通達，而你聽了以後卻通達了，那可不一定。這不就得利了嗎！所以念僧還是有益啊！你如果好幾年沒去了，突然想到去那邊住個三、五晚，聽聽師父開示，也許正好這幾年他悟了，他向你開示一番道理，那你不就得益了嗎？所以念凡夫僧也有利益。念勝義僧更有利益，都是有利益的。所以，念三寶可以讓你得智慧，就算是那個師父沒有解脫智，沒有般若智，至少依照經典來依文解義爲你宣講，回家時心中也會清淨一點，也會比較有智慧一點；比較不會像以前跟眾生斤斤計較、自尋煩惱，所以還是有一些世間智慧來莊嚴你。所以憶念三寶也是會有智慧生起而莊嚴自己。

如果念戒、念施、念天，那就是福德的莊嚴。念戒，是常常憶念自己於戒法上有無缺犯？如果有缺犯就趕快改正，如果沒有缺犯，仍然要念戒，因爲可以堅固信心。如果能持戒不犯，譬如持五戒不犯可以保住人身，加修十善業道就可以生到欲界六天去，所以念戒不犯就會有保住人身的福德，念善法戒就一定會行善而出生了來世往生欲界天的福德。持菩薩戒不犯，未來世仍然會是菩薩，因爲戒體還在，終會有遇到正法而得親證般若的因緣，也是大福德，是福德莊嚴。

爲什麼要念施呢？因爲念施可以讓自己不斷的修集福德，念施也可以讓自己常常記住未來世會有許多菩薩資糧等著自己領受，就可以作爲道糧及用來廣利眾生，所以也是福德莊嚴。在這一世修學佛法，不斷布施種福田，死時就不必哭哭啼啼，因爲死後就是開始收割福田的果實了，就以此世所種的福田爲依，當然可以快快樂樂的離開此世；所以念施、行施的緣故，使人捨報時心無罣礙，絕對不耽心墮落三惡道中，也是將要去到下一世收取此世財施、法施、無畏施的果實了。念施的人可以有此善報來成就世世的道糧，當然要念施。

爲什麼要念天呢？人之所以生天，必有大福德。如果因爲布施而有了生天的福德，捨壽時想要出生在人間，當然能成功，所以應該要念天。自己究竟有沒有生天的資格？大家都要捫心自問，先觀察自己有沒有這個資格？如果持五戒、持菩薩戒而不違犯，又肯行十善業道利樂眾生，一定有生天的資格。如果有生天的資格，來世想要繼續出生在人間修行，當然沒問題。就好像學生擁有台大錄取的分數，但是想要去讀中興大學，當然會被錄取的；所以一切菩薩都應該具備捨報之後出生於天上的資格，至少應有出生於欲界六天的資格，把欲界六天的福德莊嚴用來莊嚴下一世的菩薩身。色界、無色界諸天也都有大福德，我們應該檢查自己有沒有這些往生的福德？如果沒有，應當心生慚愧，好好計劃取證色界天、無色界天的福德，然後再迴向繼續生於人間行菩薩道。如果能如此念天，當然不會下墮，這也是菩薩的基本基礎嘛！所以在家菩薩要具足六念。由以上的道理，說念戒、念施、念天屬於福德莊嚴。

佛說菩薩如果具足福德莊嚴及智慧莊嚴，不但能利益自己，也能利益眾生；甚至能為眾生去受三惡道之苦，而心中不會產生憂慮、悔恨。譬如有時菩薩為了度鬼道眾生，故意投生鬼道中；為了度地獄眾生，以願力而下地獄。但是以這類大悲之願而入餓鬼道，絕不會像餓鬼道眾生那樣受苦，因為你有修行六念的大福德來莊嚴你。因為有大福德，假使去鬼道度眾生，你沒有當京畿城隍，就會當都城隍，至少可以當府城隍、省城隍、縣城隍，絕不會讓你當餓鬼的。福德那麼大，一定會成爲有財鬼、大力鬼，怎麼可能去當餓鬼？因爲福報跟著施主，善業隨心而去，誰都無法搶奪，所以菩薩若發願往生去餓鬼道，也不會受苦的，只是環境較差而已；但是菩薩不會因爲那裡環境不好，就悔恨生到那裡去。假使發願下地獄度眾生，道理也是一樣的；若是已經有了大福德，譬如已有四禪八定，隨時都可以離開，還會有什麼苦可受？完全是爲了眾生才會繼續留在地獄中。福德很大的人，若是發大願要去地獄中救度有情，下了地獄時閻王還得要禮拜他，哪裡有苦受輪到他來受呢？

除了福德莊嚴以外，還得要有智慧莊嚴，具足這二種莊嚴時，不但能自利，也能利益眾生。如果菩薩發了大悲願去餓鬼道度眾生，那些餓鬼往往就會發起善心，將來就能往生善道，這就是利益他們了。或者菩薩世世發願：「我下輩子還要到人間來。」既然發了願，也眞的到人間來了，當然也因爲福德與智慧的緣故，能在人間境界中利益自己，也利益了很多眾生，這都是因爲你有這兩種莊嚴。若沒有智慧莊嚴，也沒有福德莊嚴，出門弘法時連機車都買不起，連乘公共汽車的錢都沒有，沒有福德莊嚴，還要靠別人救濟，又如何能利樂大家呢？譬如有人每週最多只能來共修一次，因爲還要謀生，晚上還得要討生活，連共修學法都有問題了，又如何能廣利眾生呢？如果有了這兩種莊嚴，下一世再來人間當在家菩薩時，就不必接受人家供養了。既然當在家菩薩，就不要想著別人的錢財，要用自己的積蓄過活、利樂眾生。

有福德莊嚴及智慧莊嚴，就能利益自己了，因爲可以自己把妙好福田開出來，自己精進再種大福田，未來世將會更有福德，來世的福德莊嚴就會更大了！就這樣一世又一世滾雪球一般，福德也就越滾越大了。若有智慧莊嚴，就更能利益眾生了！如果發了願要再來人間利益眾生，但是被五濁眾生所忤逆，氣得不得了！那就表示智慧莊嚴還不夠；既然發了願要度五濁眾生，那你還怨什麼？不必怨天尤人了嘛！本來就是發願要來利益惡劣眾生的，所以爲諸眾生受三惡苦而其內心不生憂悔，該做就去做，不討厭惡劣眾生對你的回報有多麼惡劣。假使菩薩能具足這兩種莊嚴，就可以得到**微妙**的善巧方便；也就是說，菩薩的善巧方便不是粗糙的，說法時並不是隨便講一講，而是有很微細、很深妙的善巧方便，能了知世間法及出世間法，然後為人解說。

佛又開示說：「雖然說有兩種莊嚴，福德莊嚴其實就是智慧莊嚴，智慧莊嚴也就是福德莊嚴。」這兩者本來是不可分割的，佛說：有智慧的人才會懂得修善法，沒智慧的人是不肯修善法的。沒智慧的人都有小聰明，總是懂得巧取豪奪，看來好像佔了便宜，似乎很聰明；其實是沒有智慧，因為未來世要還更多；這一世搶了一塊錢，未來世要還幾百、幾千塊錢，那怎麼叫有智慧呢？結果是：這一世騙人家的錢，看來很有錢，身邊有好幾億；但是死時帶不走，來世要還人家多少？萬倍、十萬倍！還不完就只好去當畜生很多劫，披毛帶角還，眞是沒有智慧。只有眞正有智慧者才會修善法，因為深信因果昭昭不爽。一般人雖也信因果，其實多數是**寧可信其有**的心態，無法眞正的深信因果。只有菩薩才能眞正深信因果，所以能生善法，這才是有智慧，才能具足十善業道。具足修集十善業的結果，來世就會獲得廣大財富及大自在。來世既有智慧，又有這一世種福田所得來的大財富，當然福德莊嚴與智慧莊嚴具足。但福德莊嚴是從智慧來的，有智慧者才懂得種福田；所以福德莊嚴就是智慧莊嚴，智慧莊嚴也就是福德莊嚴。因此說有智慧莊嚴的人來世得財富，也得大自在：有這兩個法所以能自利，也能利益他人。

【「有智之人，所學世法於學中勝，以是因緣便得財富及大自在；菩薩具足如是二法，則能二世自他利益。智者若能分別世法及出世法：世間法者一切世論、一切世定，出世法者知陰入界；菩薩知是二法因緣，故能二世自他利益。善男子！菩薩雖知世間之樂虛妄非眞，而亦能造世樂因緣，何以故？爲欲利益諸衆生故。善男子！是二莊嚴有二正因：一者慈心、二者悲心。修是二因，雖復流轉生死苦海，心不生悔。復次菩薩具足二法，而能莊嚴無上菩提：一者不樂生死、二者深觀解脫，是故亦能二世利益，了知法相，得大智慧，能令自他財命增長。」】

講記 有智慧的人，在所修學的世間法中也是最勝出的人；如果你有種智的話，你學世間法也會學得很快，除非你不是很有興趣想學。如果有專心去學，將會成爲那個行業中最殊勝的人；這是因爲菩薩有智慧的緣故，所以修學世間法時能超勝於一般世人，所以由此因緣而獲得財富，也可以獲得大自在。如果有智慧，去學醫、學文學，乃至五術，所謂山、醫、命、卜、相，都會學得很好而用來賺大錢，因爲比別人精通。不要看輕世間法，只重視現在所學的出世間法；你若學好了世間法，就可以用來利益眾生。只要你有智慧，學起世間法來會比別人快，而且比別人精妙，這是因爲你有了智慧，懂得如來藏種子的原理，當別人家從事相上一步一步辛苦的學習時，你可以直接從原理上面去透入，所以你學起來又快，又比別人好，當然得大財。現在不景氣時，命、卜師生意卻是好得不得了，有的還是門庭若市，一個月收入十幾萬不是難事。而且有些祖傳的相命館光是算命就生活優裕，而且姿態還蠻高的；不信的話，你去看看，他們都不會以青眼看你的。看風水也一樣，只要一天跑個三場、四場，一天就有一萬、兩萬塊錢進袋了。當醫生也是一樣，有的醫生開一次刀，要拿十萬元紅包，醫院給的薪水照領。有的醫師更高，乃至二十萬、五十萬不等，這都是因爲他比別人精通的緣故。如果有人有這個能耐，行情十萬時他只收五萬，病人可就感激死了，他又可以拿來利樂眾生啊！當然眞正的大菩薩們是不會收這種錢財的。

如果能夠通達般若，由般若去相應，那麼你學世間的技術，有智慧直接從根本原理上面透入，修起來就會很快，甚至是青出於藍、更勝於藍，財富滾滾而來；有錢了當然是於人間自在了，財富越來越多，可以用來布施有情，成爲善人了，誰見了你都歡迎，當然可以處眾無畏。既有般若智慧，世間法又懂，大家都歡迎，當然隨處自在，所以說「以是因緣便得財富及大自在」。菩薩若具足福莊嚴、慧莊嚴，就能在這一世利益自己、也利益別人。利益了別人，在未來世就利益了自己，又能一樣的利益別人，所以說二世自他利益。世間人追求的都是一世中的自利，能利他的人就算不錯了，而且都只是在世間法上自利和利他。但是菩薩學法時，不但在出世間法上，也要在世間法上自利而且利他；並且藉著利他而使自己來世得利，所以此世、後世都能自他二利；這樣修所行才是眞正的菩薩道，才是眞正的菩薩行。

有智慧的人如果能爲大眾分別世間法和出世間法，就能讓自己和眾生兩世都能夠財命增長。什麼叫作世間法和出世間法呢？佛解釋說：

所謂世間法就是一切的世間言論，世間言論是說文學、技術、藝術、書法、茶道、花道、棋藝、日本的劍道等等的討論或教授。凡是討論這些世間法的言語、理論都叫做世論。一切世間定也是世間法，譬如四禪八定都是世間定，慈悲喜捨也是世間定，所以能因此而獲得色界天主的寶座。有很多外道在修四禪八定，他們也只是在四禪八定上面用功；可惜的是現在末法時的外道中，想要找一個初禪人還眞難得；外道如此，佛門中也如此，現在有誰還敢出頭說他證得初禪、二禪的？沒有了！以前還有道場說他們所有學人都已證得四禪，現在一個也不敢講了！因爲如果公開寫出來或錄音帶中講出來，哪天搞不好被蕭老師又把他寫在書中，結果又沒個辯答的餘地，那該怎麼辦呢？所以現在沒人敢講了！因爲我能講得出來，他們講不出來，光在嘴巴上說已證得第幾禪，都沒有用，都考不過我這一關。就算四禪八定具足好了，那也還只是世間禪定。也許有人私下在想：「**既然是世間禪定，爲什麼我們修菩薩道的過程中也要修？**」我說當然要修啊！因爲菩薩的道是包含世間、出世間法的，不是只有出世間法呀！所以說「菩薩當於五明中求」。這五明除了第一義諦的內明以外，其他四明哪個不是世間法呢？都是世間法呀！想要眞正當得起救護一切人的菩薩，就得要五明都通。

光說簡單的工巧明好了，隨便做個什麼小事情，笨手笨腳老是做不好，那就是工巧明不好。要不，說醫方明好啦！天下醫師若都治不好你的病，你就自己治。雖然你不是以行醫爲業，也可以針對自己的病情深入研究，然後自己處方、自己醫治，這也是醫方明。菩薩所修的法本就包含世間法，因此世間禪定——四禪八定——乃至世俗人樂於追求的五神通，菩薩在未來也都要修學的。但有個前提：先要有無生法忍，永遠都不會再走錯路了，也永遠不會被五神通的境界所迷惑了，然後才修它；所以到三地心時把三地應有的無生法忍修好了，再來修四禪八定、四無量心，然後才修五神通，才能完成三地滿心的現觀境界；若沒有五神通，就無法成就三地滿心的現觀境界；所以一切世論，菩薩在因緣成熟時也得要學啊！世論學過了，才能在世間法上利益眾生，眾生就信受你。譬如眾生有某一個問題不能解決，去找醫師、風水師、求神問卜，都解決不了，可是來到你這裡，一句話就解決了，眾生當然很高興；接著你開示出世間法，眾生就聽得進去了，就被你度化而得解脫或者親證實相。因此世論是菩薩度眾生的方便法之一，得要能爲眾生分別。

因此一切世間定也得要能分別，能爲大眾宣說四禪八定爲什麼是有覺有觀、無覺有觀、無覺無觀？明明二禪裡面還是有意識心在，爲什麼又叫做無覺無觀？爲什麼二禪的等持位又是有覺有觀的？爲何等至位才是無覺無觀？這又是什麼道理？菩薩都得要能爲人分別啊！十幾年前有人自稱證得二禪，結果這個等至、等持中的境界都分不清楚，而四禪八定的三三昧也分不清楚，那就表示他的世間定並沒有初步的實證，不可能是已證二禪的人。菩薩出世度人，對這些都得要有一些證量上的智慧，才能爲眾生分別、演說。因此菩薩要能分別世間法、世論、世間禪定。四禪八定、四無量心是通外道的，菩薩想要成佛就必須具足一切種智，而一切種智是包含這些世間法的，當然也得要通達；所以在三地的住地心中，還是要修學世間定的。

至於出世間法，是了知五陰、六入、十八界。今晚螢幕上有先顯示正覺總持咒，這總持咒是函蓋世間、出世間法的，但必須先從世間法來說，所以才會以五陰、十八界開頭。五陰、十八界中有兩個部分：其一是二乘菩提，其二是大乘菩提。二乘菩提是了知五陰、六入、十八界虛妄，但是仍然不能證得實相。大乘菩提就是佛菩提，如同二乘人一樣先對五陰、六入、十八界做觀行，先確認蘊、處、界的虛妄性，同樣是以二乘菩提所說的緣起性空來確認蘊處界緣起無常，其體性是無常空；可是確認了以後，還得要再求證五陰、十八界爲何能有緣起而後其性歸空？總要有個原因，一定不會是無因而起、無因而壞空的啊！一切法都有其因和緣，沒有因和緣的具足就不可能生起；但是生起之後，爲什麼會有藉緣而滅的現象？總不能無因而生、無因而滅啊！如果能夠無因而生、無因而滅，諸位就不用來這裡辛苦的聽法，回家還要用功的禮佛做功夫、參禪。既然緣生緣滅，最後總是要歸空的，空就斷滅，那又何必辛苦的做功夫和修行呢！

再舉出一件現成的例子：昨天晚上看到昭慧法師在有線電視上講唯識學，她說：五陰十八界緣生緣滅，不必有一個**大我**，不必**如來藏**，就可以延續到未來世，爲什麼呢？因爲有業！有業、有無明，眾生就可以延續到未來世。那麼我們就得請問她：意識既然是緣生緣滅而不能去到未來世，請問這一世死了以後，眾生的無明、業種應該是依附在哪裡？是依附到虛空嗎？還是業種與無明都可以自己存在？如果不必有心來收藏業種、無明種，業種和無明種都可以自己存在的話，那麼就得請問她：實相究竟是什麼？她應該說：「實相就是無明，**也是業種**。」因爲它可以直接去到來世，而且是眾生萬法生起的根源，她不可以另外建立一個實相。但是，如果實相是業種與無明，問題可大了！因爲三大阿僧祇劫以後成佛時的法身應該就是無明、業種，應當如是啊！那眞是荒唐！所以說她們現在還是繼續在做困獸之鬥，在正法上面根本就無所能爲！而且，執持業種和煩惱障種子的眞我如來藏，並不是她說的**大我**，不是所有眾生共同擁有一個**大如來藏**，而是各人都各有自己的如來藏，不是她說的**大我**。而且所有大小乘佛經中，都不曾說過如來藏是大我，她這樣移花接木，把外道說的大我套到眞我如來藏上面來，是居心不良的作法。但是大我與如來藏的差別道理，這裡就不談了！因爲與這段經文並不相干。

菩薩知道陰入界都是緣生然後緣滅，可是為什麼緣生？一定有個根本因，那就是第八識如來藏。如果不承認如來藏含藏著無明與業種，如她所說單只是修除無明、業種就能成佛，這說法將會有很多的大問題。簡單的講一點就好：你昭慧法師不承認第三轉法輪諸經都是 佛說？妳是不是這個意思？在第三轉法輪諸經中 佛說：菩薩斷盡如來藏中的二障種子和隨眠，才能成就佛道。請問二障中的煩惱障是什麼煩惱？這些煩惱種子都收藏在何處？在虛空中嗎？又如煩惱障中的習氣種子都眠藏在何處呢？也是眠藏在虛空中？或是自己獨自存在嗎？若是獨自存在，那就是獨自存在於虛空中了！這將會有許多過失的。而習氣種子可以獨自存在嗎？不行啊！一定得有個常住不壞心才能收藏它啊！而且第三轉法輪諸經 佛說它是在第八識心中收藏的。又如無始無明上煩惱是隨眠在何處？又為什麼叫作隨眠？是隨什麼而眠？既然妳講習氣種子隨眠，我們當然要講隨眠囉！請問那些習氣種子是隨什麼而眠藏的？是隨自己而眠嗎？若是隨自己而眠則不應該再有現行啊！既然現行了，就表示有個眠藏之處，才會有現在與後來的現行。可是這些種子隨眠在哪裡呢？其實是眠藏在如來藏中啊！不可能自己存在的。菩薩依佛所說：斷盡如來藏中的二障種子和無明隨眠，可以成就佛道。昭慧法師竟然間接的加以推翻而不承認，是不是否定第三轉法輪全部方廣經典呢？這樣還能夠稱爲佛教中的比丘尼嗎？顯然不能！

這些話，將來整理成書本時還是會印出來的。其實這個問題以前已在《宗通與說通》書中講過了，他們到現在還沒有能力提出答辯，那就表示她們的說法都錯誤了。可是至今仍然不肯認錯，還是繼續在誤導眾生。出家所爲何事？出家所做的事就是上求下化嘛！如果不能自圓其說而又違背經典，上求既不可得，下化也無法成功，那妳不如還俗算了！

所以，我們說大乘法和二乘法截然不同，二乘法是只要了知緣起性空就可以了，只要把我執斷盡就夠了，就可以出三界生死；但是大乘法除了如此以外，還要進而現觀陰入界在事相上固然是虛妄法，但是陰入界從何而來？總不能無因而生、無因而滅。可是陰入界緣起性空的因，究竟在何處？這就是探討實相。萬法從哪裡來呢？都是從如來藏來的。所以菩薩所知道的陰入界緣起性空，得要更進一步現觀：諸法無我，都是唯心所生，唯心所滅；生是唯識生，滅亦唯識滅，都是因為阿賴耶識。二乘菩提、大乘菩提都有出世間法，但同樣是出世間法，二者卻有深淺廣狹的差別。能具足了知陰入界之法，就是出世間法；但是二乘人只知出世間法的小部份，不能了知大部份，所以二乘聖人無法和菩薩談論出世間法的法義，原因也就在此。菩薩如果知道一切世間法的種種議論，也了知世間禪定，就了知一切世間法及出世間法了，他不但能利益自己，也能利益眾生；不但自己與眾生能在這一世中得利，也能讓未來世的自己和眾生同樣獲得大利，因此說「能二世自他利益」。

菩薩雖然知道世間之樂虛妄而不真實，但是菩薩也無妨去製造自己獲得世間快樂的因緣。世間快樂無非是財色名食睡，菩薩如果想要求名，那是很快的，不會求名而不得名；自我們出來弘法以來，我們從來不求名，就不作宣傳，也不跟人家攀緣；不依附權貴，也不宣傳求名，可是今天卻很有名。可以說全球只要有大乘佛法的地方，他們的老修行者應該都已聽過蕭平實這三個字，就是不曉得長成什麼模樣。不求名都能有名，如果再進一步求名的話，那不更有名嗎？一樣的道理，菩薩如果想要求善名，那是很容易的。除非心術不正，處處以私心來弘法、辦事，否則想要求名是很快的，但是我們不求。求世間的快樂也是很容易的，菩薩既然已有福德莊嚴、智慧莊嚴，想求世間的快樂當然沒什麼困難。不但能求這一世的世間樂，也可以求來世的世間樂：譬如找到一方上好福田，把善法在這福田種下去，來世可眞不得了！這就是製造來世的快樂因緣。可是菩薩爲什麼要製造來世的快樂因緣？爲何要在來世獲得世間法上的快樂呢？因爲想要利益諸眾生嘛！

眞正的菩薩來到人間時，決定不會窮得一無所有。如果某人說是大菩薩，可是卻一窮二白，這是不可能的事。眞正的菩薩在人間，絕對不會一窮二白，因爲往世多多少少都曾經種福田嘛！怎會一窮二白？福田有三種，接著就會宣講。既然往世種過福田，這一世怎麼可能一窮二白？菩薩過去世爲了要使每一世都能自利利他，所以每一世都會廣種福田，這一世當然能在世間財富上得自在；雖然沒有想要像人間的大富翁那麼有錢，動則幾百億、幾十億，但是想要過著優渥的生活一定不會有問題的，一定可以混得過去。

我說我自己好了，我以前常以台灣俚語說：「我很敢死。」四十幾歲就退休、專心參禪。因爲當時覺得賺再多錢也沒有意義，不想再賺錢了！既然都帶不到未來世去，倒不如留一些在未來世再來享用，有福不要享盡。雖然還有許多錢可以賺，但是夠用就好了，參禪破參才是最重要的事；因爲見山不是山的黑漆桶境界，那種日子眞的很難過，不趕快解決怎麼行？你們是命好，有我幫助；我可是整整過了一年半的黑漆桶日子，那十八個月很難過的。你們禪三期間四天三夜就哇哇大叫，個個都說好苦！我可是十八個月不看電視、不聽新聞、不讀報紙，一直努力參究的。可是仍然沒辦法，最後因爲 觀世音菩薩責備說：「**開悟哪有那麼簡單？心肝那麼沒閒！**（閩南語）」所以就乾脆閉門不出，整整參究十九天才走過來。你們還有我幫忙，而且只有四天三夜的辛苦，眞是幸福呆了，夠幸福的了！既然福不需要享盡，這一世繼續財施、法施，連同往世所修的福德一起累積起來，都留到未來世成佛時再來收割。

這就好像印度鄉下有很多稻田，他們稻子並不是一次割齊的，常常有人是衡量這幾天需要吃多少米，再去田裡割多少回來，用木杵舂一春，夠幾天吃就行了，其餘放在田地裡慢慢再來收割；因為天氣很乾燥，不會倒下來壞掉。菩薩修福就要像這樣，多留一些給未來世的自己，而且這一世不斷的勤種福田，使得未來世又可以多收割一些，利益更多的人。維摩詰大士就是現成的例子，家宅廣大，眷屬成群，財富無量，但是卻不違背菩薩之道。如果菩薩一窮二白，如何能利益眾生呢？出來弘法時還得要靠眾生供養，那還像個大福德的菩薩嗎？所以菩薩為了利益眾生，還得要生生世世努力勤種福田，每一世都有果實可以收割；每一世都有福報，又可以繼續廣種福田、利益眾生。菩薩雖然知道這些世間法上的財富快樂都是虛妄的，但是無妨示現給眾生看：雖然他的生活過得很清淡，但是卻可以大把銀子布施出去，面不改色。菩薩布施時很高興，因為不是花在自己身上，是花在護持正法與利益眾生上面；這樣花錢布施，才是真正的花在自己身上；因為布施所得的來世福德，誰都搶不走！所以布施的因緣果報不可思議。因為這是法界中的真實理，法界中本來就如此。

大藏經中不是有一部《燈指因緣經》嗎？我在十年前讀過。燈指這人很奇怪，有一天，他的手指開始會發亮，他才是眞正有點金術的人。不管什麼東西被他點到就變成金子，不管他要不要，都會變成金子。甚至於有一次夜晚被一個死人把他給摟住了，無法捨離死人，他又害怕被人看見了，誤以爲他殺了人，那該怎麼辦？只好等到三更半夜無人時揹著屍體回家去，半夜裡取來刀子把屍體一塊一塊剁下來，心中很煩惱，不曉得該怎麼辦？後來想出辦法，就把屍體埋起來；可是暗夜中沒有埋乾淨，天亮時看到地上有金手指、金肉塊，覺得奇怪，就挖出來看，不得了！屍體都變成金塊了：金身體、金手臂、金頭、金腳。於是他就拿去賣，又去布施、利益眾生。後來發覺他自從那一天開始，凡是那一隻指頭碰到的物品都會變成金子，手指也會發光，所以就名爲燈指。

後來有人聽到這個消息，心想：「他這個手指頭這麼厲害。」三更半夜去他家裡偷金子，可是偷了回去以後都變回屍體，送還給燈指以後又變成黃金，所以別人都搶不走。佛說燈指菩薩比丘，是因爲過去世的因緣而有這樣的福報，佛就把他過去世的因緣開示給大家知道。這就是說，凡有所施，福德果報昭昭不爽：凡有所施，必得安樂。但若所施是戕害眾生法身慧命的破法道場，布施就成為破法共業了，那就不安樂了。譬如說你去助印宗喀巴的《密宗道次第廣論》，是在幫宗喀巴鼓吹雙身法的外道法；又如助印否定如來藏、否定眞正佛菩提，而以常見意識法來取代眞正佛菩提的宗喀巴《菩提道次第廣論》，助印內容與宗喀巴《菩提道次第廣論》完全相同的印順法師書籍，施後都不得安樂，因為都是破法的惡業，這與我們過堂時唱的「所為布施者，後必得安樂」，是正好相違背的，是「後必不安樂」的，所以施前、施時務必先分辨清楚是在助成善業或是惡業。但是一般世間善業的布施、護持一般正法佛寺的布施，都是有後世安樂果報的。雖然世間法的後世富樂是虛妄的，菩薩很清楚的知道；因為連自我都虛妄了，何況世間法的富樂呢？但是又無妨製造這一世和未來世富樂的因緣，以此富樂因緣用在未來世繼續利益眾生；所以說菩薩造作世樂因緣，都是為了利益諸眾生的緣故。

可是福莊嚴和慧莊嚴的正因是什麼呢？前面講的都是助因，都不是正因，正因是慈心和悲心。慈心，是以心的運作而讓眾生獲得快樂：慈能與樂。悲心的運作，能拔除眾生的痛苦；看見眾生輪迴生死，不停的痛苦，竟然不願意救他們，那就是沒有悲心。看見眾生被誤導，被錯誤的印證而成就大妄語重罪，卻不肯救護他們，就是沒有悲心；看見有些人把謗法當作護法，修行反墮無間罪，卻不肯救護他們，那就是沒有悲心。可是眾生愚迷，好心爲他們解說事實眞相，眾生反而誹謗、抵制你，所以菩薩有時示現金剛怒目相；如同大慈大悲的十一面觀音，背面的第十一個面相是金剛怒目相；因爲有的眾生必須以強烈的手段才能對治、降伏，才能救得了，所以十一面觀音有一面是金剛憤怒相。假使看見觀世音菩薩現金剛憤怒相時候，不應該說：「欸！觀世音菩薩！你怎麼無慈無悲啊？」這其實正是大慈大悲；大家都想當好人討好眾生，明明知道對方誤將大惡業當成大善業而繼續在造惡，捨壽後一定會下地獄，可是大家都當作不知道，不想明著勸請改進，一心只要讓對方歡喜，但是對方捨壽後必定會墮入三惡道中，卻是無動於衷。可是 觀世音菩薩願意用金剛憤怒相來示現而救護他，這才是大慈悲，但世間人何嘗懂得這個道理呢？往往都是在看世間相的表相：講話時有沒有和顏悅色？肯不肯對眾生講好話？有沒有順著愚痴眾生的心意？至於對方會不會因爲造惡業而誤以爲行善，全都不管，也不願忤逆對方，不肯爲他說明所做事務的本質，使他生前都沒有彌補過失的機會，這是沒有悲心的人，怎麼有資格叫作菩薩呢？這眞是無悲也無慈。

當眾生聽不下好言實語時，所謂良藥苦口、忠言逆耳，那時若是眞的有悲心，就該向他當頭棒喝來喚醒他；所以悲心的示現，有時是和顏悅色，有時則是金剛怒目相；應該要看行爲的實質是救護或是誤導殘害，這才是「慈能與樂、悲能拔苦」的眞義。如果能修慈心，就能獲得福德莊嚴，因爲利益眾生的緣故；如果能修悲心，就能得到智慧；正因爲有智慧，才能眞實救護眾生，拔除眾生的煩惱及生死苦。所以說修集慈心與悲心能得到福德莊嚴、智慧莊嚴。以修集慈心與悲心二法爲正因，即使在生死苦海中救度眾生費盡心力，仍然不免要受到眾生的背叛、傷害，但是菩薩心中始終無悔恨。如果在弘法過程中，被人以忘恩負義的心態和手段來對待，因此心中起了不好的念頭：護法神怎麼不趕快把他幹掉？假使心中起了這個念頭，就沒資格當菩薩。我從來不曾起過這樣的念，更別說是講出來。在很多寺院中都有這種現象：有的住持看見徒弟反對他，心中就自言自語：「某某人總是反對我，使得寺務難以順利弘傳，應該趕快把他趕出去。」往往不到一年，這個被他心中咒罵的徒弟就離開了。因爲他是這個道場的住持和尙，護法神當然依照他的意思去做啊！若是了義而且究竟的正法道場，護法神的威德力更大，如果我再起那種念頭，將會許多人遭殃，這樣還能以菩薩自居嗎？我們說話就是這樣：有就有，沒有就沒有。現在當著 佛前我也是這麼講，因爲我沒有起過這種念頭，也沒恨過哪一個人；不管誰對我怎麼樣，我都沒有起過一個怨恨的念頭，因爲這不是菩薩所應該有的念頭。如果有人這樣做了，那你是把自己往下拉，不是往上推；爲什麼要做個愚痴的人，把自己拉下來呢？所以諸位應當有這樣的知見：雖然你沒有私心，一心要利益他們，但是五濁眾生卻常常惡劣的對待你，你終究不會因此而對修慈、修悲產生悔恨之心，所以 佛說「心不生悔」。對於世世受生而一定會發生的生死苦惱，也要甘之如飴。

佛又開示說：菩薩如果具足了下列二個法，就能莊嚴無上菩提。無上菩提當然是成就究竟的佛道，究竟佛道的成就要有兩個法來莊嚴：第

一、不樂生死，第二、深觀解脫。不樂於生死是於生死輪轉中的種種世間樂事都沒有貪著，菩薩無妨與眾生一樣享受世間樂，財富多饒，擁有大宅院，聘僱一批人幫他做大事；雖然這一些都是世間法生死中的快樂，菩薩無妨如此示現。大菩薩的示現，不可能一窮二白、家徒四壁，否則誰會信受？有智慧的人一看就說：**「這人過去世都沒有布施，所以此世一窮二白。」**因為凡有所施必得福果啊！過去世若沒有世世都布施，這一世怎敢自稱是大菩薩？還要靠別人供養才有錢財，豈不笑死人了？所以菩薩固然不樂生死，但卻無妨示現世間樂的具足。

第二是深觀解脫。菩薩對解脫境界的觀察，不像二乘聖人那樣的淺觀，因為阿羅漢並不知道無餘涅槃中的實際是什麼啊！他們有能力入無餘涅槃，但卻不知道涅槃中的實際；然而菩薩很清楚的了知，乃至還有涅槃本際中的許多種子，都能努力的修證；這樣如實知解脫，具足解脫知見，才是真正的菩薩，這樣才能莊嚴無上菩提。如果菩薩所證的涅槃與二乘聖人一樣，哪天人家問說：**「請問菩薩！你入了無餘涅槃以後，那個裡面是什麼境界啊？」**被問得張口結舌，答不出來，怎能自稱是菩薩呢？所以菩薩還要能夠深觀解脫，不是只有二乘解脫的粗淺境界。

如果已經具足福德莊嚴、智慧莊嚴，菩薩雖不樂世間生死法，卻能示現有世間樂；能深觀解脫、涅槃本際，但卻不畏懼生死苦，遠離涅槃貪；因此緣故，所以此世能利益自己、利益大眾，也能利益未來世的自己與大眾。正因爲不樂生死而深觀解脫，就能「了知法相得大智慧」，而使自己與眾生的財物及壽命都獲得增長。法相，大家都聽過這四個字：法相唯識。可惜的是，到了末法時節，大家所研究的**法相唯識**都只在法相上研究，而把根本的唯識二字丟開了；百年來，有許多佛學研究者專門在研究**法相**，從來都不研究「一切法相都**唯**八**識**心王所生、所顯」的眞義，把**唯識**部分加以否定而只研究法相，卻說他們研究的是**唯識學**，眞是心想顚倒、違背事實，印順法師所寫的《唯識學探源》正是這樣啊！所以應該改名爲《法相學探源》。「法相唯識」所說的是「萬法唯識所生，萬法唯識而滅」，所以叫作萬法唯識啊！在證悟後，現觀萬法唯是八識心王和合運作所生，這樣證驗萬法唯識的人，出世爲人說法時才能叫作「法相唯識」的義學；若不曾證得如來藏而研究種種法相，都不能探討到一切法相的根源，那都是玄學，不是義學。菩薩由於福德莊嚴、智慧莊嚴二法，所以能了知種種法相的根由，因此獲得大智慧；有此大智慧的緣故，就能讓自己壽命延長、財富增加，也可以在無形中增長眾生的身財性命。

諸位也許不信這段經文佛語，但是今天電視新聞報導，伊朗大地震；以前台灣九二一大地震，死了不少人，大家覺得很難過；但是伊朗這回死了兩萬多人，三、四十年前大陸唐山則是幾十萬人死亡。但是諸位反觀台灣：九二一地震以後就沒有大災禍了，而且那次地震也是在人口少的地方，不是在鬧區的台北市、縣，這幾年都是小震不斷，但都沒什麼事故；正當我們沒水時，颱風在旁邊轉來轉去，送些雨水來，大風卻送到別的地方去了，正是因爲有正法住世的緣故啊！不要以爲這只是個巧合：我這個人最「鐵齒」，最不信邪了！可是我們已經不是一而再、再而三的體驗，事實是體驗太多次了！如果正法能不斷的在這裡弘揚，繼續讓更多人親證三乘菩提，除非將來**有一批人嚴重的胡作非爲**，否則台灣地區一定可以繼續平安富足，這都是從大眾的福德莊嚴、智慧莊嚴而來的，所以菩薩了知法相得大智慧以後，能夠讓自己和別人財命增長。

【「善男子！菩薩摩訶薩具足二法，一切施時不生憂悔，見衆惡事而能堪忍。菩薩施時觀二種田：一者福田、二貧窮田；菩薩爲欲增福德故施於貧苦，爲增無上妙智慧故施於福田；爲報恩故施於福田，生憐愍故給施貧窮；捨煩惱故施於福田，成功德故施於貧窮；增長一切樂因緣故施於福田，欲捨一切苦因緣故施於貧窮。」】

講記　菩薩如果具足福莊嚴和慧莊嚴，在一切布施時都不會產生憂悔，當他看見種種惡事時也能堪忍，不會因爲衆生惡劣而後悔以前所做的種種布施。菩薩根本不計較衆生會不會對他有所回報，因爲在利樂衆生時，菩薩自己的道業就成長了，所以他從來不計較衆生有無回報。菩薩不作此想：「我幫你開悟，你得要恭敬我、回報我。」也沒有起過一個念頭：「我幫你斷了三縛結，證得聲聞初果了，這是你以前絕對想不到的，所以你得要供養我。」菩薩心中沒有這種想法。因爲菩薩自有福德莊嚴，並不需要弟子供養他。菩薩更有智慧莊嚴，不會這樣想：「我利益了眾生，眾生當然要回饋我。」這是無智慧的人才會有的想法，所以當他具足這兩法時，他在做種種布施時，心中都不會產生憂慮與悔恨，所以他布施以後眾生仍然對他行惡，菩薩也能堪忍；因爲菩薩的想法和眾生不同：「正因爲這些人是五濁眾生，我才有機會度他們。如果他們遠離了五濁，我還能度他們而成就財法二施的功德嗎？我又如何能成就道業呢？」所以菩薩的想法是：「此世界的眾生行惡、心惡，是理所當然的，不造惡而喜歡行善的眾生才是非常的。」所以菩薩能堪忍眾生所造種種惡事。

菩薩有智慧，所以在布施時能分別所布施的福田種類：是福田或是貧窮田？但是菩薩布施時不會故意向布施的對象指稱是福田或是貧窮田。他知道而不講。菩薩是爲了想要增長福德的緣故，所以施於貧苦者，貧窮人是菩薩的貧窮田，是把貧窮布施出去。表面看來是布施財物，其實是布施了來世的貧窮。有智慧的人接受別人幫助以後，將來自己有能力時也要趕快去布施，不要永遠成爲被布施的對象，否則未來許多世中將會一直貧窮受苦，因爲一直都沒有在福田中種下福德種子嘛！又如何能在未來世收割福德稻子呢？所以菩薩將錢財物資施於貧苦者，被施的貧苦人就是貧窮田，因爲貧窮人也是田啊！只是貧窮田與福田有差別：種子被種在貧窮田中，未來世收割時的果實比較小。譬如稻子種在無肥的砂礫之地，再怎麼灑水，能長出來的稻子總是很少；如果種在福田就不一樣了，有福之田表示很肥沃，隨便種一種，未來世結果時都是一大串又一大串的美好果實，這就是貧窮田與福田的差別。

菩薩爲了增長無上妙智慧而布施於福田：想要獲得無上勝妙智慧而必須布施的對象就是福田，不在福田上布施，而在世間法中布施，只能獲得世間法智慧；在表相正法中布施，只能獲得表相正法智慧；在無上勝妙智慧正法上布施，才能獲得無上勝妙智慧；想要獲得無上勝妙智慧的人，就必須在無上勝妙正法的福田中布施，不能以表相正法中的布施而想要獲得無上勝妙智慧。福田分爲貧窮田、福田二種，福田又可再分爲二種：報恩田、功德田，合稱爲福田。表相正法道場及無上勝妙正法道場都是功德田，都歸類於福田中，詳細差別會在後面的經文中再作說明。想要獲得智慧就必須在福田中種下福德種子：以財物或身力布施而護持之。但是布施於何處最能獲得智慧呢？當然是三寶，三寶是福田，也是功德田，所以供佛的福德很大。可是西藏密宗所供養的都是鬼神冒充的假佛，供養了以後，來世將會與那些鬼神冒充的假佛常在一起，不可能得到眞實智慧的，眞實的 佛陀才是眞正福田。

否定方廣經典所說如來藏妙法、又否定原始佛法涅槃本際的應成派中觀，絕對不是眞正的法寶、佛法，他們都是以常見法的意識心，取代佛菩提道的第八識如來藏妙法，都是破壞正法者。只有符合三乘菩提法義的佛法才是眞正的法寶，所以弘揚原始佛法涅槃本際的解脫道法義，以及弘揚方廣諸經所說如來藏妙法的弘法者，才是佛門的僧寶，才是眞福田；否定涅槃本際、否定一切種智根源的如來藏者，雖然身現出家相，仍然是破法者，都不是福田，連貧窮田都算不上。在不否定法義的前提下，大乘僧寶有兩個層次：第一身、口、意行清淨，持戒不犯，不貪錢財名聲；第二是已經證悟實相而生起般若智慧了，這兩種都是眞正的僧寶，都是大福田。大眾把福德種子在這二種福田種下去，來世的果報將會很大，後面經文中立刻就會說到。若是爲了增長無上妙智慧而種的，種下去以後眞的能增長無上妙智慧的道場，就是福田。若想得到無上妙智慧，當然要在三寶種福田，但是不該在破壞正法的藏密毒田下種，因爲他們不能增長你的無上妙智慧，還會變成破法的共業：成爲幫助他們以外道法取代佛教原有的正法。所以種福田時千萬不能隨便亂種，種福田時還得要有智慧，所以 佛特地教導我們要能分別福田與貧窮田。最重要的是要有智慧而能分別：布施給一般貧窮的衆生是布施於貧窮田，來世也有收穫：施於畜生可得百倍之回報，施於平常人可得千倍之報，若是施於證得初禪的外道，可得萬倍之報，這些都是貧窮田。若是在三寶中，對證得初果以上的人種福田，來世都是無量報，這在後面緊接著就會說明。

佛說：如果是爲了報恩而去布施的，是報恩的福田；若是因爲憐憫而供給財物，布施給貧窮者，則是在貧窮田中下種。以世間法來講，幫助過你的人當然也是福田：使你事業經營很順利，一直賺錢；或是使你道業修行很順利，都是你的貴人，顯然他有很大的福德，才能夠幫助你；後來你回報而供養他，當然他就是福田，都屬於報恩田。世間法中有報恩田，出世間法中也有報恩田；但是常常有假名福田，大眾都須注意，譬如有大師說：意識的粗心或細心可以進入涅槃境界中安住而不壞滅。（作者案：意識粗心就是欲界中的離念靈知，意識細心是初禪、二、三禪定境中的離念靈知，意識極細心就是非想非非想定中不能返觀自己的離念靈知），他們教導你這種外道的涅槃解脫道，你去布施護持他，這可不是種福田，而是害你大妄語的毒田；那你護持他，是要報什麼恩？是想要回報他害你大妄語之「恩」嗎？這當然不是報恩田。如果他教導你正法、正見，即使他還沒有證量，但他教導你的知見是正確的，也沒有陷你於大妄語業中，那你供養他就是報恩，是種報恩田。至少他引導你走向正確的道路了！爲了報答這個恩德而布施於他，他就是你的福田。

但這只在眞正的三寶中才會是福田，外道及佛門中的外道見者妄說涅槃，以外道涅槃來取代佛門的涅槃，實質上是破法者，你去布施、供養他，以爲是在種福田，其實是在種害你的毒田。譬如他教導你：「**只要一念不生就是涅槃。**」最近有一本佛教道場發行的月刊雜誌中，大法師這麼講；有好幾個月中都如此開示，說一念不生就是涅槃；那其實是在害你，在他身上種下去，就成爲種毒田了！

假使你聽從大法師的胡亂開示，打坐到一念不生；或如學會無相念佛了，以後你要變成一念不生就很簡單了，因爲一念不生比無相念佛簡單多了，只要把無相之憶佛淨念捨掉就可以了，那眞是太簡單了！這時你只要打坐一念不生，覺知心不動，那就是大師們說的涅槃了。你若信以爲眞，就認爲自己是阿羅漢了，萬一口中說出去了，你可要準備來世接受大妄語的果報！若是在那種大師身上種福田，其實是在種害你之田，不是眞福田；這樣而說是在報恩田中種下福德種子，你到底是去報什麼恩？其實是報他害你之「恩」。若以正法來開導，讓你現觀我見斷除的智慧境界，現觀我執斷除的解脫境界，這是二乘法的福田。若是讓你如此親證以外，又再幫助你親證法界的實相，發起般若中觀的實相智慧，你布施於他，這才是大福田，這才叫作報恩田哪！在這報恩田、眞實福田種下福德種子，此世可得證果、證般若智慧，來世也有大福德可得。若是種在貧瘠之田，當然也有福德，但因爲是貧窮田，所以來世的福德很小。

諸位聽到這裡，就知道布施的大概因果了。以後哪一天，有人來找你：「有一位老人家好可憐哪！孤苦無依，孑然一身，家徒四壁，米甕都空了。我們去照顧那位老人家，種福田去。」你說：「不！這不是種福田，這是種貧窮田。」這是 佛爲你開示的啊！所以佛法要現學現用。當他們找你去，你可以一起去幫助老人家，但這是因爲出生了憐憫心，所以布施於貧窮的老人家，是種貧窮田，不是種福田。種福田這三個字不能隨便亂用，要觀察對方是福田或者非福田。

如果是爲了捨棄煩惱而去布施的，那就眞的是種福田了。捨棄煩惱，譬如到寺院去請求師父開示，讓你減少煩惱，但是煩惱的定義必須界定清楚，不可含糊：煩惱是我見煩惱、我執煩惱。至於執著五蘊自我所有的煩惱，那已經是最低層次的啦！爲了捨離這些煩惱而去寺院，先供養師父，然後請法，這才是種福田；如法宣說我見、我執煩惱內容的師父，是眞實的僧寶，就是福田。若是你的我所煩惱很重，他會先教你把我所的貪著煩惱斷除，再進一步斷除我見的煩惱乃至我執的煩惱。但是有個前提必須注意：他教導你的斷我見、斷我執內容符合三乘經典的正理，不是用意識心常住於一心不亂而當作是斷了我見煩惱。

若是爲了成就功德而布施，應施於貧窮田。若是爲了成就自己福業的功德，就必須布施給貧窮鰥寡、孤獨老人；布施時只是爲了把自己的慳貪心修除，就不是爲了來世的世間福德回報。這樣布施，從決定要布施時就心中歡喜，正在布施時也很歡喜，布施過後不後悔而仍然很歡喜，這是爲了成就自己的功德而去布施的，所布施的對象就叫作貧窮田。因爲這不是爲了報恩，也不是爲了斷除煩惱而布施，所以是種貧窮田。若是布施以後心中不喜，後悔自己的錢財少了；或是心中歡喜而執著未來世一定會有的世間法財物回報，那就沒有功德而只剩下福德了。

若是爲了增長一切世間快樂的因緣而布施，就是種福田。增長世間快樂的因緣：供養三寶、護持正法是最快樂的。因爲供養三寶、護持正法的果報最大，只有三寶之中才有出世間的聖人，正法又能使大眾得到未來無量世的快樂，所以供養三寶、護持正法的功德與福德最大。於佛門三寶之外，沒有出世間的聖人；對世間聖人種福田，來世的世間福德都有量數；若是供養到一位聲聞初果的僧寶或是證果的菩薩，來世可就有大福氣啦！因為來世的世間福德都是無量報啊！這樣布施的目的，是為了增長來世快樂的因緣而做的，雖然看起來好像是求世間法而得到來世的無量財物回報，但這表示你在來世可以有很多資財來利樂眾生，藉機度化眾生進入佛法中。來世利樂眾生的結果，後後世又有更多的資財可以利樂更多眾生而獲得更多的資財；一世一世不斷做下去，到最後福德圓滿時，你的一切種智也就不得不圓滿了，這樣布施就叫作種福田。

「欲捨一切苦因緣故施於貧窮」，若想捨離一切苦惱因緣而布施給貧窮的人，所種的田就是貧窮田。所以田有兩種：福田和貧窮田。但是後面還會說三種田：貧窮田、報恩田、功德田。（詳續第四輯中解說）

佛教正覺同修會〈修學佛道次第表〉

第一階段

＊以憶佛及拜佛方式修習動中定力。
＊學第一義佛法及禪法知見。
＊無相拜佛功夫成就。
＊具備一念相續功夫—動靜中皆能看話頭。
＊努力培植福德資糧，勤修三福淨業。

第二階段

＊參話頭，參公案。
＊開悟明心，一片悟境。
＊鍛鍊功夫求見佛性。
＊眼見佛性〈餘五根亦如是〉親見世界如幻，成就如幻觀。
＊學習禪門差別智。
＊深入第一義經典。
＊修除性障及隨分修學禪定。
＊修證十行位陽焰觀。

第三階段

＊學一切種智真實正理—楞伽經、解深密經、成唯識論…。
＊參究末後句。
＊解悟末後句。
＊透牢關—親自體驗所悟末後句境界，親見實相，無得無失。
＊救護一切衆生迴向正道。護持了義正法，修證十迴向位如夢觀。
＊發十無盡願，修習百法明門，親證猶如鏡像現觀。
＊修除五蓋，發起禪定。持一切善法戒。親證猶如光影現觀。
＊進修四禪八定、四無量心、五神通。進修大乘種智，求證猶如谷響現觀。

佛菩提二主要道次第概要表——二道並修，以外無別佛法

佛菩提道——大菩提道

遠波羅蜜多

資糧位

十信位修集信心——一劫乃至一萬劫

初住位修集布施功德（以財施爲主）。

二住位修集持戒功德。

三住位修集忍辱功德。

四住位修集精進功德。

五住位修集禪定功德。

六住位修集般若功德（熏習般若中觀及斷我見，加行位也）。

外門廣修六度萬行

見道位

七住位明心般若正觀現前，親證本來自性清淨涅槃。

八住位起於一切法現觀般若中道。漸除性障。

十住位眼見佛性，世界如幻觀成就。

一至十行位，於廣行六度萬行中，依般若中道慧，現觀陰處界猶如陽焰，至第十行滿心位，陽焰觀成就。

一至十迴向位熏習一切種智；修除性障，唯留最後一分思惑不斷。第十迴向滿心位成就菩薩道如夢觀。

內門廣修六度萬行

初地：第十迴向位滿心時，成就道種智一分（八識心王一一親證後，領受五法、三自性、七種第一義、七種性自性、二種無我法）復由勇發十無盡願，成通達位菩薩。復又永伏性障而不具斷，能證慧解脫而不取證，由大願故留惑潤生。此地主修法施波羅蜜多及百法明門。證「猶如鏡像」現觀，故滿初地心。

二地：初地功德滿足以後，再成就道種智一分而入二地；主修戒波羅蜜多及一切種智。滿心位成就「猶如光影」現觀，戒行自然清淨。

解脫道：二乘菩提

斷三縛結，成初果解脫 ←

薄貪瞋癡，成二果解脫 ←

斷五下分結，成三果解脫 ←

入地前的四加行令煩惱障現行悉斷，成四果解脫，留惑潤生。分段生死已斷，煩惱障習氣種子開始斷除，兼斷無始無明上煩惱。

近波羅蜜多 —— 大波羅蜜多 —— 圓滿波羅蜜多

修道位 —— 究竟位

三地：二地滿心再證道種智一分，故入三地。此地主修忍波羅蜜多及四禪八定、四無量心、五神通。能成就俱解脫果而不取證，留惑潤生。滿心位成就「猶如谷響」現觀及無漏妙定意生身。

四地：由三地再證道種智一分故入四地。主修精進波羅蜜多，於此土及他方世界廣度有緣，無有疲倦。進修一切種智，滿心位成就「如水中月」現觀。

五地：由四地再證道種智一分故入五地。主修禪定波羅蜜多及一切種智，斷除下乘涅槃貪。滿心位成就「變化所成」現觀。

六地：由五地再證道種智一分故入六地。此地主修般若波羅蜜多——依道種智現觀十二因緣一一有支及意生身化身，皆自心眞如變化所現，「非有似有」，成就細相觀，不由加行而自然證得滅盡定，成俱解脫大乘無學。

七地：由六地「非有似有」現觀，再證道種智一分故入七地。此地主修一切種智及方便波羅蜜多，由重觀十二有支一一支中之流轉門及還滅門一切細相，成就方便善巧，念念隨入滅盡定。滿心位證得「如犍闥婆城」現觀。

八地：由七地極細相觀成就故再證道種智一分而入八地。此地主修一切種智及願波羅蜜多。至滿心位純無相觀任運恆起，故於相土自在，滿心位復證「如實覺知諸法相意生身」故。

九地：由八地再證道種智一分故入九地。主修力波羅蜜多及一切種智，成就四無礙，滿心位證得「種類俱生無行作意生身」。

十地：由九地再證道種智一分故入此地。此地主修一切種智——智波羅蜜多。滿心位起大法智雲，及現起大法智雲所含藏種種功德，成受職菩薩。

等覺：由十地道種智成就故入此地。此地應修一切種智，圓滿等覺地無生法忍；於百劫中修集極廣大福德，以之圓滿三十二大人相及無量隨形好。

妙覺：示現受生人間已斷盡煩惱障一切習氣種子，並斷盡所知障一切隨眠，永斷變易生死無明，成就大般涅槃，四智圓明。人間捨壽後，報身常住色究竟天利樂十方地上菩薩；以諸化身利樂有情，永無盡期，成就究竟佛道。

七地滿心斷除故意保留之最後一分思惑時，煩惱障所攝色、受、想三陰有漏習氣種子全部斷盡。 ←

煩惱障所攝行、識二陰無漏習氣種子任運漸斷，所知障所攝上煩惱任運漸斷。 ←

斷盡變易生死
成就大般涅槃

圓滿成就究竟佛果

佛子蕭平實 謹製
（二○○九、○二 修訂）
（二○一二、○二 增補）

佛教正覺同修會 共修現況 及 招生公告　2016/1/16

一、共修現況：（請在共修時間來電，以免無人接聽。）

台北正覺講堂 103 台北市承德路三段 277 號九樓 捷運淡水線圓山站旁
Tel..**總機** 02-25957295（晚上）（**分機：九樓**辦公室 10、11；知客櫃檯 12、13。 **十樓**知客櫃檯 15、16；書局櫃檯 14。 **五樓**辦公室 18；知客櫃檯 19。**二樓**辦公室 20；知客櫃檯 21。）
Fax..25954493

第一講堂　台北市承德路三段 277 號九樓

禪淨班：週一晚上班、週三晚上班、週四晚上班、週五晚上班、週六下午班、週六上午班（皆須報名建立學籍後始可參加共修，欲報名者詳見本公告末頁）

增上班：瑜伽師地論詳解：每月第一、三、五週之週末 17.50～20.50 平實導師講解（僅限已明心之會員參加）

禪門差別智：每月第一週日全天　平實導師主講（事冗暫停）。

佛藏經詳解　平實導師主講。已於 2013/12/17 開講，歡迎已發成佛大願的菩薩種性學人，攜眷共同參與此殊勝法會聽講。詳解 釋迦世尊於《佛藏經》中所開示的眞實義理，更爲今時後世佛子四眾，闡述佛陀演說此經的本懷。眞實尋求佛菩提道的有緣佛子，親承聽聞如是勝妙開示，當能如實理解經中義理，亦能了知於大乘法中：如何是諸法實相？善知識、惡知識要如何簡擇？如何才是清淨持戒？如何才能清淨說法？於此末法之世，眾生五濁益重，不知佛、不解法、不識僧，唯見表相，不信眞實，貪著五欲，諸方大師不淨說法，各各將導大量徒眾趣入三途，如是師徒俱堪憐憫。是故，平實導師以大慈悲心，用淺白易懂之語句，佐以實例、譬喻而爲演說，普令聞者易解佛意，皆得契入佛法正道，如實了知佛法大藏。

此經中，對於實相念佛多所著墨，亦指出念佛要點：以實相爲依，念佛者應依止淨戒、依止清淨僧寶，捨離違犯重戒之師僧，應受學清淨之法，遠離邪見。本經是現代佛門大法師所厭惡之經典：一者由於大法師們已全都落入意識境界而無法親證實相，故於此經中所說實相全無所知，都不樂有人聞此經名，以免讀後提出問疑時無法回答；二者現代大乘佛法地區，已經普被藏密喇嘛教滲透，許多有名之大法師們大多已曾或繼續在修練雙身法，都已失去聲聞戒體及菩薩戒體，成爲地獄種姓人，已非眞正出家之人，本質只是身著僧衣而住在寺院中的世俗人。這些人對於此經都是讀不懂的，也是極爲厭惡的；他們尚不樂見此經之印行，何況流通與講解？今爲救護廣大學佛人，兼欲護持佛教血脈永續常傳，特選此經宣講之。每逢週二 18.50~20.50 開示，不限制聽講資格。會外人士需憑身分證件換證入內聽講（此是大樓管理處之安全規定，敬請見諒）。桃園、台中、台南、高雄等地講堂，亦於每週二晚上播放平實導師所講本經之 DVD，不必出示身分證件即可入內聽講，歡迎各地善信同霑法益。

第二講堂　台北市承德路三段 267 號十樓。

禪淨班：週一晚上班、週六下午班。

進階班：週三晚上班、週四晚上班、週五晚上班（禪淨班結業後轉入共修）。

佛藏經詳解：平實導師講解。每週二 18.50~20.50（影像音聲即時傳輸）。本會學員憑上課證進入聽講，會外學人請以身分證件換證進入聽講（此為大樓管理處安全管理規定之要求，敬請諒解）。

第三講堂　台北市承德路三段 277 號五樓。

進階班：週一晚上班、週三晚上班、週四晚上班、週五晚上班。

佛藏經詳解：平實導師講解。每週二 18.50~20.50（影像音聲即時傳輸）。本會學員憑上課證進入聽講，會外學人請以身分證件換證進入聽講（此為大樓管理處安全管理規定之要求，敬請諒解）。

第四講堂　台北市承德路三段 267 號二樓。

進階班：週一晚上班、週三晚上班、週四晚上班、週五晚上班（禪淨班結業後轉入共修）。

佛藏經詳解：平實導師講解。每週二 18.50~20.50（影像音聲即時傳輸）。本會學員憑上課證進入聽講，會外學人請以身分證件換證進入聽講（此為大樓管理處安全管理規定之要求，敬請諒解）。

第五、第六講堂　為**開放式講堂**，不需以身分證件換證即可進入聽講，台北市承德路三段 267 號地下一樓、地下二樓。已規劃整修完成，每逢週二晚上講經時段開放給會外人士自由聽經，請由大樓側面梯階逕行進入聽講。**聽講者請尊重講者的著作權及肖像權，請勿錄音錄影，以免違法；若有錄音錄影被查獲者，將依法處理。**

正覺祖師堂　大溪鎮美華里信義路 650 巷坑底 5 之 6 號（台 3 號省道 34 公里處　妙法寺對面斜坡道進入）電話 03-3886110　傳真 03-3881692　本堂供奉　克勤圓悟大師，專供會員每年四月、十月各二次精進禪三共修，兼作本會出家菩薩掛單常住之用。除禪三時間以外，每逢單月第一週之週日 9:00~17:00 開放會內、外人士參訪，當天並提供午齋結緣。教內共修團體或道場，得另申請其餘時間作團體參訪，務請事先與常住確定日期，以便安排常住菩薩接引導覽，亦免妨礙常住菩薩之日常作息及修行。

桃園正覺講堂（第一、第二講堂）：桃園市介壽路 286、288 號 10 樓（陽明運動公園對面）電話：03-3749363（請於共修時聯繫，或與台北聯繫）

禪淨班：週一晚上班、週三晚上班、週四晚上班、週五晚上班。

進階班：週六上午班、週五晚上班。

佛藏經詳解：平實導師講解。每週二晚上，以台北正覺講堂所錄 DVD 放映；歡迎會外學人共同聽講，不需出示身分證件。

新竹正覺講堂 新竹市東光路 55 號二樓之一　電話 03-5724297（晚上）

第一講堂：

禪淨班：週一晚上班、週五晚上班、週六上午班。

進階班：週三晚上班、週四晚上班（由禪淨班結業後轉入共修）。

佛藏經詳解：平實導師講解。每週二晚上，以台北正覺講堂所錄 DVD 放映。歡迎會外學人共同聽講，不需出示身分證件。

第二講堂：

禪淨班：週三晚上班、週四晚上班。

佛藏經詳解：每週二晚上與第一講堂同時播放佛藏經詳解 DVD。

台中正覺講堂 04-23816090（晚上）

第一講堂 台中市南屯區五權西路二段 666 號 13 樓之四（國泰世華銀行樓上。鄰近縣市經第一高速公路前來者，由五權西路交流道可以快速到達，大樓旁有停車場，對面有素食館）。

禪淨班：週三晚上班、週四晚上班。

進階班：週一晚上班、週六上午班（由禪淨班結業後轉入共修）。

增上班：單週週末以台北增上班課程錄成 DVD 放映之，限已明心之會員參加。

佛藏經詳解：平實導師講解。每週二晚上，以台北正覺講堂所錄 DVD 放映。歡迎會外學人共同聽講，不需出示身分證件。

第二講堂 台中市南屯區五權西路二段 666 號 4 樓

禪淨班：週一晚上班、週三晚上班、週六上午班。

進階班：週五晚上班（由禪淨班結業後轉入共修）。

佛藏經詳解：每週二晚上與第一講堂同時播放佛藏經詳解 DVD。

第三講堂、第四講堂：台中市南屯區五權西路二段 666 號 4 樓。

嘉義正覺講堂 嘉義市友愛路 288 號八樓之一　電話：05-2318228

第一講堂：

禪淨班：週一晚上班、週四晚上班、週五晚上班。

進階班：週三晚上班（由禪淨班結業後轉入共修）。

佛藏經詳解：平實導師講解。每週二晚上，以台北正覺講堂所錄 DVD 放映。歡迎會外學人共同聽講，不需出示身分證件。

第二講堂 嘉義市友愛路 288 號八樓之二。

台南正覺講堂

第一講堂 台南市西門路四段 15 號 4 樓。06-2820541（晚上）

禪淨班：週一晚上班、週三晚上班、週四晚上班、週五晚上班、週六下午班。

增上班：單週週末下午，以台北增上班課程錄成 DVD 放映之，限已明心之會員參加。

佛藏經詳解：平實導師講解。每週二晚上，以台北正覺講堂所錄 DVD 放映。歡迎會外學人共同聽講，不需出示身分證件。

第二講堂　台南市西門路四段 15 號 3 樓。

佛藏經詳解：每週二晚上與第一講堂同時播放佛藏經詳解 DVD。

第三講堂　台南市西門路四段 15 號 3 樓。

進階班：週三晚上班、週四晚上班、週六上午班（由禪淨班結業後轉入共修）。

佛藏經詳解：每週二晚上與第一講堂同時播放佛藏經詳解 DVD。

高雄正覺講堂　高雄市新興區中正三路 45 號五樓 07-2234248（晚上）

第一講堂（五樓）:

禪淨班：週一晚上班、週三晚上班、週四晚上班、週五晚上班、週六上午班。

增上班：單週週末下午，以台北增上班課程錄成 DVD 放映之，限已明心之會員參加。

佛藏經詳解：平實導師講解。每週二晚上，以台北正覺講堂所錄 DVD 放映。歡迎會外學人共同聽講，不需出示身分證件。

第二講堂（四樓）:

進階班：週三晚上班、週四晚上班、週六上午班（由禪淨班結業後轉入共修）。

佛藏經詳解：每週二晚上與第一講堂同時播放佛藏經詳解 DVD。

第三講堂（三樓）:

進階班：週四晚上班（由禪淨班結業後轉入共修）。

香港正覺講堂　**☆已遷移新址☆**

九龍觀塘，成業街 10 號，電訊一代廣場 27 樓 E 室。

（觀塘地鐵站 B1 出口，步行約 4 分鐘）。電話：(852) 23262231

英文地址：Unit E, 27th Floor, TG Place, 10 Shing Yip Street, Kwun Tong, Kowloon

禪淨班：雙週六下午班 14:30-17:30，已經額滿。
雙週日下午班 14:30-17:30，2016 年 4 月底前尚可報名。

進階班：雙週五晚上班（由禪淨班結業後轉入共修）。

增上班：單週週末上午，以台北增上班課程錄成 DVD 放映之，限已明心之會員參加。

妙法蓮華經詳解：平實導師講解。雙週六 19:00-21:00，以台北正覺講堂所錄 DVD 放映；歡迎會外學人共同聽講，不需出示身分證件。

美國洛杉磯正覺講堂　☆已遷移新址☆

825 S. Lemon Ave Diamond Bar, CA 91798 U.S.A.
Tel. (909) 595-5222（請於週六 9:00~18:00 之間聯繫）
Cell. (626) 454-0607

禪淨班：每逢週末 15：30~17：30 上課。

進階班：每逢週末上午 10：00~12：00 上課。

佛藏經詳解：平實導師講解。每週六下午 13：00~15：00，以台北正覺講堂所錄 DVD 放映。歡迎各界人士共享第一義諦無上法益，不需報名。

二、招生公告　**本會台北講堂及全省各講堂，每逢四月、十月下旬開新班，每週共修一次**（每次二小時。開課日起三個月內仍可插班）；**但美國洛杉磯共修處之禪淨班得隨時插班共修。各班共修期間皆為二年半，欲參加者請向本會函索報名表**（各共修處皆於共修時間方有人執事，非共修時間請勿電詢或前來洽詢、請書），**或直接從本會官方網站**(http://www.enlighten.org.tw/newsflash/class)**或成佛之道網站下載報名表**。共修期滿時，若經報名禪三審核通過者，可參加四天三夜之禪三精進共修，有機會明心、取證如來藏，發起般若實相智慧，成為實義菩薩，脫離凡夫菩薩位。

三、新春禮佛祈福 農曆**年假**期間停止共修：自農曆新年前七天起停止共修與弘法，正月 8 日起回復共修、弘法事務。新春期間正月初一～初七 9.00～17.00 開放台北講堂、正月初一～初三開放新竹講堂、台中講堂、台南講堂、高雄講堂，以及大溪禪三道場（正覺祖師堂），方便會員供佛、祈福及會外人士請書。美國洛杉磯共修處之休假時間，請逕詢該共修處。

密宗四大派修雙身法，是外道性力派的邪法；又以生滅的識陰作為常住法，是常見外道，是假的藏傳佛教。

西藏覺囊巴以他空見弘揚第八識如來藏勝法，才是真藏傳佛教

佛教正覺同修會　弘法行事表　　2017/03/31

1、**禪淨班**　以無相念佛及拜佛方式修習動中定力，實證一心不亂功夫。傳授解脫道正理及第一義諦佛法，以及參禪知見。共修期間：二年六個月。每逢四月、十月開新班，詳見招生公告表。

2、**《佛藏經》**詳解　平實導師主講。已於 2013/12/17 開講，歡迎已發成佛大願的菩薩種性學人，攜眷共同參與此殊勝法會聽講。詳解 釋迦世尊於《佛藏經》中所開示的眞實義理，更爲今時後世佛子四眾，闡述 佛陀演說此經的本懷。眞實尋求佛菩提道的有緣佛子，親承聽聞如是勝妙開示，當能如實理解經中義理，亦能了知於大乘法中：如何是諸法實相？善知識、惡知識要如何簡擇？如何才是清淨持戒？如何才能清淨說法？於此末法之世，眾生五濁益重，不知佛、不解法、不識僧，唯見表相，不信眞實，貪著五欲，諸方大師不淨說法，各各將導大量徒眾趣入三塗，如是師徒俱堪憐憫。是故，平實導師以大慈悲心，用淺白易懂之語句，佐以實例、譬喻而爲演說，普令聞者易解佛意，皆得契入佛法正道，如實了知佛法大藏。每逢週二 18.50~20.50 開示，不限制聽講資格。會外人士需憑身分證件換證入內聽講（此是大樓管理處之安全規定，敬請見諒）。桃園、新竹、台中、台南、高雄等地講堂，亦於每週二晚上播放平實導師講經之 DVD，不必出示身分證件即可入內聽講，歡迎各地善信同霑法益。

有某道場專弘淨土法門數十年，於教導信徒研讀《佛藏經》時，往往告誡信徒曰：「後半部不許閱讀。」由此緣故坐令信徒失去提升念佛層次之機緣，師徒只能低品位往生淨土，令人深覺愚癡無智。由有多人建議故，平實導師開始宣講《佛藏經》，藉以轉易如是邪見，並提升念佛人之知見與往生品位。此經中，對於實相念佛多所著墨，亦指出念佛要點：**以實相爲依，念佛者應依止淨戒、依止清淨僧寶，捨離違犯重戒之師僧，應受學清淨之法，遠離邪見**。本經是現代佛門大法師所厭惡之經典：**一者由於大法師們已全都落入意識境界而無法親證實相，故於此經中所說實相全無所知，都不樂有人聞此經名，以免讀後提出問疑時無法回答；二者現代大乘佛法地區，已經普被藏密喇嘛教滲透，許多有名之大法師們大多已曾或繼續在修練雙身法，都已失去聲聞戒體及菩薩戒體，成爲地獄種姓人，已非眞正出家之人，本質上只是身著僧衣而住在寺院中的世俗人**。這些人對於此經都是讀不懂的，也是極爲厭惡的；他們尚不樂見此經之印行，何況流通與講解？今爲救護廣大學佛人，兼欲護持佛教血脈永續常傳，特選此經宣講之，主講者平實導師。

3、**瑜伽師地論**詳解　詳解論中所言凡夫地至佛地等 17 師之修證境界與理論，從凡夫地、聲聞地……宣演到諸地所證一切種智之眞實正理。由平實導師開講，每逢一、三、五週之週末晚上開示，僅限已明心之會員參加。

4、**精進禪三**　主三和尚：平實導師。於四天三夜中，以克勤圓悟大師及大慧宗杲之禪風，施設機鋒與小參、公案密意之開示，幫助會員剋期取證，親證不生不滅之眞實心——人人本有之如來藏。每年四月、十月各舉辦二個梯次；平實導師主持。僅限本會會員參加禪淨班共修期滿，報名審核通過者，方可參加。並選擇會中定力、慧力、福德三條件皆已具足之已明心會員，給以指引，令得眼見自己無形無相之佛性遍佈山河大地，眞實而無障礙，得以肉眼現觀世界身心悉皆如幻，具足成就如幻觀，圓滿十住菩薩之證境。

5、**大法鼓經**詳解　詳解末法時代大乘佛法修行之道。佛教正法消毒妙藥塗於大鼓而以擊之，凡有眾生聞之者，一切邪見鉅毒悉皆消殞；此經即是大法鼓之正義，凡聞之者，所有邪見之毒悉皆滅除，見道不難；亦能發起菩薩無量功德，是故諸大菩薩遠從諸方佛土來此娑婆聞修此經。

本經破「有」而顯涅槃，以此名爲眞法；若墮在「有」中，皆名「非法」；若人如是宣揚佛法，名爲擊大法鼓；如是依「法」而捨「非法」，據以建立山門而爲眾說法，方可名爲法鼓山。此經中說，以「此經」爲菩薩道之本，以證得「此經」之正知見及法門作爲度人之「法」，方名眞實佛法，否則盡名「非法」。本經中對法與非法、有與涅槃，有深入之闡釋，歡迎教界一切善信（不論初機或久學菩薩），一同親沐 如來聖教，共沾法喜。由平實導師詳解。不限制聽講資格。

6、**不退轉法輪經**詳解　本經所說妙法極爲甚深難解，時至末法，已然無有知者；而其甚深絕妙之法，流傳至今依舊多人可證，顯示佛學眞是義學而非玄談，其中甚深極妙令人拍案稱絕之第一義諦妙義，平實導師將會加以解說。待《大法鼓經》宣講完畢時繼續宣講此經。

7、**阿含經**詳解　選擇重要之阿含部經典，依無餘涅槃之實際而加以詳解，令大眾得以現觀諸法緣起性空，亦復不墮斷滅見中，顯示經中所隱說之涅槃實際—如來藏—確實已於四阿含中隱說；令大眾得以聞後觀行，確實斷除我見乃至我執，證得**見到**眞現觀，乃至**身證**……等眞現觀；已得大乘或二乘見道者，亦可由此聞熏及聞後之觀行，除斷我所之貪著，成就慧解脫果。由平實導師詳解。不限制聽講資格。

8、**解深密經**詳解　重講本經之目的，在於令諸已悟之人明解大乘法道之成佛次第，以及悟後進修一切種智之內涵，確實證知三種自性性，並得據此證解七眞如、十眞如等正理。每逢週二 18.50~20.50 開示，由平實導師詳解。將於《大法鼓經》講畢後開講。不限制聽講資格。

9、**成唯識論**詳解　詳解一切種智眞實正理，詳細剖析一切種智之微細深妙廣大正理；並加以舉例說明，使已悟之會員深入體驗所證如來藏之微密行相；及證驗見分相分與所生一切法，皆由如來藏—阿賴耶識—直接或展轉而生，因此證知一切法無我，證知無餘涅槃之本際。將於增上班《瑜伽師地論》講畢後，由平實導師重講。僅限已明心之會員參加。

10、**精選如來藏系經典**詳解　精選如來藏系經典一部，詳細解說，以此完全印證會員所悟如來藏之眞實，得入不退轉住。另行擇期詳細解說之，由平實導師講解。僅限已明心之會員參加。

11、**禪門差別智**　藉禪宗公案之微細淆訛難知難解之處，加以宣說及剖析，以增進明心、見性之功德，啓發差別智，建立擇法眼。每月第一週日全天，由平實導師開示，僅限破參明心後，復又眼見佛性者參加（事冗暫停）。

12、**枯木禪**　先講智者大師的《小止觀》，後說《釋禪波羅蜜》，詳解四禪八定之修證理論與實修方法，細述一般學人修定之邪見與岔路，及對禪定證境之誤會，消除枉用功夫、浪費生命之現象。已悟般若者，可以藉此而實修初禪，進入大乘通教及聲聞教的三果心解脫境界，配合應有的大福德及後得無分別智、十無盡願，即可進入初地心中。親教師：平實導師。未來緣熟時將於大溪正覺寺開講。不限制聽講資格。

註：本會例行年假，自 2004 年起，改爲每年農曆新年前七天開始停息弘法事務及共修課程，農曆正月 8 日回復所有共修及弘法事務。新春期間（每日 9.00~17.00）開放台北講堂，方便會員禮佛祈福及會外人士請書。大溪區的正覺祖師堂，開放參訪時間，詳見〈正覺電子報〉或成佛之道網站。本表得因時節因緣需要而隨時修改之，不另作通知。

佛教正覺同修會　贈閱書籍 目錄

2015/09/29

1.**無相念佛**　平實導師著　回郵 10 元
2.**念佛三昧修學次第**　平實導師述著　回郵 25 元
3.**正法眼藏—護法集**　平實導師述著　回郵 35 元
4.**真假開悟簡易辨正法**&**佛子之省思**　平實導師著　回郵 3.5 元
5.**生命實相之辨正**　平實導師著　回郵 10 元
6.**如何契入念佛法門**（附：印順法師否定極樂世界）平實導師著　回郵 3.5 元
7.**平實書箋**—答元覽居士書　平實導師著　回郵 35 元
8.**三乘唯識**—如來藏系經律彙編　平實導師編　回郵 80 元
（精裝本　長 27 cm　寬 21 cm　高 7.5 cm　重 2.8 公斤）
9.**三時繫念全集**—修正本　回郵掛號 40 元（長 26.5 cm×寬 19 cm）
10.**明心與初地**　平實導師述　回郵 3.5 元
11.**邪見與佛法**　平實導師述著　回郵 20 元
12.**菩薩正道**—回應義雲高、釋性圓…等外道之邪見　正燦居士著　回郵 20 元
13.**甘露法雨**　平實導師述　回郵 20 元
14.**我與無我**　平實導師述　回郵 20 元
15.**學佛之心態**—修正錯誤之學佛心態始能與正法相應　孫正德老師著　回郵35元
附錄：平實導師著**《略說八、九識並存…等之過失》**
16.**大乘無我觀**—《悟前與悟後》別說　平實導師述著　回郵 20 元
17.**佛教之危機**—中國台灣地區現代佛教之真相（附錄：公案拈提六則）
平實導師著　回郵 25 元
18.**燈　影**—燈下黑（覆「求教後學」來函等）　平實導師著　回郵 35 元
19.**護法與毀法**—覆上平居士與徐恒志居士網站毀法二文
張正圜老師著　回郵 35 元
20.**淨土聖道**—兼評**選擇本願念佛**　正德老師著　**由正覺同修會購贈**　回郵 25 元
21.**辨唯識性相**—對「紫蓮心海《辯唯識性相》書中否定阿賴耶識」之回應
正覺同修會 台南共修處法義組 著　回郵 25 元
22.**假如來藏**—對法蓮法師《如來藏與阿賴耶識》書中否定阿賴耶識之回應
正覺同修會 台南共修處法義組 著　回郵 35 元
23.**入不二門**—公案拈提集錦 第一輯（於平實導師公案拈提諸書中選錄約二十則，
合輯爲一冊流通之）平實導師著　回郵 20 元
24.**真假邪說**—西藏密宗索達吉喇嘛《破除邪說論》真是邪說
釋正安法師著　回郵 35 元
25.**真假開悟**—真如、如來藏、阿賴耶識間之關係　平實導師述著　回郵 35 元
26.**真假禪和**—辨正釋傳聖之謗法謬說　孫正德老師著　回郵 30 元

27.**眼見佛性**—駁慧廣法師眼見佛性的含義文中謬說

游正光老師著　回郵25元

28.**普門自在**—公案拈提集錦 第二輯（於平實導師公案拈提諸書中選錄約二十則，合輯爲一冊流通之）平實導師著　回郵25元

29.**印順法師的悲哀**—以現代禪的質疑為線索　恒毓博士著　回郵25元

30.**識蘊真義**—現觀識蘊內涵、取證初果、親斷三縛結之具體行門。

—依《成唯識論》及《唯識述記》正義，略顯安慧《大乘廣五蘊論》之邪謬

平實導師著　回郵35元

31.**正覺電子報** 各期紙版本　免附回郵　每次最多函索三期或三本。

（已無存書之較早各期，不另增印贈閱）

32.**現代人應有的宗教觀**　蔡正禮老師 著　回郵3.5元

33.**遠惑趣道**—正覺電子報般若信箱問答錄　第一輯　回郵20元

34.**遠惑趣道**—正覺電子報般若信箱問答錄　第二輯　回郵20元

35.**確保您的權益**—器官捐贈應注意自我保護　游正光老師 著　回郵10元

36.**正覺教團電視弘法三乘菩提 DVD 光碟（一）**

由正覺教團多位親教師共同講述錄製 DVD 8 片，MP3 一片，共 9 片。有二大講題：一爲「三乘菩提之意涵」，二爲「學佛的正知見」。內容精闢，深入淺出，精彩絕倫，幫助大眾快速建立三乘法道的正知見，免被外道邪見所誤導。有志修學三乘佛法之學人不可不看。（製作工本費 100 元，回郵 25 元）

37.**正覺教團電視弘法 DVD 專輯（二）**

總有二大講題：一爲「三乘菩提之念佛法門」，一爲「學佛正知見（第二篇）」，由正覺教團多位親教師輪番講述，內容詳細闡述如何修學念佛法門、實證念佛三昧，以及學佛應具有的正確知見，可以幫助發願往生西方極樂淨土之學人，得以把握往生，更可令學人快速建立三乘法道的正知見，免於被外道邪見所誤導。有志修學三乘佛法之學人不可不看。（一套 17 片，工本費 160 元。回郵 35 元）

38.**佛藏經** 燙金精裝本 每冊回郵 20 元。正修佛法之道場欲大量索取者，請正式發函並蓋用大印寄來索取（2008.04.30 起開始敬贈）

39.**喇嘛性世界**—揭開假藏傳佛教譚崔瑜伽的面紗　張善思 等人合著

由正覺同修會購贈　回郵 20 元

40.**假藏傳佛教的神話**—性、謊言、喇嘛教　張正玄教授編著　回郵 20 元

由正覺同修會購贈　回郵 20 元

41.**隨 緣**—理隨緣與事隨緣　平實導師述　回郵 20 元。

42.**學佛的覺醒**　正枝居士 著　回郵 25 元

43.**導師之真實義**　蔡正禮老師 著　回郵 10 元

44.**淺談達賴喇嘛之雙身法**—兼論解讀「密續」之達文西密碼

吳明芷居士 著　回郵 10 元

45.**魔界轉世**　張正玄居士 著　回郵 10 元

46.**一貫道與開悟**　蔡正禮老師 著　回郵 10 元

47.**博愛**—愛盡天下女人　正覺教育基金會 編印　回郵 10 元

48.**意識虛妄經教彙編**—實證解脫道的關鍵經文　正覺同修會編印　回郵 25 元

49.**邪箭囈語**—破斥藏密外道多識仁波切《破魔金剛箭雨論》之邪說

陸正元老師著　上、下冊回郵各 30 元

50.**真假沙門**—依 佛聖教闡釋佛教僧寶之定義

蔡正禮老師著　俟正覺電子報連載後結集出版

51.**真假禪宗**—藉評論釋性廣《印順導師對變質禪法之批判

及對禪宗之肯定》以顯示真假禪宗

附論一：凡夫知見 無助於佛法之信解行證

附論二：世間與出世間一切法皆從如來藏實際而生而顯

余正偉老師著　俟正覺電子報連載後結集出版　回郵未定

52.**假鋒虛焰金剛乘**—揭示顯密正理，兼破索達吉師徒《般若鋒兮金剛焰》。

釋正安 法師著　俟正覺電子報連載後結集出版

★ 上列贈書之郵資，係台灣本島地區郵資，大陸、港、澳地區及外國地區，請另計酌增（大陸、港、澳、國外地區之郵票不許通用）。尚未出版之書，請勿先寄來郵資，以免增加作業煩擾。

★ 本目錄若有變動，唯於後印之書籍及「成佛之道」網站上修正公佈之，不另行個別通知。

函索書籍請寄：佛教正覺同修會　103 台北市承德路 3 段 277 號 9 樓

台灣地區函索書籍者請附寄郵票，無時間購買郵票者可以等值現金抵用，但不接受郵政劃撥、支票、匯票。大陸地區得以人民幣計算，國外地區請以美元計算（請勿寄來當地郵票，在台灣地區不能使用）。欲以掛號寄遞者，請另附掛號郵資。

親自索閱：正覺同修會各共修處。　★請於共修時間前往取書，餘時無人在道場，請勿前往索取；共修時間與地點，詳見書末正覺同修會共修現況表（以近期之共修現況表爲準）。

註：正智出版社發售之局版書，請向各大書局購閱。若書局之書架上已經售出而無陳列者，請向書局櫃台指定洽購；若書局不便代購者，請於正覺同修會共修時間前往各共修處請購，正智出版社已派人於共修時間送書前往各共修處流通。 郵政劃撥購書及 大陸地區 購書，請詳別頁正智出版社發售書籍目錄最後頁之說明。

成佛之道 網站：http://www.a202.idv.tw　　正覺同修會已出版之結緣書籍，多已登載於 成佛之道 網站，若住外國、或住處遙遠，不便取得正覺同修會贈閱書籍者，可以從本網站閱讀及下載。　　書局版之《宗通與說通》亦已上網，台灣讀者可向書局洽購，售價 300 元。《狂密與眞密》第一輯~第四輯，亦於 2003.5.1.全部於本網站登載完畢；台灣地區讀者請向書局洽購，每輯約 400 頁，售價 300 元（網站下載紙張費用較貴，容易散失，難以保存，亦較不精美）。

＊＊假藏傳佛教修雙身法，非佛教＊＊

正智出版社 籌募弘法基金發售書籍目錄 2017/04/22

1.**宗門正眼**—公案拈提 第一輯 重拈 平實導師著 500元

因重寫內容大幅度增加故，字體必須改小，並增爲 576 頁 主文 546 頁。比初版更精彩、更有內容。初版《禪門摩尼寶聚》之讀者，可寄回本公司免費調換新版書。免附回郵，亦無截止期限。（2007 年起，每冊附贈本公司精製公案拈提〈超意境〉CD 一片。市售價格 280 元，多購多贈。）

2.**禪淨圓融** 平實導師著 200元（第一版舊書可換新版書。）

3.**真實如來藏** 平實導師著 400元

4.**禪—悟前與悟後** 平實導師著 上、下冊，每冊 250 元

5.**宗門法眼**—公案拈提 第二輯 平實導師著 500元

（2007 年起，每冊附贈本公司精製公案拈提〈超意境〉CD 一片）

6.**楞伽經詳解** 平實導師著 全套共 10 輯 每輯 250 元

7.**宗門道眼**—公案拈提 第三輯 平實導師著 500元

（2007 年起，每冊附贈本公司精製公案拈提〈超意境〉CD 一片）

8.**宗門血脈**—公案拈提 第四輯 平實導師著 500元

（2007 年起，每冊附贈本公司精製公案拈提〈超意境〉CD 一片）

9.**宗通與說通**—成佛之道 平實導師著 主文 381 頁 全書 400 頁售價 300 元

10.**宗門正道**—公案拈提 第五輯 平實導師著 500元

（2007 年起，每冊附贈本公司精製公案拈提〈超意境〉CD 一片）

11.**狂密與真密 一～四輯** 平實導師著 西藏密宗是人間最邪淫的宗教，本質不是佛教，只是披著佛教外衣的印度教性力派流毒的喇嘛教。此書中將西藏密宗密傳之男女雙身合修樂空雙運所有祕密與修法，毫無保留完全公開，並將全部喇嘛們所不知道的部分也一併公開。內容比大辣出版社喧騰一時的《西藏慾經》更詳細。並且函蓋藏密的所有祕密及其錯誤的中觀見、如來藏見……等，藏密的所有法義都在書中詳述、分析、辨正。每輯主文三百餘頁 每輯全書約 400 頁 售價每輯 300 元

12.**宗門正義**—公案拈提 第六輯 平實導師著 500元

（2007 年起，每冊附贈本公司精製公案拈提〈超意境〉CD 一片）

13.**心經密意**—心經與解脱道、佛菩提道、祖師公案之關係與密意 平實導師述 300元

14.**宗門密意**—公案拈提 第七輯 平實導師著 500元

（2007 年起，每冊附贈本公司精製公案拈提〈超意境〉CD 一片）

15.**淨土聖道**—兼評「選擇本願念佛」 正德老師著 200元

16.**起信論講記** 平實導師述著 共六輯 每輯三百餘頁 售價各 250 元

17.**優婆塞戒經講記** 平實導師述著 共八輯 每輯三百餘頁 售價各 250 元

18.**真假活佛**—略論附佛外道盧勝彥之邪説（對前岳靈犀網站主張「盧勝彥是證悟者」之修正） 正犀居士（岳靈犀）著 流通價 140 元

19.**阿含正義**—唯識學探源 平實導師著 共七輯 每輯 300 元

20.**超意境 CD** 以平實導師公案拈提書中超越意境之頌詞，加上曲風優美的旋律，錄成令人嚮往的超意境歌曲，其中包括正覺發願文及平實導師親自譜成的黃梅調歌曲一首。詞曲雋永，殊堪翫味，可供學禪者吟詠，有助於見道。內附設計精美的彩色小冊，解說每一首詞的背景本事。每片 280 元。【每購買公案拈提書籍一冊，即贈送一片。】

21.**菩薩底憂鬱 CD** 將菩薩情懷及禪宗公案寫成新詞，並製作成超越意境的優美歌曲。 1.主題曲〈菩薩底憂鬱〉，描述地後菩薩能離三界生死而迴向繼續生在人間，但因尚未斷盡習氣種子而有極深沈之憂鬱，非三賢位菩薩及二乘聖者所知，此憂鬱在七地滿心位方才斷盡；本曲之詞中所說義理極深，昔來所未曾見；此曲係以優美的情歌風格寫詞及作曲，聞者得以激發嚮往諸地菩薩境界之大心，詞、曲都非常優美，難得一見；其中勝妙義理之解說，已印在附贈之彩色小冊中。 2.以各輯公案拈提中直示禪門入處之頌文，作成各種不同曲風之超意境歌曲，值得玩味、參究；聆聽公案拈提之優美歌曲時，請同時閱讀內附之印刷精美說明小冊，可以領會超越三界的證悟境界；未悟者可以因此引發求悟之意向及疑情，眞發菩提心而邁向求悟之途，乃至因此眞實悟入般若，成眞菩薩。 3.正覺總持咒新曲，總持佛法大意；總持咒之義理，已加以解說並印在隨附之小冊中。本 CD 共有十首歌曲，長達 63 分鐘。每盒各附贈二張購書優惠券。每片 280 元。

22.**禪意無限 CD** 平實導師以公案拈提書中偈頌寫成不同風格曲子，與他人所寫不同風格曲子共同錄製出版，幫助參禪人進入禪門超越意識之境界。盒中附贈彩色印製的精美解說小冊，以供聆聽時閱讀，令參禪人得以發起參禪之疑情，即有機會證悟本來面目而發起實相智慧，實證大乘菩提般若，能如實證知般若經中的眞實意。本 CD 共有十首歌曲，長達 69 分鐘，每盒各附贈二張購書優惠券。每片 280 元。

23.**我的菩提路**第一輯　釋悟圓、釋善藏等人合著　售價 300 元

24.**我的菩提路**第二輯　郭正益、張志成等人合著　售價 300 元

25.**我的菩提路**第三輯　王美伶等人合著　預定 2017/6/30 發行　售價 300 元

26.**鈍鳥與靈龜**—考證後代凡夫對大慧宗杲禪師的無根誹謗。
平實導師著　共 458 頁　售價 350 元

27.**維摩詰經講記**　平實導師述　共六輯　每輯三百餘頁　售價各 250 元

28.**真假外道**—破劉東亮、杜大威、釋證嚴常見外道見　正光老師著　200 元

29.**勝鬘經講記**—兼論印順《勝鬘經講記》對於《勝鬘經》之誤解。
平實導師述　共六輯　每輯三百餘頁　售價 250 元

30.**楞嚴經講記**　平實導師述　共 **15** 輯，每輯三百餘頁　售價 300 元

31.**明心與眼見佛性**—駁慧廣〈蕭氏「眼見佛性」與「明心」之非〉文中謬說
正光老師著　共 448 頁　售價 300 元

32.**見性與看話頭**　黃正倖老師 著，本書是禪宗參禪的方法論。
內文 375 頁，全書 416 頁，售價 300 元。

33.**達賴真面目**—玩盡天下女人 白正偉老師 等著 中英對照彩色精裝大本 800 元
34.**喇嘛性世界**—揭開假藏傳佛教譚崔瑜伽的面紗　張善思 等人著　200 元
35.**假藏傳佛教的神話**—性、謊言、喇嘛教　正玄教授編著　200 元
36.**金剛經宗通**　平實導師述　共九輯　每輯售價 250 元。
37.**空行母**—性別、身分定位，以及藏傳佛教。
珍妮・坎貝爾著 呂艾倫 中譯 售價 250 元
38.**末代達賴**—性交教主的悲歌　張善思、呂艾倫、辛燕編著 售價 250 元
39.**霧峰無霧**—給哥哥的信　辨正釋印順對佛法的無量誤解
游宗明 老師著　售價 250 元
40.**第七意識與第八意識？**—穿越時空「超意識」
平實導師述　每冊 300 元
41.**黯淡的達賴**—失去光彩的諾貝爾和平獎
正覺教育基金會編著　每冊 250 元
42.**童女迦葉考**—論呂凱文〈佛教輪迴思想的論述分析〉之謬。
平實導師 著 定價 180 元
43.**人間佛教**—實證者必定不悖三乘菩提
平實導師 述，定價 400 元
44.**實相經宗通**　平實導師述　共八輯　每輯 250 元
45.**真心告訴您(一)**—達賴喇嘛在幹什麼？
正覺教育基金會編著　售價 250 元
46.**中觀金鑑**—詳述應成派中觀的起源與其破法本質
孫正德老師著　分為上、中、下三冊，每冊 250 元
47.**佛法入門**—迅速進入三乘佛法大門，消除久學佛法漫無方向之窘境。
○○居士著　將於正覺電子報連載後出版。售價 250 元
48.**藏傳佛教要義**—《狂密與真密》之簡體字版　平實導師 著 上、下冊
僅在大陸流通　每冊 300 元
49.**法華經講義**　平實導師述　共二十五輯　每輯 300 元
已於 2015/05/31 起開始出版，每二個月出版一輯
50.**西藏「活佛轉世」制度**—附佛、造神、世俗法
許正豐、張正玄老師合著　定價 150 元
51.**廣論三部曲**　郭正益老師著　定價 150 元
52.**真心告訴您(二)**—達賴喇嘛是佛教僧侶嗎？
—補祝達賴喇嘛八十大壽
正覺教育基金會編著　售價 300 元
53.**廣論之平議**—宗喀巴《菩提道次第廣論》之平議　正雄居士著
約二或三輯　俟正覺電子報連載後結集出版　書價未定
54.**末法導護**—對印順法師中心思想之綜合判攝　正慶老師著　書價未定
55.**菩薩學處**—菩薩四攝六度之要義　陸正元老師著　出版日期未定。
56.**八識規矩頌**詳解　○○居士 註解　出版日期另訂　書價未定。

57.**印度佛教史**—法義與考證。依法義史實評論印順《印度佛教思想史、佛教史地考論》之謬說　正偉老師著　出版日期未定　書價未定

58.**中國佛教史**—依中國佛教正法史實而論。 ○○老師 著　書價未定。

59.**中論正義**—釋龍樹菩薩《中論》頌正理。
孫正德老師著　出版日期未定　書價未定

60.**中觀正義**—註解平實導師《中論正義頌》。
○○法師（居士）著　出版日期未定　書價未定

61.**佛藏經講記**　平實導師述　出版日期未定　書價未定

62.**阿含經講記**—將選錄四阿含中數部重要經典全經講解之，講後整理出版。
平實導師述　約二輯　每輯 300 元　出版日期未定

63.**寶積經講記**　平實導師述　每輯三百餘頁 優惠價 300 元 出版日期未定

64.**解深密經講記**　平實導師述 約四輯　將於重講後整理出版

65.**成唯識論略解**　平實導師著　五～六輯　每輯300 元　出版日期未定

66.**修習止觀坐禪法要講記**　平實導師述　每輯三百餘頁
將於正覺寺建成後重講、以講記逐輯出版　出版日期未定

67.**無門關**—《無門關》公案拈提　平實導師著　出版日期未定

68.**中觀再論**—兼述印順《中觀今論》謬誤之平議。 正光老師著 出版日期未定

69.**輪迴與超度**—佛教超度法會之真義。
○○法師（居士）著　出版日期未定　書價未定

70.**《釋摩訶衍論》平議**—對偽稱龍樹所造《釋摩訶衍論》之平議
○○法師（居士）著　出版日期未定　書價未定

71.**正覺發願文**註解—以真實大願為因 得證菩提
正德老師著　出版日期未定　書價未定

72.**正覺總持咒**—佛法之總持　正圜老師著　出版日期未定　書價未定

73.**涅槃**—論四種涅槃　平實導師著　出版日期未定　書價未定

74.**三自性**—依四食、五蘊、十二因緣、十八界法，說三性三無性。
作者未定　出版日期未定

75.**道品**—從三自性說大小乘三十七道品　作者未定　出版日期未定

76.**大乘緣起觀**—依四聖諦七真如現觀十二緣起 作者未定　出版日期未定

77.**三德**—論解脫德、法身德、般若德。　作者未定　出版日期未定

78.**真假如來藏**—對印順《如來藏之研究》謬說之平議　作者未定 出版日期未定

79.**大乘道次第**　作者未定　出版日期未定　書價未定

80.**四緣**—依如來藏故有四緣。　作者未定　出版日期未定

81.**空之探究**—印順《空之探究》謬誤之平議　作者未定 出版日期未定

82.**十法義**—論阿含經中十法之正義　作者未定　出版日期未定

83.**外道見**—論述外道六十二見　作者未定　出版日期未定

正智出版社有限公司 書籍介紹

禪淨圓融：言淨土諸祖所未曾言，示諸宗祖師所未曾示；禪淨圓融，另闢成佛捷徑，兼顧自力他力，闡釋淨土門之速行易行道，亦同時揭櫫聖教門之速行易行道；令廣大淨土行者得免緩行難證之苦，亦令聖道門行者得以藉著淨土速行道而加快成佛之時劫。乃前無古人之超勝見地，非一般弘揚禪淨法門典籍也，先讀爲快。平實導師著 200元。

宗門正眼—**公案拈提**第一輯：繼承克勤圜悟大師碧巖錄宗旨之禪門鉅作。先則舉示當代大法師之邪說，消弭當代禪門大師鄉愿之心態，摧破當今禪門「世俗禪」之妄談；次則旁通教法，表顯宗門正理；繼以道之次第，消弭古今狂禪；後藉言語及文字機鋒，直示宗門入處。悲智雙運，禪味十足，數百年來難得一睹之禪門鉅著也。平實導師著 500元（原初版書《禪門摩尼寶聚》，改版後補充爲五百餘頁新書，總計多達二十四萬字，內容更精彩，並改名爲《宗門正眼》，讀者原購初版《禪門摩尼寶聚》皆可寄回本公司免費換新，免附回郵，亦無截止期限）（2007年起，凡購買公案拈提第一輯至第七輯，每購一輯皆贈送本公司精製公案拈提〈超意境〉CD一片，市售價格280元，多購多贈）。

禪—悟前與悟後：本書能建立學人悟道之信心與正確知見，圓滿具足而有次第地詳述禪悟之功夫與禪悟之內容，指陳參禪中細微淆訛之處，能使學人明自眞心、見自本性。若未能悟入，亦能以正確知見辨別古今中外一切大師究係眞悟？或屬錯悟？便有能力揀擇，捨名師而選明師，後時必有悟道之緣。一旦悟道，遲者七次人天往返，便出三界，速者一生取辦。學人欲求開悟者，不可不讀。　平實導師著。上、下冊共500元，單冊250元。

眞實如來藏：如來藏眞實存在，乃宇宙萬有之本體，並非印順法師、達賴喇嘛等人所說之「唯有名相、無此心體」。如來藏是涅槃之本際，是一切有智之人竭盡心智、不斷探索而不能得之生命實相；是古今中外許多大師自以爲悟而當面錯過之生命實相。如來藏即是阿賴耶識，乃是一切有情本自具足、不生不滅之眞實心。當代中外大師於此書出版之前所未能言者，作者於本書中盡情流露、詳細闡釋。眞悟者讀之，必能增益悟境、智慧增上；錯悟者讀之，必能檢討自己之錯誤，免犯大妄語業；未悟者讀之，能知參禪之理路，亦能以之檢查一切名師是否眞悟。此書是一切哲學家、宗教家、學佛者及欲昇華心智之人必讀之鉅著。　平實導師著　售價400元。

宗門法眼—**公案拈提**第二輯：列舉實例，闡釋土城廣欽老和尚之悟處；並直示這位不識字的老和尚妙智橫生之根由，繼而剖析禪宗歷代大德之開悟公案，解析當代密宗高僧卡盧仁波切之錯悟證據，並例舉當代顯宗高僧、大居士之錯悟證據（凡健在者，爲免影響其名聞利養，皆隱其名）。藉辨正當代名師之邪見，向廣大佛子指陳禪悟之正道，彰顯宗門法眼。悲勇兼出，強捋虎鬚；慈智雙運，巧探驪龍；摩尼寶珠在手，直示宗門入處，禪味十足；若非大悟徹底，不能爲之。禪門精奇人物，允宜人手一冊，供作參究及悟後印證之圭臬。本書於2008年4月改版，增寫為大約500頁篇幅，以利學人研讀參究時更易悟入宗門正法，以前所購初版首刷及初版二刷舊書，皆可免費換取新書。平實導師著 500元（2007年起，凡購買公案拈提第一輯至第七輯，每購一輯皆贈送本公司精製公案拈提〈超意境〉CD一片，市售價格280元，多購多贈）。

宗門道眼—**公案拈提**第三輯：繼宗門法眼之後，再以金剛之作略、慈悲之胸懷、犀利之筆觸，舉示寒山、拾得、布袋三大士之悟處，消弭當代錯悟者對於寒山大士……等之誤會及誹謗。亦舉出民初以來與虛雲和尚齊名之蜀郡鹽亭袁煥仙夫子——南懷瑾老師之師，其「悟處」何在？並蒐羅許多眞悟祖師之證悟公案，顯示禪宗歷代祖師之睿智，指陳部分祖師、奧修及當代顯密大師之謬悟，作爲殷鑑，幫助禪子建立及修正參禪之方向及知見。假使讀者閱此書已，一時尚未能悟，亦可一面加功用行，一面以此宗門道眼辨別眞假善知識，避開錯誤之印證及歧路，可免大妄語業之長劫慘痛果報。欲修禪宗之禪者，務請細讀。平實導師著 售價500元（2007年起，凡購買公案拈提第一輯至第七輯，每購一輯皆贈送本公司精製公案拈提〈超意境〉CD一片，市售價格280元，多購多贈）。

楞伽經詳解：本經是禪宗見道者印證所悟眞僞之根本經典，亦是禪宗見道者悟後起修之依據經典；故達摩祖師於印證二祖慧可大師之後，將此經典連同佛鉢祖衣一併交付二祖，令其依此經典佛示金言、進入修道位，修學一切種智。由此可知此經對於眞悟之人修學佛道，是非常重要之一部經典。此經能破外道邪說，亦破佛門中錯悟名師之謬說，亦破禪宗部分祖師之狂禪：不讀經典、一向主張「一悟即成究竟佛」之謬執。並開示愚夫所行禪、觀察義禪、攀緣如禪、如來禪等差別，令行者對於三乘禪法差異有所分辨；亦糾正禪宗祖師古來對於如來禪之誤解，嗣後可免以訛傳訛之弊。此經亦是法相唯識宗之根本經典，禪者悟後欲修一切種智而入初地者，必須詳讀。 平實導師著，全套共十輯，已全部出版完畢，每輯主文約320頁，每冊約352頁，定價250元。

宗門血脈—公案拈提第**四**輯：末法怪象—許多修行人自以爲悟，每將無念靈知認作眞實；崇尚二乘法諸師及其徒眾，則將**外於如來藏之緣起性空**—無因論之無常空、斷滅空、一切法空—錯認爲 佛所說之般若空性。這兩種現象已於當今海峽兩岸及美加地區顯密大師之中普遍存在；人人自以爲悟，心高氣壯，便敢寫書解釋祖師證悟之公案，大多出於意識思惟所得，言不及義，錯誤百出，因此誤導廣大佛子同陷大妄語之地獄業中而不能自知。彼等書中所說之悟處，其實處處違背第一義經典之聖言量。彼等諸人不論是否身披袈裟，都非佛法宗門血脈，或雖有禪宗法脈之傳承，亦只徒具形式；猶如螟蛉，非眞血脈，未悟得根本眞實故。禪子欲知佛、祖之眞血脈者，請讀此書，便知分曉。平實導師著，主文452頁，全書464頁，定價500元（2007年起，凡購買公案拈提第一輯至第七輯，每購一輯皆贈送本公司精製公案拈提〈超意境〉CD一片，市售價格280元，多購多贈）。

宗通與說通：古今中外，錯誤之人如麻似粟，每以常見外道所說之靈知心，認作眞心；或妄想虛空之勝性能量爲眞如，或錯認物質四大元素藉冥性（靈知心本體）能成就吾人色身及知覺，或認初禪至四禪中之了知心爲不生不滅之涅槃心。此等皆非通宗者之見地。復有錯悟之人一向主張「宗門與教門不相干」，此即尚未通達宗門之人也。其實宗門與教門互通不二，宗門所證者乃是眞如與佛性，教門所說者乃說宗門證悟之眞如佛性，故教門與宗門不二。本書作者以宗教二門互通之見地，細說「宗通與說通」，從初見道至悟後起修之道、細說分明；並將諸宗諸派在整體佛教中之地位與次第，加以明確之教判，學人讀之即可了知佛法之梗概也。欲擇明師學法之前，允宜先讀。平實導師著，主文共381頁，全書392頁，只售成本價300元。

宗門正道—**公案拈提**第**五**輯：修學大乘佛法有二果須證解脫果及大菩提果。二乘人不證大菩提果，唯證解脫果；此果之智慧，名爲聲聞菩提、緣覺菩提。大乘佛子所證二果之菩提果爲佛菩提，故名大菩提果，其慧名爲一切種智函蓋二乘解脫果。然此大乘二果修證，須經由禪宗之宗門證悟方能相應。而宗門證悟極難，自古已然；其所以難者，咎在古今佛教界普遍存在三種邪見：1.以修定認作佛法，2.以無因論之緣起性空—否定涅槃本際如來藏以後之一切法空作爲佛法，3.以常見外道邪見（離語言妄念之靈知性）作爲佛法。如是邪見，或因自身正見未立所致，或因邪師之邪教導所致，或因無始劫來虛妄熏習所致。若不破除此三種邪見，永劫不悟宗門眞義、不入大乘正道，唯能外門廣修菩薩行。平實導師於此書中，有極爲詳細之說明，有志佛子欲摧邪見、入於內門修菩薩行者，當閱此書。主文共496頁，全書512頁。售價500元（2007年起，凡購買公案拈提第一輯至第七輯，每購一輯皆贈送本公司精製公案拈提〈超意境〉CD一片，市售價格280元，多購多贈）。

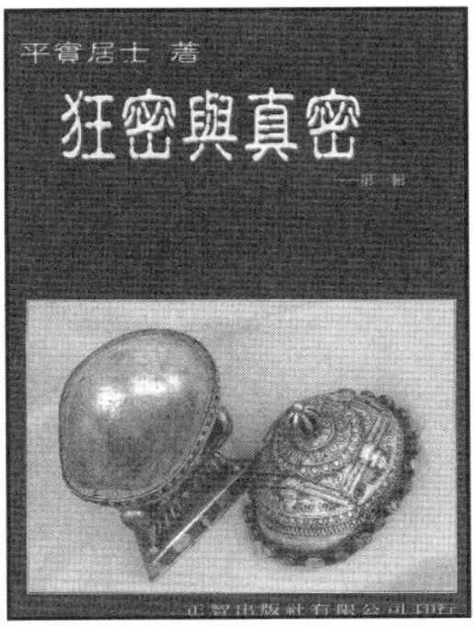

狂密與真密：密教之修學，皆由有相之觀行法門而入，其最終目標仍不離顯教經典所說第一義諦之修證；若離顯教第一義經典、或違背顯教第一義經典，即非佛教。西藏密教之觀行法，如灌頂、觀想、遷識法、寶瓶氣、大聖歡喜雙身修法、喜金剛、無上瑜伽、大樂光明、樂空雙運等，皆是印度教**兩性生生不息思想之轉化，自始至終**皆以**如何能運用交合淫樂之法達到全身受樂**為其中心思想，純屬欲界五欲的貪愛，不能令人超出欲界輪迴，更不能令人斷除我見；何況大乘之明心與見性，更無論矣！故密宗之法絕非佛法也。而其明光大手印、大圓滿法教，又皆同以常見外道所說**離語言妄念之無念靈知心**錯認為佛地之真如，不能直指不生不滅之真如。西藏密宗所有法王與徒眾，都尚未開頂門眼，不能辨別真偽，以**依人不依法、依密續不依經典**故，不肯將其上師喇嘛所說對照第一義經典，純依密續之藏密祖師所說為準，因此而誇大其證德與證量，動輒謂彼祖師上師為究竟佛、為地上菩薩；如今台海兩岸亦有自謂其師證量高於 釋迦文佛者，然觀其師所述，猶未見道，仍在觀行即佛階段，尚未到禪宗相似即佛、分證即佛階位，竟敢標榜為究竟佛及地上法王，誑惑初機學人。凡此怪象皆是狂密，不同於真密之修行者。近年狂密盛行，密宗行者被誤導者極眾，動輒自謂已證佛地真如，自視為究竟佛，陷於大妄語業中而不知自省，反謗顯宗真修實證者之證量粗淺；或如義雲高與釋性圓…等人，於報紙上公然誹謗真實證道者為「騙子、無道人、人妖、癩蛤蟆…」等，造下誹謗大乘勝義僧之大惡業；或以外道法中有為有作之甘露、魔術……等法，誑騙初機學人，狂言彼外道法為真佛法。如是怪象，在西藏密宗及附藏密之外道中，不一而足，舉之不盡，學人宜應慎思明辨，以免上當後又犯毀破菩薩戒之重罪。密宗學人若欲遠離邪知邪見者，請閱此書，即能了知密宗之邪謬，從此遠離邪見與邪修，轉入真正之佛道。

平實導師著 共四輯 每輯約400頁（主文約340頁）每輯售價300元。

宗門正義——公案拈提第六輯：佛教有六大危機，乃是藏密化、世俗化、膚淺化、學術化、宗門密意失傳、悟後進修諸地之次第混淆；其中尤以宗門密意之失傳，爲當代佛教最大之危機。由宗門密意失傳故，易令世尊本懷普被錯解，易令 世尊正法被轉易爲外道法，以及加以淺化、世俗化，是故宗門密意之廣泛弘傳與具緣佛弟子，極爲重要。然而欲令宗門密意之廣泛弘傳予具緣之佛弟子者，必須同時配合錯誤知見之解析、普令佛弟子知之，然後輔以公案解析之直示入處，方能令具緣之佛弟子悟入。而此二者，皆須以公案拈提之方式爲之，方易成其功、竟其業，是故平實導師續作宗門正義一書，以利學人。　全書500餘頁，售價500元（2007年起，凡購買公案拈提第一輯至第七輯，每購一輯皆贈送本公司精製公案拈提〈超意境〉CD一片，市售價格280元，多購多贈）。

心經密意——心經與解脫道、佛菩提道、祖師公案之關係與密意。二乘菩提所證之解脫道，實依第八識心之斷除煩惱障現行而立解脫之名；大乘菩提所證之佛菩提道，實依親證第八識如來藏之涅槃性、清淨自性、及其中道性而立般若之名；禪宗祖師公案所證之眞心，即是此第八識如來藏；是故三乘佛法所修所證之三乘菩提，皆依此如來藏心而立名也。此第八識心，即是《心經》所說之心也。證得此如來藏已，即能漸入大乘佛菩提道，亦可因證知此心而了知二乘無學所不能知之無餘涅槃本際，是故《心經》之密意，與三乘佛菩提之關係極爲密切、不可分割，三乘佛法皆依此心而立名故。今者平實導師以其所證解脫道之無生智及佛菩提之般若種智，將《心經》與解脫道、佛菩提道、祖師公案之關係與密意，以演講之方式，用淺顯之語句和盤托出，發前人所未言，呈三乘菩提之眞義，令人藉此《心經密意》一舉而窺三乘菩提之堂奧，迴異諸方言不及義之說；欲求眞實佛智者、不可不讀！主文317頁，連同跋文及序文…等共384頁，售價300元。

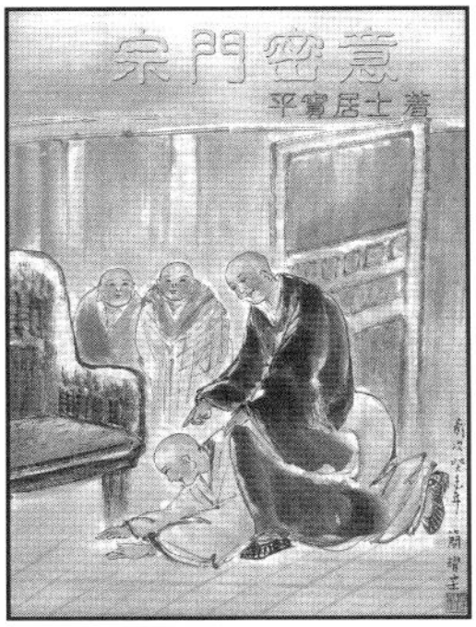

宗門密意—公案拈提第七輯：佛教之世俗化，將導致學人以信仰作為學佛，則將以感應及世間法之庇祐，作為學佛之主要目標，不能了知學佛之主要目標為親證三乘菩提。大乘菩提則以般若實相智慧為主要修習目標，以二乘菩提解脫道為附帶修習之標的；是故學習大乘法者，應以禪宗之證悟為要務，能親入大乘菩提之實相般若智慧中故，般若實相智慧非二乘聖人所能知故。此書則以台灣世俗化佛教之三大法師，說法似是而非之實例，配合眞悟祖師之公案解析，提示證悟般若之關節，令學人易得悟入。平實導師著，全書五百餘頁，售價500元（2007年起，凡購買公案拈提第一輯至第七輯，每購一輯皆贈送本公司精製公案拈提〈超意境〉CD一片，市售價格280元，多購多贈）。

淨土聖道—兼評日本本願念佛：佛法甚深極廣，般若玄微，非諸二乘聖僧所能知之，一切凡夫更無論矣！所謂一切證量皆歸淨土是也！是故大乘法中「聖道之淨土、淨土之聖道」，其義甚深，難可了知；乃至眞悟之人，初心亦難知也。今有正德老師眞實證悟後，復能深探淨土與聖道之緊密關係，憐憫眾生之誤會淨土實義，亦欲利益廣大淨土行人同入聖道，同獲淨土中之聖道門要義，乃振奮心神、書以成文，今得刊行天下。主文279頁，連同序文等共301頁，總有十一萬六千餘字，正德老師著，成本價200元。

起信論講記：詳解大乘起信論**心生滅門**與**心眞如門**之眞實意旨，消除以往大師與學人對起信論所說**心生滅門**之誤解，由是而得了知眞心如來藏之非常非斷中道正理；亦因此一講解，令此論以往隱晦而被誤解之眞實義，得以如實顯示，令大乘佛菩提道之正理得以顯揚光大；初機學者亦可藉此正論所顯示之法義，對大乘法理生起正信，從此得以眞發菩提心，眞入大乘法中修學，世世常修菩薩正行。平實導師演述，共六輯，都已出版，每輯三百餘頁，售價各250元。

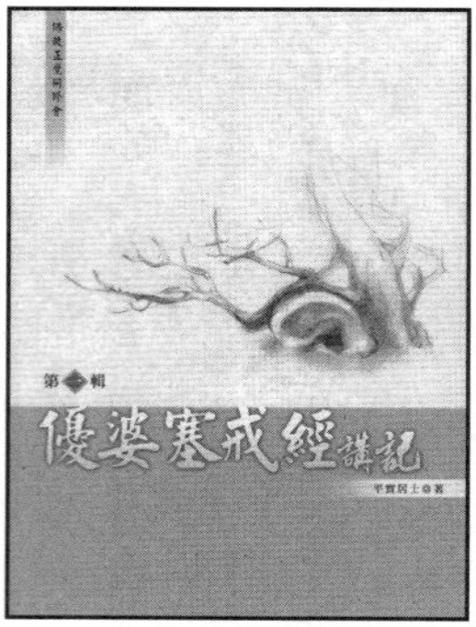

優婆塞戒經講記：本經詳述在家菩薩修學大乘佛法，應如何受持菩薩戒？對人間善行應如何看待？對三寶應如何護持？應如何正確地修集此世後世證法之福德？應如何修集後世「行菩薩道之資糧」？並詳述第一義諦之正義：五蘊非我非異我、自作自受、異作異受、不作不受……等深妙法義，乃是修學大乘佛法、行菩薩行之在家菩薩所應當了知者。出家菩薩今世或未來世登地已，捨報之後多數將如華嚴經中諸大菩薩，以在家菩薩身而修行菩薩行，故亦應以此經所述正理而修之，配合《楞伽經、解深密經、楞嚴經、華嚴經》等道次第正理，方得漸次成就佛道；故此經是一切大乘行者皆應證知之正法。平實導師講述，每輯三百餘頁，售價各250元；共八輯，已全部出版。

真假活佛——略論附佛外道盧勝彥之邪說：人人身中都有眞活佛，永生不滅而有大神用，但眾生都不了知，所以常被身外的西藏密宗假活佛籠罩欺瞞。本來就眞實存在的眞活佛，才是眞正的密宗無上密！諾那活佛因此而說禪宗是大密宗，但藏密的所有活佛都不知道、也不曾實證自身中的眞活佛。本書詳實宣示眞活佛的道理，舉證盧勝彥的「佛法」不是眞佛法，也顯示盧勝彥是假活佛，直接的闡釋第一義佛法見道的眞實正理。眞佛宗的所有上師與學人們，都應該詳細閱讀，包括盧勝彥個人在內。正犀居士著，優惠價140元。

阿含正義——唯識學探源：廣說四大部《阿含經》諸經中隱說之眞正義理，一一舉示佛陀本懷，令阿含時期初轉法輪根本經典之眞義，如實顯現於佛子眼前。並提示末法大師對於阿含眞義誤解之實例，一一比對之，證實唯識增上慧學確於原始佛法之阿含諸經中已隱覆密意而略說之，證實 世尊確於原始佛法中已曾密意而說第八識如來藏之總相；亦證實 世尊在四阿含中已說此藏識是名色十八界之因、之本——證明如來藏是能生萬法之根本心。佛子可據此修正以往受諸大師（譬如西藏密宗應成派中觀師：印順、昭慧、性廣、大願、達賴、宗喀巴、寂天、月稱、……等人）誤導之邪見，建立正見，轉入正道乃至親證初果而無困難；書中並詳說三果所證的**心解脫**，以及四果**慧解脫**的親證，都是如實可行的具體知見與行門。全書共七輯，已出版完畢。平實導師著，每輯三百餘頁，售價300元。

超意境CD：以平實導師公案拈提書中超越意境之頌詞，加上曲風優美的旋律，錄成令人嚮往的超意境歌曲，其中包括正覺發願文及平實導師親自譜成的黃梅調歌曲一首。詞曲雋永，殊堪翫味，可供學禪者吟詠，有助於見道。內附設計精美的彩色小冊，解說每一首詞的背景本事。每片280元。【每購買公案拈提書籍一冊，即贈送一片。】

鈍鳥與靈龜：鈍鳥及靈龜二物，被宗門證悟者說爲二種人：前者是精修禪定而無智慧者，也是以定爲禪的愚癡禪人；後者是或有禪定、或無禪定的宗門證悟者，凡已證悟者皆是靈龜。但後來被人虛造事實，用以嘲笑大慧宗杲禪師，說他雖是靈龜，卻不免被天童禪師預記「患背」痛苦而亡：「鈍鳥離巢易，靈龜脫殼難。」藉以貶低大慧宗杲的證量。同時將天童禪師實證如來藏的證量，曲解爲意識境界的離念靈知。自從大慧禪師入滅以後，錯悟凡夫對他的不實毀謗就一直存在著，不曾止息，並且捏造的假事實也隨著年月的增加而越來越多，終至編成「鈍鳥與靈龜」的假公案、假故事。本書是考證大慧與天童之間的不朽情誼，顯現這件假公案的虛妄不實；更見大慧宗杲面對惡勢力時的正直不阿，亦顯示大慧對天童禪師的至情深義，將使後人對大慧宗杲的誣謗至此而止，不再有人誤犯毀謗賢聖的惡業。書中亦舉證宗門的所悟確以第八識如來藏爲標的，詳讀之後必可改正以前被錯悟大師誤導的參禪知見，日後必定有助於實證禪宗的開悟境界，得階大乘眞見道位中，即是實證般若之賢聖。全書459頁，售價350元。

我的菩提路第一輯：凡夫及二乘聖人不能實證的佛菩提證悟，末法時代的今天仍然有人能得實證，由正覺同修會釋悟圓、釋善藏法師等二十餘位實證如來藏者所寫的見道報告，已爲當代學人見證宗門正法之絲縷不絕，證明大乘義學的法脈仍然存在，爲末法時代求悟般若之學人照耀出光明的坦途。由二十餘位大乘見道者所繕，敘述各種不同的學法、見道因緣與過程，參禪求悟者必讀。全書三百餘頁，售價300元。

我的菩提路第二輯：由郭正益老師等人合著，書中詳述彼等諸人歷經各處道場學法，一一修學而加以檢擇之不同過程以後，因閱讀正覺同修會、正智出版社書籍而發起抉擇分，轉入正覺同修會中修學；乃至學法及見道之過程，都一一詳述之。其中張志成等人係由前現代禪轉進正覺同修會，張志成原爲現代禪副宗長，以前未閱本會書籍時，曾被人藉其名義著文評論 平實導師（詳見《宗通與說通》辨正及《眼見佛性》書末附錄…等）；後因偶然接觸正覺同修會書籍，深覺以前聽人評論平實導師之語不實，於是投入極多時間閱讀本會書籍、深入思辨，詳細探索中觀與唯識之關聯與異同，認爲正覺之法義方是正法，深覺相應；亦解開多年來對佛法的迷雲，確定應依八識論正理修學方是正法。乃不顧面子，毅然前往正覺同修會面見平實導師懺悔，並正式學法求悟。今已與其同修王美伶（亦爲前現代禪傳法老師），同樣證悟如來藏而證得法界實相，生起實相般若眞智。此書中尚有七年來本會第一位眼見佛性者之見性報告一篇，一同供養大乘佛弟子。全書四百頁，售價300元。

我的菩提路第三輯：由王美伶老師等人合著。自從正覺同修會成立以來，每年夏初、冬初都舉辦精進禪三共修，藉以助益會中同修們得以證悟明心發起般若實相智慧；凡已實證而被平實導師印證者，皆書具見道報告用以證明佛法之眞實可證而非玄學，證明佛法並非純屬思想、理論而無實質，是故每年都能有人證明正覺同修會的「實證佛教」主張並非虛語。特別是眼見佛性一法，自古以來中國禪宗祖師實證者極寡，較之明心開悟的證境更難令人信受；至2017年初，正覺同修會中的證悟明心者已近五百人，然而其中眼見佛性者至今唯十餘人爾，可謂難能可貴，是故明心後欲冀眼見佛性者實屬不易。黃正倖老師是懸絕七年無人見性後的第一人，她於2009年的見性報告刊於本書的第二輯中，爲大眾證明佛性確實可以眼見；其後七年之中求見性者都屬解悟佛性而無人眼見，幸而又經七年後的2016冬初，以及2017夏初的禪三，復有三人眼見佛性，希冀鼓舞四眾佛子求見佛性之大心，今則具載一則於書末，顯示求見佛性之事實經歷，供養現代佛教界欲得見性之四眾弟子。全書四百頁，售價300元，預定2017年6月30日發行。

維摩詰經講記：本經係 世尊在世時，由等覺菩薩維摩詰居士藉疾病而演說之大乘菩提無上妙義，所說函蓋甚廣，然極簡略，是故今時諸方大師與學人讀之悉皆錯解，何況能知其中隱含之深妙正義，是故普遍無法爲人解說；若強爲人說，則成依文解義而有諸多過失。今由平實導師公開宣講之後，詳實解釋其中密意，令維摩詰菩薩所說大乘不可思議解脫之深妙正法得以正確宣流於人間，利益當代學人及與諸方大師。書中詳實演述大乘佛法深妙不共二乘之智慧境界，顯示諸法之中絕待之實相境界，建立大乘菩薩妙道於永遠不敗不壞之地，以此成就護法偉功，欲冀永利娑婆人天。已經宣講圓滿整理成書流通，以利諸方大師及諸學人。全書共六輯，每輯三百餘頁，售價各250元。

菩薩底憂鬱CD將菩薩情懷及禪宗公案寫成新詞，並製作成超越意境的優美歌曲。1.主題曲〈菩薩底憂鬱〉，描述地後菩薩能離三界生死而迴向繼續生在人間，但因尚未斷盡習氣種子而有極深沈之憂鬱，非三賢位菩薩及二乘聖者所知，此憂鬱在七地滿心位方才斷盡；本曲之詞中所說義理極深，昔來所未曾見；此曲係以優美的情歌風格寫詞及作曲，聞者得以激發嚮往諸地菩薩境界之大心，詞、曲都非常優美，難得一見；其中勝妙義理之解說，已印在附贈之彩色小冊中。2.以各輯公案拈提中直示禪門入處之頌文，作成各種不同曲風之超意境歌曲，值得玩味、參究；聆聽公案拈提之優美歌曲時，請同時閱讀內附之印刷精美說明小冊，可以領會超越三界的證悟境界；未悟者可以因此引發求悟之意向及疑情，眞發菩提心而邁向求悟之途，乃至因此眞實悟入般若，成眞菩薩。3.正覺總持咒新曲，總持佛法大意；總持咒之義理，已加以解說並印在隨附之小冊中。本CD共有十首歌曲，長達63分鐘，附贈二張購書優惠券。每片280元。

勝鬘經講記：如來藏爲三乘菩提之所依，若離如來藏心體及其含藏之一切種子，即無三界有情及一切世間法，亦無二乘菩提緣起性空之出世間法；本經詳說無始無明、一念無明皆依如來藏而有之正理，藉著詳解煩惱障與所知障間之關係，令學人深入了知二乘菩提與佛菩提相異之妙理；聞後即可了知佛菩提之特勝處及三乘修道之方向與原理，邁向攝受正法而速成佛道的境界中。平實導師講述，共六輯，每輯三百餘頁，售價各250元。

楞嚴經講記：楞嚴經係密教部之重要經典，亦是顯教中普受重視之經典；經中宣說明心與見性之內涵極為詳細，將一切法都會歸如來藏及佛性—妙眞如性；亦闡釋佛菩提道修學過程中之種種魔境，以及外道誤會涅槃之狀況，旁及三界世間之起源。然因言句深澀難解，法義亦復深妙寬廣，學人讀之普難通達，是故讀者大多誤會，不能如實理解佛所說之明心與見性內涵，亦因是故多有悟錯之人引為開悟之證言，成就大妄語罪。今由平實導師詳細講解之後，整理成文，以易讀易懂之語體文刊行天下，以利學人。全書十五輯，全部出版完畢。每輯三百餘頁，售價每輯300元。

明心與眼見佛性：本書細述明心與眼見佛性之異同，同時顯示了中國禪宗破初參明心與重關眼見佛性二關之間的關聯；書中又藉法義辨正而旁述其他許多勝妙法義，讀後必能遠離佛門長久以來積非成是的錯誤知見，令讀者在佛法的實證上有極大助益。也藉慧廣法師的謬論來教導佛門學人回歸正知正見，遠離古今禪門錯悟者所墮的意識境界，非唯有助於斷我見，也對未來的開悟明心實證第八識如來藏有所助益，是故學禪者都應細讀之。游正光老師著　共448頁　售價300元。

見性與看話頭：黃正倖老師的《見性與看話頭》於《正覺電子報》連載完畢，今結集出版。書中詳說禪宗看話頭的詳細方法，並細說看話頭與眼見佛性的關係，以及眼見佛性者求見佛性前必須具備的條件。本書是禪宗實修者追求明心開悟時參禪的方法書，也是求見佛性者作功夫時必讀的方法書，內容兼顧眼見佛性的理論與實修之方法，是依實修之體驗配合理論而詳述，條理分明而且極為詳實、周全、深入。本書內文375頁，全書416頁，售價300元。

禪意無限CD平實導師以公案拈提書中偈頌寫成不同風格曲子，與他人所寫不同風格曲子共同錄製出版，幫助參禪人進入禪門超越意識之境界。盒中附贈彩色印製的精美解說小冊，以供聆聽時閱讀，令參禪人得以發起參禪之疑情，即有機會證悟本來面目，實證大乘菩提般若。本CD共有十首歌曲，長達69分鐘，每盒各附贈二張購書優惠券。每片280元。

金剛經宗通：三界唯心，萬法唯識，是成佛之修證內容，是諸地菩薩之所修；般若則是成佛之道（實證三界唯心、萬法唯識）的入門，若未證悟實相般若，即無成佛之可能，必將永在外門廣行菩薩六度，永在凡夫位中。然而實相般若的發起，全賴實證萬法的實相；若欲證知萬法的眞相，則必須探究萬法之所從來，則須實證自心如來—金剛心如來藏，然後現觀這個金剛心的金剛性、眞實性、如如性、清淨性、涅槃性、能生萬法的自性性、本住性，名爲證眞如；進而現觀三界六道唯是此金剛心所成，人間萬法須藉八識心王和合運作方能現起。如是實證《華嚴經》的「三界唯心、萬法唯識」以後，由此等現觀而發起實相般若智慧，繼續進修第十住位的如幻觀、第十行位的陽焰觀、第十迴向位的如夢觀，再生起增上意樂而勇發十無盡願，方能滿足三賢位的實證，轉入初地；自知成佛之道而無偏倚，從此按部就班、次第進修乃至成佛。第八識自心如來是般若智慧之所依，般若智慧的修證則要從實證金剛心自心如來開始；《金剛經》則是解說自心如來之經典，是一切三賢位菩薩所應進修之實相般若經典。這一套書，是將平實導師宣講的《金剛經宗通》內容，整理成文字而流通之；書中所說義理，迥異古今諸家依文解義之說，指出大乘見道方向與理路，有益於禪宗學人求開悟見道，及轉入內門廣修六度萬行。講述完畢後結集出版，總共9輯，每輯約三百餘頁，售價各250元。

真假外道：本書具體舉證佛門中的常見外道知見實例，並加以教證及理證上的辨正，幫助讀者輕鬆而快速的了知常見外道的錯誤知見，進而遠離佛門內外的常見外道知見，因此即能改正修學方向而快速實證佛法。游正光老師著　。成本價200元。

空行母—性別、身分定位，以及藏傳佛教：本書作者爲蘇格蘭哲學家，因爲嚮往佛教深妙的哲學內涵，於是進入當年盛行於歐美的假藏傳佛教密宗，擔任卡盧仁波切的翻譯工作多年以後，被邀請成爲卡盧的空行母（又名佛母、明妃），開始了她在密宗裡的實修過程；後來發覺在密宗雙身法中的修行，其實無法使自己成佛，也發覺密宗對女性歧視而處處貶抑，並剝奪女性在雙身法中擔任一半角色時應有的身分定位。當她發覺自己只是雙身法中被喇嘛利用的工具，沒有獲得絲毫應有的尊重與基本定位時，發現了密宗的父權社會控制女性的本質；於是作者傷心地離開了卡盧仁波切與密宗，但是卻被恐嚇不許講出她在密宗裡的經歷，也不許她說出自己對密宗的教義與教制下對女性剝削的本質，否則將被咒殺死亡。後來她去加拿大定居，十餘年後方才擺脫這個恐嚇陰影，下定決心將親身經歷的實情及觀察到的事實寫下來並且出版，公諸於世。出版之後，她被流亡的達賴集團人士大力攻訐，誣指她爲精神狀態失常、說謊……等。但有智之士並未被達賴集團的政治操作及各國政府政治運作吹捧達賴的表相所欺，使她的書銷售無阻而又再版。正智出版社鑑於作者此書是親身經歷的事實，所說具有針對「藏傳佛教」而作學術研究的價值，也有使人認清假藏傳佛教剝削佛母、明妃的男性本位實質，因此洽請作者同意中譯而出版於華人地區。珍妮．坎貝爾女士著，呂艾倫 中譯，每冊250元。

霧峰無霧—給哥哥的信：本書作者藉兄弟之間信件往來論義，略述佛法大義；並以多篇短文辨義，舉出釋印順對佛法的無量誤解證據，並一一給予簡單而清晰的辨正，令人一讀即知。久讀、多讀之後即能認清楚釋印順的六識論見解，與眞實佛法之牴觸是多麼嚴重；於是在久讀、多讀之後，於不知不覺之間提升了對佛法的極深入理解，正知正見就在不知不覺間建立起來了。當三乘佛法的正知見建立起來之後，對於三乘菩提的見道條件便將隨之具足，於是聲聞解脫道的見道也就水到渠成；接著大乘見道的因緣也將次第成熟，未來自然也會有親見大乘菩提之道的因緣，悟入大乘實相般若也將自然成功，自能通達般若系列諸經而成實義菩薩。作者居住於南投縣霧峰鄉，自喻見道之後不復再見霧峰之霧，故鄉原野美景一一明見，於是立此書名爲《霧峰無霧》；讀者若欲撥霧見月，可以此書爲緣。游宗明　老師著　售價250元。

假藏傳佛教的神話—性、謊言、喇嘛教：本書編著者是由一首名叫「阿姊鼓」的歌曲爲緣起，展開了序幕，揭開假藏傳佛教—喇嘛教—的神秘面紗。其重點是蒐集、摘錄網路上質疑「喇嘛教」的帖子，以揭穿「假藏傳佛教的神話」爲主題，串聯成書，並附加彩色插圖以及說明，讓讀者們瞭解西藏密宗及相關人事如何被操作爲「神話」的過程，以及神話背後的眞相。作者：張正玄教授。售價200元。

達賴真面目—玩盡天下女人：假使您不想戴綠帽子，請記得詳細閱讀此書；假使您不想讓好朋友戴綠帽子，請您將此書介紹給您的好朋友。假使您想保護家中的女性，也想要保護好朋友的女眷，請記得將此書送給家中的女性和好友的女眷都來閱讀。本書爲印刷精美的大本彩色中英對照精裝本，爲您揭開達賴喇嘛的眞面目，內容精彩不容錯過，爲利益社會大眾，特別以優惠價格嘉惠所有讀者。編著者：白志偉等。大開版雪銅紙彩色精裝本。售價800元。

喇嘛性世界—揭開假藏傳佛教譚崔瑜伽的面紗：這個世界中的喇嘛，號稱來自世外桃源的香格里拉，穿著或紅或黃的喇嘛長袍，散布於我們的身邊傳教灌頂，吸引了無數的人嚮往學習；這些喇嘛虔誠地爲大眾祈福，手中拿著寶杵（金剛）與寶鈴（蓮花），口中唸著咒語：「唵・嘛呢・叭咪・吽……」，咒語的意思是說：「我至誠歸命金剛杵上的寶珠伸向蓮花寶穴之中」！「喇嘛性世界」是什麼樣的「世界」呢？本書將爲您呈現喇嘛世界的面貌。當您發現眞相以後，您將會唸：「噢！喇嘛・性・世界，譚崔性交嘛！」作者：張善思、呂艾倫。售價200元。

末代達賴——性交教主的悲歌：簡介從藏傳僞佛教（喇嘛教）的修行核心——性力派男女雙修，探討達賴喇嘛及藏傳僞佛教的修行內涵。書中引用外國知名學者著作、世界各地新聞報導，包含：歷代達賴喇嘛的祕史、達賴六世修雙身法的事蹟，以及《時輪續》中的性交灌頂儀式……等；達賴喇嘛書中開示的雙修法、達賴喇嘛的黑暗政治手段；達賴喇嘛所領導的寺院爆發喇嘛性侵兒童；新聞報導《西藏生死書》作者索甲仁波切性侵女信徒、澳洲喇嘛秋達公開道歉、美國最大假藏傳佛教組織領導人邱陽創巴仁波切的性氾濫，等等事件背後眞相的揭露。作者：張善思、呂艾倫、辛燕。售價250元。

第七意識與第八意識？——穿越時空「超意識」「三界唯心，萬法唯識」是佛教中應該實證的聖教，也是《華嚴經》中明載而可以實證的法界實相。唯心者，三界一切境界、一切諸法唯是一心所成就，即是每一個有情的第八識如來藏，不是意識心。唯識者，即是人類各各都具足的八識心王——眼識、耳鼻舌身意識、意根、阿賴耶識，第八阿賴耶識又名如來藏，人類五陰相應的萬法，莫不由八識心王共同運作而成就，故說萬法唯識。依聖教量及現量、比量，都可以證明意識是二法因緣生，是由第八識藉意根與法塵二法爲因緣而出生，又是夜夜斷滅不存之生滅心，即無可能反過來出生第七識意根、第八識如來藏，當知不可能從生滅性的意識心中，細分出恆審思量的第七識意根，更無可能細分出恆而不審的第八識如來藏。本書是將演講內容整理成文字，細說如是內容，並已在《正覺電子報》連載完畢，今彙集成書以廣流通，欲幫助佛門有緣人斷除意識我見，跳脫於識陰之外而取證聲聞初果；嗣後修學禪宗時即得不墮外道神我之中，得以求證第八識金剛心而發起般若實智。平實導師 述，每冊300元。

黯淡的達賴—失去光彩的諾貝爾和平獎：本書舉出很多證據與論述，詳述達賴喇嘛不爲世人所知的一面，顯示達賴喇嘛並不是眞正的和平使者，而是假借諾貝爾和平獎的光環來欺騙世人；透過本書的說明與舉證，讀者可以更清楚的瞭解，達賴喇嘛是結合暴力、黑暗、淫欲於喇嘛教裡的集團首領，其政治行爲與宗教主張，早已讓諾貝爾和平獎的光環染污了。本書由財團法人正覺教育基金會寫作、編輯，由正覺出版社印行，每冊250元。

人間佛教—實證者必定不悖三乘菩提　「大乘非佛說」的講法似乎流傳已久，卻只是日本人企圖擺脫中國正統佛教的影響，而在明治維新時期才開始提出來的說法；台灣佛教、大陸佛教的淺學無智之人，由於未曾實證佛法而迷信日本人錯誤的學術考證，錯認爲這些別有用心的日本佛學考證的講法爲天竺佛教的眞實歷史；甚至還有更激進的反對佛教者提出「釋迦牟尼佛並非眞實存在，只是後人捏造的假歷史人物」，竟然也有少數人願意跟著「學術」的假光環而信受不疑，於是開始有一些佛教界人士造作了反對中國佛教而推崇南洋小乘佛教的行爲，使佛教的信仰者難以檢擇，導致一般大陸人士開始轉入基督教的盲目迷信中。在這些佛教及外教人士之中，也就有一分人根據此邪說而大聲主張「大乘非佛說」的謬論，這些人以「人間佛教」的名義來抵制中國正統佛教，公然宣稱中國的大乘佛教是由聲聞部派佛教的凡夫僧所創造出來的。這樣的說法流傳於台灣及大陸佛教界凡夫僧之中已久，卻非眞正的佛教歷史中曾經發生過的事，只是繼承六識論的聲聞法中凡夫僧依自己的意識境界立場，純憑臆想而編造出來的妄想說法，卻已經影響許多無智之凡夫僧俗信受不移。本書則是從佛教的經藏法義實質及實證的現量內涵本質立論，證明大乘佛法本是佛說，是從《阿含正義》尚未說過的不同面向來討論「人間佛教」的議題，證明「大乘眞佛說」。閱讀本書可以斷除六識論邪見，迴入三乘菩提正道發起實證的因緣；也能斷除禪宗學人學禪時普遍存在之錯誤知見，對於建立參禪時的正知見有很深的著墨。平實導師　述，內文488頁，全書528頁，定價400元。

童女迦葉考——論呂凱文〈佛教輪迴思想的論述分析〉之謬　童女迦葉是佛世率領五百大比丘遊行於人間的歷史事實，是以童貞行而依止菩薩戒弘化於人間的大菩薩，不依別解脫戒（聲聞戒）來弘化於人間。這是大乘佛教與聲聞佛教同時存在於佛世的歷史明證，證明大乘佛教不是從聲聞法中分裂出來的部派佛教的產物，卻是聲聞佛教分裂出來的部派佛教聲聞凡夫僧所不樂見的史實；於是古今聲聞法中的凡夫都欲加以扭曲而作詭說，更是末法時代高聲大呼「大乘非佛說」的六識論聲聞凡夫極力想要扭曲的佛教史實之一，於是想方設法扭曲迦葉菩薩為聲聞僧，以及扭曲迦葉童女為比丘僧等荒謬不實之論著便陸續出現，古時聲聞僧寫作的《分別功德論》是最具體之事例，現代之代表作則是呂凱文先生的〈佛教輪迴思想的論述分析〉論文。鑑於如是假藉學術考證以籠罩大眾之不實謬論，未來仍將繼續造作及流竄於佛教界，繼續扼殺大乘佛教學人法身慧命，必須舉證辨正之，遂成此書。平實導師　著，每冊180元。

中觀金鑑——詳述應成派中觀的起源與其破法本質　學佛人往往迷於中觀學派之不同學說，被應成派與自續派所迷惑；修學般若中觀二十年後自以為實證般若中觀了，卻仍不曾入門，甫聞實證般若中觀者之所說，則茫無所知，迷惑不解；隨後信心盡失，不知如何實證佛法；凡此，皆因惑於這二派中觀學說所致。自續派中觀所說同於常見，以意識境界立為第八識如來藏之境界，應成派所說則同於斷見，但又同立意識為常住法，故亦具足斷常二見。今者孫正德老師有鑑於此，乃將起源於密宗的應成派中觀學說，追本溯源，詳考其來源之外，亦一一舉證其立論內容，詳加辨正，令密宗雙身法祖師以識陰境界而造之應成派中觀學說本質，詳細呈現於學人眼前，令其維護雙身法之目的無所遁形。若欲遠離密宗此二大派中觀謬說，欲於三乘菩提有所進道者，允宜具足閱讀並細加思惟，反覆讀之以後將可捨棄邪道返歸正道，則於般若之實證即有可能，證後自能現觀如來藏之中道境界而成就中觀。本書分上、中、下三冊，每冊250元，已全部出版完畢。

實相經宗通：學佛之目的在於實證一切法界背後之實相，禪宗稱之爲本來面目或本地風光，佛菩提道中稱之爲實相法界；此實相法界即是金剛藏，又名佛法之祕密藏，即是能生有情五陰、十八界及宇宙萬有（山河大地、諸天、三惡道世間）的第八識如來藏，又名阿賴耶識心，即是禪宗祖師所說的眞如心，此心即是三界萬有背後的實相。證得此第八識心時，自能瞭解般若諸經中隱說的種種密意，即得發起實相般若——實相智慧。每見學佛人修學佛法二十年後仍對實相般若茫然無知，亦不知如何入門，茫無所趣；更因不知三乘菩提的互異互同，是故越是久學者對佛法越覺茫然，都肇因於尚未瞭解佛法的全貌，亦未瞭解佛法的修證內容即是第八識心所致。本書對於修學佛法者所應實證的實相境界提出明確解析，並提示趣入佛菩提道的入手處，有心親證實相般若的佛法實修者，宜詳讀之，於佛菩提道之實證即有下手處。平實導師述著，共八輯，全部出版完畢，每輯成本價250元。

真心告訴您（一）——達賴喇嘛在幹什麼？這是一本報導篇章的選集，更是「破邪顯正」的暮鼓晨鐘。「破邪」是戳破假象，說明達賴喇嘛及其所率領的密宗四大派法王、喇嘛們，弘傳的佛法是仿冒的佛法；他們是假藏傳佛教，是坦特羅(譚崔性交)外道法和藏地崇奉鬼神的苯教混合成的「喇嘛教」，推廣的是以所謂「無上瑜伽」的男女雙身法冒充佛法的假佛教，詐財騙色誤導眾生，常常造成信徒家庭破碎、家中兒少失怙的嚴重後果。「顯正」是揭櫫眞相，指出眞正的藏傳佛教只有一個，就是覺囊巴，傳的是　釋迦牟尼佛演繹的第八識如來藏妙法，稱爲他空見大中觀。正覺教育基金會即以此古今輝映的如來藏正法正知見，在眞心新聞網中逐次報導出來，將箇中原委「眞心告訴您」，如今結集成書，與想要知道密宗眞相的您分享。售價250元。

眞心告訴您（二）——達賴喇嘛是佛教僧侶嗎？補祝達賴喇嘛八十大壽：這是一本針對當今達賴喇嘛所領導的喇嘛教，冒用佛教名相、於師徒間或師兄姊間，實修男女邪淫，而從佛法三乘菩提的現量與聖教量，揭發其謊言與邪術，證明達賴及其喇嘛教是仿冒佛教的外道，是「假藏傳佛教」。藏密四大派教義雖有「八識論」與「六識論」的表面差異，然其實修之內容，皆共許「無上瑜伽」四部灌頂爲究竟「成佛」之法門，也就是共以男女雙修之邪淫法爲「即身成佛」之密要，雖美其名曰「欲貪爲道」之「金剛乘」，並誇稱其成就超越於（應身佛）釋迦牟尼佛所傳之顯教般若乘之上；然詳考其理論，則或以意識離念時之粗細心爲第八識如來藏，或以中脈裡的明點爲第八識如來藏，或如宗喀巴與達賴堅決主張第六意識爲常恆不變之眞心者，分別墮於外道之常見與斷見中；全然違背 佛說能生五蘊之如來藏的實質。售價300元。

西藏「活佛轉世」制度——附佛、造神、世俗法：歷來關於喇嘛教活佛轉世的研究，多針對歷史及文化兩部分，於其所以成立的理論基礎，較少系統化的探討。尤其是此制度是否依據「佛法」而施設？是否合乎佛法眞實義？現有的文獻大多含糊其詞，或人云亦云，不曾有明確的闡釋與如實的見解。因此本文先從活佛轉世的由來，探索此制度的起源、背景與功能，並進而從活佛的尋訪與認證之過程，發掘活佛轉世的特徵，以確認「活佛轉世」在佛法中應具足何種果德。定價150元。

法華經講義：此書爲平實導師始從2009/7/21演述至2014/1/14之講經錄音整理所成。世尊一代時教，總分五時三教，即是華嚴時、聲聞緣覺教、般若教、種智唯識教、法華時；依此五時三教區分爲藏、通、別、圓四教。本經是最後一時的圓教經典，圓滿收攝一切法教於本經中，是故最後的圓教聖訓中，特地指出無有三乘菩提，其實唯有一佛乘；皆因眾生愚迷故，方便區分爲三乘菩提以助眾生證道。世尊於此經中特地說明如來示現於人間的唯一大事因緣，便是爲有緣眾生「開、示、悟、入」諸佛的所知所見——第八識如來藏妙眞如心，並於諸品中隱說「妙法蓮花」如來藏心的密意。然因此經所說甚深難解，眞義隱晦，古來難得有人能窺堂奧；平實導師以知如是密意故，特爲末法佛門四眾演述《妙法蓮華經》中各品蘊含之密意，使古來未曾被古德註解出來的「此經」密意，如實顯示於當代學人眼前。乃至〈藥王菩薩本事品〉、〈妙音菩薩品〉、〈觀世音菩薩普門品〉、〈普賢菩薩勸發品〉中的微細密意，亦皆一併詳述之，開前人所未曾言之密意，示前人所未見之妙法。最後乃至以〈法華大意〉而總其成，全經妙旨貫通始終，而依佛旨圓攝於一心如來藏妙心，厥爲曠古未有之大說也。平實導師述　已於2015/05/31起開始出版，每二個月出版一輯，共有25輯。每輯300元。

解深密經講記：本經係 世尊晚年第三轉法輪，宣說地上菩薩所應熏修之唯識正義經典，經中所說義理乃是大乘一切種智增上慧學，以阿陀那識—如來藏—阿賴耶識爲主體。禪宗之證悟者，若欲修證初地無生法忍乃至八地無生法忍者，必須修學《楞伽經、解深密經》所說之八識心王一切種智；此二經所說正法，方是眞正成佛之道；印順法師否定第八識如來藏之後所說萬法緣起性空之法，是以誤會後之二乘解脫道取代大乘眞正成佛之道，尚且不符二乘解脫道正理，亦已墮於斷滅見中，不可謂爲成佛之道也。平實導師曾於本會郭故理事長往生時，於喪宅中從首七開始宣講，於每一七各宣講三小時，至第十七而快速略講圓滿，作爲郭老之往生佛事功德，迴向郭老早證八地、速返娑婆住持正法。茲爲今時後世學人故，將擇期重講《解深密經》，以淺顯之語句講畢後，將會整理成文，用供證悟者進道；亦令諸方未悟者，據此經中佛語正義，修正邪見，依之速能入道。平實導師述著，全書輯數未定，每輯三百餘頁，將於未來重講完畢後逐輯出版。

佛法入門：學佛人往往修學二十年後仍不知如何入門，茫無所入漫無方向，不知如何實證佛法；更因不知三乘菩提的互異互同之處，導致越是久學者越覺茫然，都是肇因於尚未瞭解佛法的全貌所致。本書對於佛法的全貌提出明確的輪廓，並說明三乘菩提的異同處，讀後即可輕易瞭解佛法全貌，數日內即可明瞭三乘菩提入門方向與下手處。○○菩薩著 出版日期未定。

阿含經講記—小乘解脫道之修證：數百年來，南傳佛法所說證果之不實，所說解脫道之虛妄，所弘解脫道法義之世俗化，皆已少人知之；從南洋傳入台灣與大陸之後，所說法義虛謬之事，亦復少人知之；今時台灣全島印順系統之法師居士，多不知南傳佛法數百年來所說解脫道之義理已然偏斜、已然世俗化、已非眞正之二乘解脫正道，猶極力推崇與弘揚。彼等南傳佛法近代所謂之證果者多非眞實證果者，譬如阿迦曼、葛印卡、帕奧禪師、一行禪師……等人，悉皆未斷我見故。近年更有台灣南部大願法師，高抬南傳佛法之二乘修證行門爲「捷徑究竟解脫之道」者，然而南傳佛法縱使眞修實證，得成阿羅漢，至高唯是二乘菩提解脫之道，絕非究竟解脫，無餘涅槃中之實際尚未得證故，法界之實相尚未了知故，習氣種子待除故，一切種智未實證故，焉得謂爲「究竟解脫」？即使南傳佛法近代眞有實證之阿羅漢，尚且不及三賢位中之七住明心菩薩本來自性清淨涅槃智慧境界，則不能知此賢位菩薩所證之無餘涅槃實際，仍非大乘佛法中之見道者，何況普未實證聲聞果乃至未斷我見之人？謬充證果已屬逾越，更何況是誤會二乘菩提之後，以未斷我見之凡夫知見所說之二乘菩提解脫偏斜法道，焉可高抬爲「究竟解脫」？而且自稱「捷徑之道」？又妄言解脫之道即是成佛之道，完全否定般若實智、否定三乘菩提所依之如來藏心體，此理大大不通也！平實導師爲令修學二乘菩提欲證解脫果者，普得迴入二乘菩提正見、正道中，是故選錄四阿含諸經中，對於二乘解脫道法義有具足圓滿說明之經典，預定未來十年內將會加以詳細講解，令學佛人得以了知二乘解脫道之修證理路與行門，庶免被人誤導之後，未證言證，干犯道禁，成大妄語，欲升反墮。本書首重斷除我見，以助行者斷除我見而實證初果爲著眼之目標，若能根據此書內容，配合平實導師所著《識蘊眞義》《阿含正義》內涵而作實地觀行，實證初果非爲難事，行者可以藉此三書自行確認聲聞初果爲實際可得現觀成就之事。此書中除依二乘經典所說加以宣示外，亦依斷除我見等之證量，及大乘法中道種智之證量，對於意識心之體性加以細述，令諸二乘學人必定得斷我見、常見，免除三縛結之繫縛。次則宣示斷除我執之理，欲令升進而得薄貪瞋痴，乃至斷五下分結…等。平實導師述，共二冊，每冊三百餘頁。每輯300元。

修習止觀坐禪法要講記：修學四禪八定之人，往往錯會禪定之修學知見，欲以無止盡之坐禪而證禪定境界，卻不知修除性障之行門才是修證四禪八定不可或缺之要素，故智者大師云「性障初禪」；性障不除，初禪永不現前，云何修證二禪等？又：行者學定，若唯知數息，而不解六妙門之方便善巧者，欲求一心入定，未到地定極難可得，智者大師名之爲「事障未來」：障礙未到地定之修證。又禪定之修證，不可違背二乘菩提及第一義法，否則縱使具足四禪八定，亦不能實證涅槃而出三界。此諸知見，智者大師於《修習止觀坐禪法要》中皆有闡釋。作者平實導師以其第一義之見地及禪定之實證證量，曾加以詳細解析。將俟正覺寺竣工啟用後重講，不限制聽講者資格；講後將以語體文整理出版。欲修習世間定及增上定之學者，宜細讀之。平實導師述著。

★聲明★

本社於2015/01/01開始調整本目錄中部分書籍之售價，以因應各項成本的持續增加。

＊喇嘛教修外道雙身法，墮識陰境界，非佛教＊

＊弘揚如來藏他空見的覺囊派才是真正藏傳佛教＊

總經銷：　飛鴻 國際行銷股份有限公司

231 新北市新店區中正路 501 之 9 號 2 樓

Tel.02－82186688（五線代表號）　Fax.02-82186458、82186459

零售：1.**全台連鎖經銷書局：**

三民書局、誠品書局、何嘉仁書店

敦煌書店、紀伊國屋、金石堂書局、建宏書局

2.**台北市：**佛化人生　羅斯福路 3 段 325 號 6 樓之 4　台電大樓對面

3.**新北市：**春大地書店　**蘆洲**中正路 117 號

4.**桃園市縣：**誠品書局　**桃園市**中正路 20 號遠東百貨地下室一樓

金石堂　**桃園市**大同路 24 號　　金石堂　**桃園**八德市介壽路 1 段 987 號

諾貝爾圖書城　**桃園市**中正路 56 號地下室　　御書堂　**龍潭**中正路 123 號

墊腳石文化書店　**中壢市**中正路 89 號

5.**新竹市縣：**大學書局　**新竹**建功路 10 號　誠品書局　**新竹**東區信義街 68 號

誠品書局　**新竹**東區中央路 229 號 5 樓　　誠品書局　**新竹**東區力行二路 3 號

墊腳石文化書店　**新竹**中正路 38 號

6.**台中市：**　**瑞成**書局、各大連鎖書店。

詠春書局　**台中市**永春東路 884 號　　文春書局　**霧峰**中正路 1087 號

7.**彰化市縣：**心泉佛教流通處　**彰化市**南瑤路 286 號

員林鎮：墊腳石圖書文化廣場　中山路 2 段 49 號（04-8338485）

8.**台南市：**博大書局　**新營**三民路 128 號

藝美書局　**善化**中山路 436 號　　宏欣書局　**佳里**光復路 214 號

9.**高雄市：**各大連鎖書店、**瑞成**書局

政大書城　**三民區**明仁路 161 號　　政大書城　**苓雅區**光華路 148-83 號

明儀書局　**三民區**明福街 2 號　　明儀書局　三多四路 63 號

青年書局　青年一路 141 號

10.**宜蘭縣市：**金隆書局　宜蘭市中山路 3 段 43 號

宋太太梅鋪　羅東鎮中正北路 101 號（039-534909）

11.**台東市：**東普佛教文物流通處　台東市博愛路 282 號

12.**其餘鄉鎮市經銷書局：**請電詢總經銷**飛鴻**公司。

13.**大陸地區請洽：**

香港：樂文書店

旺角店 :香港九龍旺角西洋菜街 62 號 3 樓

電話 : (852) 2390 3723　email: luckwinbooks@gmail.com

銅鑼灣店 :香港銅鑼灣駱克道 506 號 2 樓

電話 : (852) 2881 1150　email: luckwinbs@gmail.com

廈門：廈門外圖臺灣書店有限公司
地址：廈門市思明區湖濱南路809 號 廈門外圖書城3 樓 郵編：361004
電話：0592-5061658（臺灣地區請撥打 86-592-5061658）
E-mail：JKB118＠188.COM

14.**美國：世界日報圖書部：**紐約圖書部　電話 7187468889#6262
洛杉磯圖書部　電話 3232616972#202

15.**國內外地區網路購書：**

正智出版社 書香園地　http://books.enlighten.org.tw/
（書籍簡介、直接聯結下列網路書局購書）

三民 網路書局　http://www.Sanmin.com.tw

誠品 網路書局　http://www.eslitebooks.com

博客來 網路書局　http://www.books.com.tw

金石堂 網路書局　http://www.kingstone.com.tw

飛鴻 網路書局　http://fh6688.com.tw

附註：1.請儘量向各經銷書局購買：郵政劃撥需要十天才能寄到（本公司在您劃撥後第四天才能接到劃撥單，次日寄出後第四天您才能收到書籍，此八天中一定會遇到週休二日，是故共需十天才能收到書籍）若想要早日收到書籍者，請劃撥完畢後，將劃撥收據貼在紙上，旁邊寫上您的姓名、住址、郵區、電話、買書詳細內容，直接傳眞到本公司 02-28344822，並來電 02-28316727、28327495 確認是否已收到您的傳眞，即可提前收到書籍。 **2**.因台灣每月皆有五十餘種宗教類書籍上架，書局書架空間有限，故唯有新書方有機會上架，通常每次只能有一本新書上架；本公司出版新書，大多上架不久便已售出，若書局未再叫貨補充者，書架上即無新書陳列，則請直接向書局櫃台訂購。 **3**.若書局不便代購時，可於晚上共修時間向正覺同修會各共修處請購（共修時間及地點，詳閱**共修現況表**。每年例行年假期間請勿前往請書，年假期間請見共修現況表）。 **4**.郵購：郵政劃撥帳號 19068241。 **5**.正覺同修會會員購書都以八折計價（戶籍台北市者爲一般會員，外縣市爲護持會員）都可獲得優待，欲一次購買全部書籍者，可以考慮入會，節省書費。入會費一千元（第一年初加入時才需要繳），年費二千元。**6.尚未出版之書籍，請勿預先郵寄書款與本公司，謝謝您！** **7**.若欲一次購齊本公司書籍，或同時取得正覺同修會贈閱之全部書籍者，請於正覺同修會共修時間，親到各共修處請購及索取；**台北市讀者**請洽：103 台北市承德路三段 267 號 10 樓（捷運淡水線 圓山站旁）請書時間：週一至週五爲 18.00~21.00，第一、三、五週週六爲 10.00~21.00，雙週之週六爲 10.00~18.00 請購處專線電話：25957295-分機 14（於請書時間方有人接聽）。

敬告大陸讀者：

大陸讀者購書、索書捷徑（尚未在大陸出版的書籍，以下二個途徑都可以購得，電子書另包括結緣書籍）：

1.**廈門外國圖書公司**：廈門市思明區湖濱南路 809 號 廈門外圖書城 3F

郵編：361004　電話：0592-5061658　網址：JKB118@188.COM

2.**電子書**：正智出版社有限公司及正覺同修會在台灣印行的各種局版書、結緣書，已有『**正覺電子書**』陸續上線中，提供讀者於手機、平板電腦上購書、下載、閱讀正智出版社、正覺同修會及正覺教育基金會所出版之電子書，詳細訊息敬請參閱『正覺電子書』專頁：

http://books.enlighten.org.tw/ebook

關於平實導師的書訊，請上網查閱：

成佛之道　http://www.a202.idv.tw

正智出版社 書香園地　http://books.enlighten.org.tw/

中國網採訪佛教正覺同修會、正覺教育基金會訊息：

http://big5.china.com.cn/gate/big5/fangtan.china.com.cn/2014-06/19/content_32714638.htm

http://pinpai.china.com.cn/

★ 正智出版社有限公司售書之稅後盈餘，全部捐助財團法人正覺寺籌備處、佛教正覺同修會、正覺教育基金會，供作弘法及購建道場之用；懇請諸方大德支持，功德無量。

★ 聲　明 ★

本社於 2015/01/01 開始調整本目錄中部分書籍之售價，以因應各項成本的持續增加。

＊ 喇嘛教修外道雙身法、墮識陰境界，非佛教 ＊

＊ 弘揚如來藏他空見的覺囊派才是真正藏傳佛教 ＊

售後服務—換書啓事（免附回郵）　2012/09/24

《楞嚴經講記》第 14 輯初版首刷本免費調換新書啓事：本講記第 14 輯出版前因 平實導師諸事繁忙，未將之重新閱讀而只改正校對時發現的錯別字，故未能發覺十年前所說法義有部分錯誤，於第 15 輯付印前重閱時才發覺第 14 輯中有部分錯誤尚未改正。今已重新審閱修改並已重印完成，煩請所有讀者將以前所購第 14 輯初版首刷本，寄回本社免費換新（初版二刷本無錯誤），本社將於寄回新書時同時附上您寄書回來換新時所付的郵資，並在此向所有讀者致上最誠懇的歉意。

《心經密意》初版書免費調換二版新書啓事：本書係演講錄音整理成書，講時因時間所限，省略部分段落未講。後於再版時補寫增加 13 頁，維持原價流通之。茲爲顧及初版讀者權益，自 2003/9/30 開始免費調換新書，原有初版一刷、二刷書籍，皆可寄來本來公司換書。

《宗門法眼》已經增寫改版爲 464 頁新書，2008 年 6 月中旬出版。讀者原有初版之第一刷、第二刷書本，都可以寄回本社免費調換改版新書。改版後之公案及錯悟事例維持不變，但將內容加以增說，較改版前更具有廣度與深度，將更能助益讀者參究實相。

換書者**免附回郵**，亦無截止期限；舊書請寄：111 台北郵政 73-151 號信箱 或 103 台北市承德路三段 267 號 10 樓 正智出版社有限公司。舊書若有塗鴨、殘缺、破損者，仍可換取新書；但缺頁之舊書至少應仍有五分之三頁數，方可換書。所有讀者不必顧念本公司是否有盈餘之問題，都請踴躍寄來換書；本公司成立之目的不是營利，只要能眞實利益學人，即已達到成立及運作之目的。若以郵寄方式換書者，免附回郵；並於寄回新書時，由本社附上您寄來書籍時耗用的郵資。造成您不便之處，再次致上萬分的歉意。

正智出版社有限公司 啓

國家圖書館出版品預行編目資料

優婆塞戒經講記／平實導師講述．　—初版—
臺北市：正智，2005—　〔民94—　〕
冊；　公分

ISBN 978-986-81358-2-6 （第1輯：平裝）
ISBN 978-986-81358-3-3 （第2輯：平裝）
ISBN 978-986-81358-5-7 （第3輯：平裝）
ISBN 978-986-81358-7-1 （第4輯：平裝）
ISBN 978-986-82992-0-7 （第5輯：平裝）
ISBN 978-986-82992-3-8 （第6輯：平裝）
ISBN 978-986-82992-6-9 （第7輯：平裝）
ISBN 978-986-82992-8-3 （第8輯：平裝）

1.律藏

223.1　　　94024925

優婆塞戒經講記

——第三輯

著　述　者：平實導師
音文轉換：正覺同修會編譯組
校　　　對：章乃鈞 陳介源 白志偉 崔世偉
出　版　者：正智出版社有限公司
電話：○二 28327495　28316727（白天）
傳眞：○二 28344822
111台北郵政73-151號信箱
郵政劃撥帳號：一九○六八二四一
正覺講堂：總機○二25957295（夜間）
總　經　銷：飛鴻國際行銷股份有限公司
231新北市新店區中正路501-9號2樓
電話：○二 82186688（五線代表號）
傳眞：○二 82186458　82186459
初版首刷：公元二○○六年六月底 二千冊
初版六刷：公元二○一七年四月 二千冊
定　　價：二五○元